中国企业投资融资管理研究丛书
A Series of Studies on Investment and Financing Management of China's Enterprises

丛书主编：齐寅峰

U0663176

企业投资绩效评价与融资成本估算体系

A Study on the Evaluation of Enterprise's Investment Performance and the Estimation of Financing Cost

刘志远　覃家琦　梅　丹　陆宇建 ／著

经济科学出版社
Economic Science Press

本丛书受到国家自然科学基金重点项目资助
（项目批准号 70232020）
The Series is Financially Supported by the Natural
Science Foundation of China
（Project No. 70232020）

图书在版编目（CIP）数据

企业投资绩效评价与融资成本估算体系／刘志远等著.
—北京：经济科学出版社，2007.8
（中国企业投资融资管理研究丛书／齐寅峰主编）
ISBN 978 – 7 – 5058 – 6476 – 4

Ⅰ. 企…　Ⅱ. 刘…　Ⅲ. ①企业 – 投资 – 研究 – 中国②企
业 – 融资 – 研究 – 中国　Ⅳ. F279. 23

中国版本图书馆 CIP 数据核字（2007）第 114543 号

总　序

　　本丛书汇集了国家自然科学基金重点项目"中国企业投资融资运作与管理研究"（项目批准号：70232020，研究期限：2003~2006年）的部分重要研究成果和发现。众所周知，国家自然科学基金重点项目是命题招标项目。本项目组从2001年冬季开始筹备，2002年春季提交申请书，同年夏季进行"二择一"的论证答辩，秋季荣获批准，经历2003~2006年的四年研究，将在2007年秋季鉴定验收，完成本项目的全部研究过程，自始至终历时六年整。

　　国家自然科学基金委管理科学部立题"中国企业投资融资运作与管理研究"，具有重要的理论意义和现实意义。企业投资和融资，尤其是投资，是企业的最重要的财务金融决策，关系到企业的生死和成败。企业是社会财富的创造者，因此，企业兴则国兴，企业衰则国衰。本项目的研究将会提高我国企业的投资和融资决策水平，促进中国企业管理的升级，提升我国企业的价值，加速国民经济发展，增强国家金融安全。就项目本身含义而言，从理论到实践，内涵是非常广泛丰富的，几乎包括了公司财务学（Corporate Finance）的全部内容。我们要研究的只能是其中的一部分，而无力研究其全部。我们提出的研究框架是，通过理论探索和实证研究，准确认知中国企业投资和融资的现状及问题，以制度变迁为背景，深入分析投资融资与环境及其内在因素的关系，并借鉴国际经验，探明问题成因，提出解决方案；力求在投资融资理论、投资和融资相互关系、投资绩效评价和融资成本估算体系方面有重要创新。

　　同时，我们还对关键术语进行了界定。项目申请和研究中所谓"企业"，乃指占国民经济主导地位的大中型企业，不包括金融服务业；所谓"中国企业"或"中国企业"是指在中国境内的非外商独资企业。本项目申请和研究中遵从公司财务学的界定，所谓"投资"，主要指实物资产投资，体现为资产负债表中固定资产或递延资产等原值的增加，即资本预算（Capital Budgeting），不包括证券投资。

　　根据以上研究框定，将课题划分为五个研究专题，其内容如下：

专题一：适合我国企业的投资融资理论与实证研究。本专题拟就我国企业资本结构、股利政策、投资融资行为及投资融资相互关系等方面，对各种理论学派进行比较研究；在比较时着重考虑各学派所强调的影响因素，同时也考察各因素对我国企业的影响程度，找出关键因素；在对经典企业的投资融资理论进行梳理并对中国企业的投资融资现状进行广泛深入调查研究和分析的基础上，考察经典投资融资理论在中国的适用性，构建适宜的投资融资理论分析框架，提供制度变迁背景下的符合中国企业投资融资运作与管理规律的理论性建议。

专题二：投资融资环境变迁对企业投资融资相互关系的作用机理研究。经典理论一般认为，在产品市场定价机制完善和资本市场完全，政府不直接干预经济活动的条件下企业投资融资相互关系表现为：企业的融资决策是以投资决策为主导的，而投资决策又以能融到足够资本为前提。中国处于高速的制度变迁过程中，尚不完全具备以上条件，企业投资融资相互关系具有特殊性。本专题不采纳从产品市场、资本市场和政府角色等单一因素研究对企业投资融资相互关系的影响，而是以这些因素的综合作为企业投资融资决策所遵循的竞争规则。

专题三：企业投资融资管理体系与投资融资环境的跨国比较与借鉴。本专题拟构建一个包括宏观环境和微观机制的影响企业投资融资行为的理论分析框架，以此为基础，拟对一定时期内的英美、日德、东南亚和东欧四类国家的企业投资融资管理体系和投资融资环境进行详细的分析，研究企业投资融资环境差异的原因，在此基础上研究投资融资环境对投资融资管理体系的影响。

专题四：企业投资绩效评价和融资成本估算体系研究。本专题关于投资绩效评价体系的研究拟以投资项目进展为线索，围绕投资绩效评价体系和融资成本估算体系的建立而展开；重点研究分别适用于事前、事中和事后的评价指标。其中，对投资绩效的评价主要关注投资项目的财务经济效益、战略效益、环境效益和社会效益。对融资成本估算的研究，不仅注重各种融资方式的直接成本，还注重各种间接成本。

专题五：中国企业投资融资管理（决策、运作与绩效）问题的案例研究。本专题将建立相关的案例库，构建系统而深入的案例研究体系。其主要内容包括对企业投资和融资的决策与运作的案例研究、企业投资融资相互关系的案例研究及企业投资绩效评价和融资成本估算的案例研究。

本重点项目，先后有近 50 位教师、研究员和在读博士生参与研究，形成了一个非常团结的、活跃的、有战斗力的科学研究团队。历经四载，项目组兢兢业业，克服各种困难，终于很好地完成了预定研究任务，达到了研究目标。在理论研究、应用研究方面有大量深入的研究发现，在社会实践和人才培养等方面取得了重要成就，在项目管理方面也积累了一定经验。所取得主要研究成就简报如下：

一、学术成果丰富，研究发现创新性显著，获得有关专家和同行高度评价

在研究过程中，运用演绎推理、动态模型、结构方程、统计方法、定性与定量相结合等规范研究方法，取得了一系列高水平研究成果，获得国内外有关专家和同行的高度评价。研究成果的内容，由于篇幅的关系，不能在此报告。研究成果的形式扼要说明如下：

——撰写专著 5 部，组成本丛书，由经济科学出版社出版。

——在国际国内期刊，包括重要国际学术刊物 *Quantitative Finance* 和 *Economics Letters*，包括《管理世界》、《管理科学学报》等期刊发表论文 70 余篇。

——在国际国内学术会议，包括 FMA、AEFA 和 Asian FA/MFA 等最高水准的国际学术会议，和境内召开的国际和全国学术会议发表论文 26 篇。

二、开展了大规模问卷调研，建立了中国企业投资融资数据库等

围绕认知中国企业投资融资现状及问题这一研究目标，我们首先开展了大规模企业投资融资运作与管理问卷调查，调研的样本量和信息量目前在本领域均为世界之最。以此为基础我们编制了中国企业投资融资数据库，为研究中国企业的投资融资问题提供了第一手数据。另外，建立了中国投资融资法律法规资料库并梳理了企业投资融资制度的变迁。

（上述中国企业投资融资数据库，将于 2008 年 1 月 15 日开始出售使用权。读者凭本丛书各册所附的凭证换取一份择购权，执行价格优惠。）

三、深入研究中国企业的实际，建立了中国企业实践案例库，提出投资绩效评价和融资成本估算体系

与理论研究相呼应，对 20 多家的企业运作状况进行了详细深入的分析研究，并以此为基础撰写了研究案例库。对企业投资绩效评价和融资成本估算进行了研究，提出了适合我国企业状况的投资绩效评价体系和融资成本估算体系。

四、培养了学术研究队伍，造就了杰出人才

项目组大胆任用有潜能的博士生，培养了多名学术带头人和学术骨干。在项目研究期间，联合主持人刘志远教授获得教育部新世纪人才基金资助。项目主要研究人员中，9 名晋升职称，成为教授或副教授。以项目研究为平台，共培养毕业博士生 24 名，他们在各自的工作岗位上发挥着关键性的作用。造就了一支活跃在学术舞台上的年轻队伍。

古志辉博士的毕业论文荣获天津市优秀博士毕业论文。他留校任教后，已晋升为副教授，他突出的科研能力和研究成果获得高度评价。

五、本项目建立了学术研究平台，大大促进了学科发展

本项目对南开大学商学院财务金融学科的发展起到了巨大的推动作用。在 2006 年 1 月中国企业管理研究会首次发布的中国高等学校工商管理研究南开大学商学院财务管理学科位列全国第二名。项目研究培养了实力雄厚的学术团队，开发了丰富的后继研究课题，为学科的发展奠定了坚实的基础。

六、国际学术交流与合作有成效

本项目积极开展了国际学术交流与合作，项目负责人赴国外宣讲交流研究成果，引起广泛兴趣和关注。后来，佐治亚大学著名的 R. Steuer 教授领导的团队加入了项目研究。5 人次参加国外召开的重要国际学术大会，多人次参加国内召开的重要国际学术会议。富氏学者和高级访问学者赴美，多人次国外专家来校交流，建立了有效的国际学术交流与合作渠道。

七、社会服务颇有成绩

本项目注重把研究成果用于实践，为天津市政府、企业的投资融资决策和提升管理水平做出了贡献。

以下对《中国企业投资融资管理研究》丛书做些说明。

由经济科学出版社出版的这套丛书，是由本项目组研究骨干成员所撰写的专门著作，是整个研究成果的一部分。其中一部分研究成果已用论文方式发表。根据国家自然科学基金的规定，同一项目的后续研究可在结题后 3 年内进行，可望今后还会有一定的研究成果问世。本套丛书由如下五部构成：

齐寅峰、李礼：《中国企业投资融资运作与管理——基于问卷调查与公开数据的研究》

刘志远等：《企业投资绩效评价与融资成本估算体系》

古志辉：《制度、制度变迁与企业行为：理论与实证》

何青：《企业融资政策与资本结构形成机理研究》

覃家琦：《企业投资与融资的互动机制理论研究》

现逐一简要介绍如下：

我和李礼在读博士合著的《中国企业投资融资运作与管理——基于问卷调查与公开数据的研究》是本项目专题一的部分研究发现和成果。全书篇幅较大，围绕着挖掘与分析中国企业投资融资运作与管理调研问卷数据库的主线展开，以调研数据为主要信息来源并与公开数据分析相结合，以实证研究为主，理论探索为辅，得出了诸多重要结论，力图全面准确地认知中国企业投资融资的现状以及问题，为本项目其他子课题的研究提供经验支持，也为

进一步研究中国企业投资融资运作与管理问题奠定了基础。

刘志远教授等著的《企业投资绩效评价与融资成本估算体系》是专题四的研究成果。在投资绩效评价体系方面，该书从时间维度和投资内容维度进行评价。分别表现为事前、事中、事后的评价和资产、项目、整体企业的绩效评价。其中，投资效率评价指标体系借鉴了经济学中的 Malmquist 生产率指数的多因子分解体系。在融资成本估算体系方面，该书将融资成本分解为直接融资成本、财务危机成本、代理成本和税务成本等，直接融资成本则包括成分资本成本与综合资本成本。

古志辉博士、副教授的《制度、制度变迁与企业行为：理论与实证》是专题二的部分研究成果，采用博弈论和数理经济学包括动态最优化等研究方法对制度和制度变迁的内在逻辑进行深入分析和探索，将企业看作是一个 N 人合作博弈。深入分析了企业行为与制度之间的互动关系，以我国经济转轨过程中的相关数据（1978~2002 年的公开数据）为样本，对理论分析结果进行实证检验，获得了令人满意的结果。根据中国和前苏联的转轨路径选择，通过建立动态模型进行了理论和实证研究，并进行了国际比较。

何青博士、副教授的《企业融资政策与资本结构形成机理研究》是专题一的部分研究成果。本书着眼于"企业现有股东财富最大化"。出于对这个目标的追求，认为企业对融资方式的选择总体上并没有特定的偏好；但从分配的角度看，不同的融资政策决定了企业创造的财富在国家、债权人和股东之间不同的份额，从而直接影响到企业现有股东的财富。企业的财务目标、融资方式和资本结构三者之间存在路径依赖。该书将各个行业内的企业划分为领导企业和跟随企业，详细探讨了两类企业资本结构形成的不同机理。

覃家琦博士的《企业投资与融资的互动机制理论研究》也是专题二的部分研究成果，对企业投资行为与融资行为之间的互动机制进行理论上的探讨。该套丛书首先将古典企业理论与新制度主义企业理论相结合，对企业的本质进行了重新认识；接着由企业的本质引发出企业投资融资问题，并细化为投资总额、管理结构、资本结构、融资结构、组织形态、治理结构、内部控制制度等密切相关的问题。在对这些问题进行了深入而独特的探讨之后，企业投资融资之间的复杂互动机制也随之得到揭示。

本丛书的读者对象包括广大理论研究工作者和企业高管人员、高校教师和博士生、硕士生和高年级本科生，以及其他对中国企业投资融资现状和议题感兴趣的人士。

近年来，在国际上对中国企业投资融资和资本市场问题的研究正形成热潮。研究中国的财务金融（Finance）问题，应该说中外学者各有所长。中国学者植根于传统文化，经过改革开放的历程，会对现实问题有直觉判断和深邃的洞察，而外国学者则多具有更宽广的视角和较好的研究方法。

.以笔者愚见，当今世界上流行的财务金融学理论皆源于美国。美国的两个领袖学术团体美国财务金融学会（The American Finance Association，AFA）和美国财务金融管理学会（The Financial Management Association，FMA）都已成为世界性最高水平的学术组织。理论来源于实践。随着第二次世界大战后美国经济的高速发展，广大投资者渴望搞清楚回报与风险的关系，促使Markowitz提出了投资组合理论，进而Sharpe等人在20世纪60年代初得出了资本资产定价模型。随后，期权交易已经红红火火，但投资者尚不知正在交易着的期权理论价值究竟几何。这种强劲的需求催生了Merton等人的期权定价模型。

改革开放以来，中国经济的飞速发展是有目共睹的。例如，GDP近年来都以百分之十几的两位数增长。但GDP中形成资本总额的份额却超过了40%。同时GDP的增幅远低于投资的增幅。因此，有人主张中国经济是投资拉动型的低效增长。一般而论，经济总量（包括GDP）、外贸总额和外汇储备是度量国家经济实力的三项重要指标。这三项指标经过必要的调整以后，中国在世界上的排名会大幅降低。更不用说人均了。实现中华民族的伟大复兴是一个艰巨的过程。资本市场不可能脱离实物经济而孤立地发展。当中国经济真正强大了、当中国股市市值超过世界总市值的1/3时，中国的财务金融问题就不再是异象，而是具有普遍理论意义的议题了。可以预期，将有许多创新理论和方法从这里产生，并为世界所广泛接受。

尽管我们在课题研究中不遗余力，但受能力及其他种种因素所限，我们的研究工作会存在诸多不足和问题，恳请国内外同行批评指正。如果这套丛书以及本项目的系列研究成果能够对国内外同行产生一定的帮助，对我国企业投资融资理论研究和运作管理实践具有一定推动作用，那我们将会欣喜若狂！

现在，到了该说致谢的时候了。作为项目负责人，具体领导从申请、研究、结题到验收的全过程，六年来历历在目，感慨万千。项目的顺利完成全靠这支优秀的研究团队。谢谢大家！

特别由衷地感谢古志辉博士、刘昕博士和李翔博士，他们的奉献精神和聪明才智为项目申请和研究的成功做出了突出贡献。

由衷地感谢项目申请主要成员中国工商银行总行詹向阳研究员、大庆石油管理局刘强高级会计师、中国证监会张为国教授及南开大学马君潞教授（联合主持）、刘志远教授（联合主持）、李志辉教授、汪平教授、戚安邦教授、张双才教授。尽管由于种种原因有些成员未能亲身参与研究，但他们的指导性建议至关重要。正是这个团队赢得了本项目。

由衷地感谢项目组的主要研究成员黄福广教授、李莉教授、李礼博士、何青副教授和覃家琦讲师，他们在项目的研究中做出了重要贡献。

衷心地感谢项目组的研究成员王曼舒博士、李胜楠博士、陆宇建副教授、鞠英利博士、梅丹副教授、向冠春博士、田辉博士、陈国欣教授、张晓农副教授、张庆元博士，以及在读博士李洪海、程斌宏、张永贞、阮景平、高永岗、姜宝强、李胜坤、赵剑峰、郭伟昌、韩林、刘松和徐洁媛等，他们每个人都为项目研究做了一定的工作。

衷心感谢对项目申请和研究提供帮助和支持的各位朋友。

真诚地感谢国家自然科学基金委管理科学部特别是冯芷艳处长的指导，感谢南开大学校长和各位领导，尤其是社科处王功处长，以及南开大学商学院为本项目研究提供的条件和支持！

最后，还要感谢经济科学出版社的领导，尤其是纪晓津编审的大力支持！

齐寅峰教授（博导）

E-mail nkf858@126.com

2007 年 6 月于南开园大梧桐树下

目　录

第一章 绪 论

第一节 研究的目的和意义

投融资是企业理财的核心活动。在社会主义市场经济条件下，企业的现代化生产是若干项投资的集合，企业可选的资金投向和融资渠道广泛。理性的投资活动都以追求经济效益，实现企业价值最大化为目标。融资行为则在可选的融资渠道中谋求融资高效率和低成本的结合。融资成本大小以及资金投入后的盈亏状况，涉及企业融资成本估算和投资绩效评价的问题。

良好的投融资行为从微观上讲能提高企业经济效益，帮助实现企业竞争目标，增长股东财富；从宏观上讲能提高国民生产总值，增强综合国力，提高资金配置效率、资金运作效率和经济安全效率。

而现阶段，就我国投资来说，一方面国力有限，资金短缺；另一方面还存在着大量的企业重复建设和过度投资、投资失败和投资低效等问题。造成这种现象的原因是多方面的，但至少包括：（1）我国至今尚未真正建立起投资风险责任约束机制，投资项目失败无人负责。（2）对投资绩效评价的科学性与系统性有待进一步完善。投资绩效评价包括事前、事中和事后评价，其中事前评价是投资项目立项的必要准备，事中评价是对已发生失误进行及时调整和弥补，事后评价是确定项目完成后的绩效。很多研究中将"投资绩效"作为既定的名词使用，但对投资绩效的内涵实际界定并不清楚，因而也使得投资绩效评价的口径并不一致。在投资决策阶段，包括做项目的可行性分析时，通常使用的是以现金流量为基础的净现值（NPV）、净年值（NAV）、内部收益率（IRR）、投资回收期（IRP）和现值指数（PI）等指标，而项目完成后则使用投资报酬率（ROI）、资产周转率（ATR）、权益净利率（ROE）和剩余收益（RI）等指标进行评价，事前决策指标与事后评价指标的不一致，自然使评价结论不科学、缺乏说服力，也使得许多可行性研究效益良好的项目实际投资低效甚至失败。由于事后评价指标是建立在财务数据上的利润或收益性指标，会计处理上的可选择性使得项目管理人员更易于操纵这些指标，而不重视投资的真实绩效提高。此外，目前所使用的事前决策指标与事后评价指标，都关注眼前的短期经济利益，而忽视投资的长期效益、环境效益和社会效益，忽略投资项目对企业实现战略目标和增强企业竞争能力的影响。传统的投资决策方法还忽视投资项目的灵活多变性，缺乏对投资时机的选择、未来成长机会现值的考虑。评价指标的这些缺陷会扭曲企业的资金投向。

在融资方面，我国对于最优资本结构问题的认识一直就很模糊，理论界与实务界一度提出"要敢于负债经营"的观点，后来又出现不顾融资成本一味追求低负债率和股权融资的趋势，上市公司更是忙着"上市圈钱"、偏好配股融资。我国的资本市场还不完善，与市场经济发达国家的企业比较，我国企业融资的渠道、工具和效率都有差异。除了资金的使用成本外，对融资中隐含的效率成本、代理成本、税务成本等都必须具体研究其构成和评价方法。

基于以上认识，研究构建指标全面、重点突出、操作简便同时又适应面广的投资绩效评价和融资成本估算具有重要的现实意义和理论意义。该评价体系的建立，不仅能发展投融资理论，而且还将对企业科学系统地评价投融资实践活动起到良好的指导作用，进而能优化企业的投融资决策、运作和管理，促进企业整体效益的提高，保证国民经济整体的安全、高效运行。

第二节 相关文献综述

一、投资效率的文献综述

（一）宏观经济的投资效率及其实证分析

樊潇彦（2005）对宏观经济的投资效率及其实证研究进行了较为完整的综述[①]。樊潇彦指出，尽管投资效率在宏观经济分析中至关重要，但无论是理论还是实证，这方面的研究仍然稍显杂乱，不同的学者有不同的界定方法和衡量标准，各种研究方法之间也缺乏可比性。根据樊潇彦提供的文献，我们将这类研究重新划分为如下五类。

---

① 樊潇彦著：《经济增长与中国宏观投资效率研究》，上海人民出版社 2005 年版。

1. 从资本形成的效率来理解

在 GDP 的四大构成（即消费、投资、政府购买、出口）中，投资的功能在于将居民的储蓄转化为用于企业生产的资本，投资意味着资本的形成，因此投资效率也就意味着资本形成的效率；投资 I 在 GDP 中的比例越高，所形成的资本越多，从而投资效率也就越高。基于上述思想，学者们经常采用的度量投资效率的指标如下：

（1）增量资本产出比[①]（Incremental Capital Output Ratio, ICOR）。该指标计算公式为：$ICOR = I/\dot{Y}$，I 为投资量；Y 为 GDP。该指标表示单位产出增加量所需要的投资量，即每获得一个新单位的 GDP 需要多少新的资本投入，比值越大，表明投资效率越低；反之，则反是。

（2）资本产出比 K/Y。其中，K 为资本存量。该指标表示单位产出所需要的资本量，比值越大，则投资效率越低。但后来有学者证明，当一个国家的资本收入份额相对稳定时，ICOR 与 K/Y 作为度量指标是等价的。

（3）投资产出比 I/Y。与 K/Y 的不同之处在于，I 是资本的流量，而 K 是资本的存量。以 K_t、K_{t-1} 分别表示在时点 t、t−1 的资本存量，则 t、t−1 期间的资本流量即投资为 $I = K_t - K_{t-1}$。I/Y 表示单位产出所需要的投资量，比值越大，则投资效率越低。

如果将上述三个指标取倒数，则 $\dot{Y}/I$ 表示单位投资带来的产出增加量，Y/K 表示单位资本的产出量，Y/I 表示单位投资的产出量，这些倒数确实符合投资效率的含义；再对倒数求倒数，则 $\dot{Y}/I$、K/Y、I/Y 也能够从反面度量投资效率。樊潇彦认为上述三个指标其实并不能反映投资效率，而是反映投资率。我们认为其问题的关键在于：资本形成的效率、投资率、投资效率这三个概念是否等价？如果等价？那么，这些指标既可度量资本形成的效率，也可度量投资率和投资效率。

恰在这个地方，概念出现了混乱。如果我们仅将投资视为资本的形成，那么资本形成的效率也就是投资效率，对于相同的 Y，所形成的资本存量 K 越高，或者用于投资的 I 越高，均表明投资率越高，也表明资本形成的效率越高。此时，上述三个概念是等价的。但如果投资不仅意味着资本的形成，而且意味着资本的使用，那么资本形成的效率将不能全面地度量投资效率，上述三个指标也仅能度量投资率和资本形成效率。

2. 从投资总量是否偏离最优投资量的角度来理解

这主要是新古典增长理论的贡献。其基本思想如下：社会投资总量存在

---

① 有的译为边际资本产出比。

某个最优水平,使得稳态的人均消费水平达到最大。此时的最优资本存量也称为"黄金律"水平。如果社会总资本存量超过"黄金律"水平,则称投资过度(Over investment);否则,称为投资不足(Under investment)。经典的Solow-Swan模型和Ramsey-Cass-Koopmans模型对最优资本存量做了精确的数学分析,这点可参见布兰查德和费希尔(1998)的高级宏观经济学①。

3. 从产业间资本配置效率的角度来理解

如果投资是有效的,那么资本将从不好的产业撤出,流向好的产业。按照新古典经济学,这种资本流动将一直进行到各要素的边际生产率相等,此时经济达到一般均衡。

Wurgler(2000)据此认为②,如果一国可以做到在相对增长较快的行业追加资本,而从衰退的行业撤走资本,那么该国的资本配置就是有效率的。为此,他提出如下回归方程:

$$\ln(I_{i,c,t}/I_{i,c,t-1}) = \alpha_c + \eta_c\ln(V_{i,c,t}/V_{i,c,t-1}) + \varepsilon_{i,c,t}$$

其中,$I_{i,c,t-1}$表示国家c中的行业i在第t年中的实际总固定资产形成,V是相应的实际产出增加值,η_c为行业投资对产出的弹性系数。一国的η_c越高,表明该国行业间的资本流动对行业兴衰的变化越敏感,该国的行业资本配置效率也越高。樊潇彦曾批判Wurgler对V和I并未做出明确的定义,但我们认为更严重的问题在于其模型中变量间因果关系的模棱两可:按照其模型,应该是V的变动导致了I的变动;但我们也无法拒绝I的变动导致V的变动的判断,而且这一判断似乎是更为正确的。

与Wurgler不同的是,一些学者(龚六堂和谢丹阳,2004)注意到③,当资本流动达到经济均衡时,各要素的边际生产率将相等,而这又意味着各要素的边际生产率的差异变小,因此,如果生产要素的边际生产率差异变小(这一般是通过计算方差的变动来得到)就表明了资源配置的有效性得到改善。但按照竞争均衡条件,此时应该是各要素的边际生产率之比相等,均等于价格之比,这并不意味着各要素的边际生产率相等。

4. 从投资是否对资本成本变动作出正确反应的角度来理解

这主要是Jorgenson(1963)开创的新古典投资理论的贡献④。其基本思

---

① [美]奥利维尔·布兰查德、斯坦利·费希尔著:《宏观经济学》,经济科学出版社1998年版。

② Wurgler, J. 2000. Financial Markets and the Allocation of Capital. *Journal of Financial Economics*. 58, pp. 187 – 214.

③ 龚六堂、谢丹阳:《我国省份之间的要素流动与边际生产率的差异分析》,载于《经济研究》,2004年第1期。

④ Jorgenson, D. W. 1963. Capital Theory and Investment Behavior. *American Economic Review*. 53 (2), pp. 247 – 259.

想为：总产出 Y 增加将导致投资 I 也增加，而资本成本 c 上升则抑制投资。因此，判断宏观经济投资是否有效的方法便是：检验总投资是否与总产出同向变动、与资本成本反向变动。

这种方法考察的其实是投资数量的决定因素，而非投资效率。如果将"投资量能否自我调节"也视为一种效率的话，那也只能是经济体制的运行效率，或投资体制的运行效率。

5. 从经济增长的角度来理解

给定相同的投资水平，如果一个国家获得更快的经济增长，那么就说该国的投资更有效率。而自索洛以来的一个衡量经济增长的指标，则是全要素生产率增长率（TFP Growth，TFPG），因此 TFPG 可以用来度量宏观经济的投资效率。这正是樊潇彦整个论文的思想基础。但我们颇为疑惑的是：从投资效率到 TFPG，这里面存在两个跳跃，先从投资效率跳跃到 TFP，再从 TFP 跳跃到 TFPG，这两步跳跃是否能够保持投资效率的原意？如果能，又是为什么？如果不能，为什么我们又能看到在 TFPG 的相关文献［如李京文和钟学义，（1998）］中[1]，TFPG 被分解为技术效率、技术进步率、资本配置效率等与投资效率密切相关的因素？TFPG 与投资效率的关系又是什么？

（二）微观企业的投资效率及其实证分析

有意思的是，我们也可以仿照宏观投资效率文献的划分类型，将微观投资效率的文献划分为如下五类。

1. 从资本使用的效率来理解

如果我们知道投资活动所产生的成本和收益，那么我们显然可以通过成本收益分析来度量投资效率，由于这些成本和收益是因为使用资本而产生的，所以此时的投资效率也指资本使用的效率。如果将投资视为资本的形成以及资本形成之后的资本使用过程，那么资本使用效率与宏观角度的资本形成效率就应该是相辅相成的。

常用的度量指标包括：净现值（Net Present Value，NPV）、投资回收期（Payback Periods，PP）、获利性指数（Profitability Index，PI）、内部收益率（Internal Rate of Return，IRR）、投资收益率（Return on Investments，ROI）、权益收益率（Return on Equity，ROE）等。上述指标越高，企业的投资效率也越高。这些指标成为微观企业的投资决策准则，在公司财务学中多有介绍。

但这些指标偏重于财务数据，并且对资本使用过程中影响最终财务数据的因素的揭示不足。

---

① 李京文、钟学义主编：《中国生产率分析前沿》，社会科学文献出版社 1998 年版。

2. 从企业实际投资量是否偏离最优投资量的角度来理解

我们将这类模型的基本逻辑简述如下：在完全且完美信息条件下，令投资成本为变量 I，I 所产生的现金流现值为 $V(I)$，则企业家效用 u（通过货币度量）为 $u = V(I) - I$。求解利润最大化，得到 $V'(I) = 1$，由此可求出最优计划投资成本为 I_{plan}^*。但在实际投资过程中，存在各种与投资有关的交易成本（与投资无关的交易成本不影响最优 I 的确定）。令交易成本为 $C(I)$，则企业家效用为 $u = V(I) - I - C(I)$。利润最大化的一阶条件为 $V'(I) = 1 + C'(I) > 1$，则可求出最优的实际投资成本，令为 I_{real}^*。由于 $V''(I) < 0$，$V'(I)$ 单调递减，因此 $I_{real}^* < I_{plan}^*$，即在实际投资过程中，企业家会投资不足。如果相对于完美情形，在实际投资过程中，企业家还可以获得各种与投资有关的私人收益（与投资无关的私人收益不影响最优 I 的确定）的好处，令私人收益为 $B(I)$，则 $u = V(I) - I + B(I)$，一阶条件为 $V'(I) = 1 - B'(I) < 1$，由此又可求出另一最优的实际投资成本，令为 I_{real}^{**}，则有 $I_{real}^{**} > I_{plan}^*$，我们说企业家会投资过度。

此类文献与宏观角度的黄金律理论颇为相似。然而，我们往往观察不到最优的投资量，甚至无法确定最优投资量在哪个水平上。

3. 从内部资本配置效率的角度来理解

其基本思想在于：如果企业的投资是有效的，那么企业的资本应该从不好的项目流向好的项目。假设某个企业可供选择的按收益率从高到低排列的投资项目有 A、B、C 三项，如果企业的投资是有效的，那么企业资本的配置应该是优先配置 A，其次 B，最后是 C。

如果仿照 Stein（2003）将经济中的资本配置划分为两个阶段[①]：首先是市场机制在各个企业之间配置资本；其次是单个的企业在内部配置资本。那么，宏观视角的产业资本配置效率和这里介绍的企业内部资本配置效率也是相辅相成的。

4. 从投资是否对资本成本变动做出正确反应的角度来理解

自 MM（1958）的开创性论文以来[②]，公司财务学的研究主题便是投资决策、融资决策及其互动机制，只是在 MM（1958）那里，投资和融资之间是不相关的。但如果放宽相关的假设条件，使得 MM 的理想环境不成立，那么，

① Stein, J. 2003. Agency, Information, and Corporate Investment. in G. Constantinids, M. Harris, and R. Stultz (eds.), Hanbook of the Economics of Finance, Elsevier, North Holland.

② Modigliani, F., and M. H. Miller. 1958. The Cost of Capital, Corporate Finance and the Theory of Investment. *American Economic Review*. 48 (3), pp. 261 – 297.

投融资不相关关系也将不成立。由于融资决策的主要内容包括融资方式、资本结构、资本成本等，因此投资是否受到资本成本的影响在公司财务学领域也多有探讨。例如，公司财务学的 NPV 准则便揭示了投资与资本成本的某种关系：如果 NPV <0，则不投资；如果 NPV >0，则投资；而 NPV 取决于现金流按照某个折现率 r 的折现，r 的增加将导致 NPV 的降低，这样一些本来就接近于 0 的项目此时将小于零，投资变得不可行；r 的一个主要构成部分就是资本成本。因此，当资本成本增加时，企业的投资将下降。

我们曾经指出宏观视角的这种方法并不能度量投资效率，同样，在微观上，"投资随着资本成本的调整而调整"也不能度量投资效率，毋宁说是投资决策机制的运行效率。

5. 从企业增长率的角度来理解

和宏观经济增长理论不同的是，在公司财务学中，微观企业的增长率一般是指销售增长率，具体划分为内部增长率（Internal Growth Rate）和可持续增长率（Sustainable Growth Rate）。度量微观企业的增长率的基本思想在于：要产生更高的销售收入，得需要一定的资产作支撑。内部增长率是指仅使用企业内部的留存收益来支撑所能够产生的最大销售增长率；可持续增长率是根据负债比率、股利支付率等目标值所确定的公司销售额的最大年增长率。可持续增长率又分为常态可持续增长率和变化的持续增长率。常态可持续增长率是指在保持资本结构不变条件下，运用留存收益和负债所能够获得的最大销售增长率；变化的可持续增长率是指在允许企业各因素变动时所能达到的最大销售增长率。

根据宏观经济学者的逻辑，如果在相同的投资水平上，一个企业增长得越快，那么我们就可以说该企业的投资效率越高。

二、融资成本的文献综述

企业采取各种方式筹集到的资本不能无偿使用，必须付出代价；筹集资本本身也要付出代价。这些代价就是资本成本。因此，资本成本由两部分组成：一是筹集资本的费用，是企业在筹集资本的过程中所支付的各种费用，包括发行股票、债券的发行费用，取得借款时的手续费；二是资本占用费，是企业在使用资本的过程中按一定比率、一定方式不断支付给资本所有者的报酬，如利息、股利等。资本成本既可以以绝对数来表示，也可以以相对数来表示，但是为了比较不同融资规模的资本成本，常常用相对数来表示，即资本成本率。

在财务学中，有关资本成本的研究往往是伴随资本结构理论与股利理论的演进而发展。

（一）早期的资本成本理论

早期资本结构理论从公司如何选择资本结构以使资本成本最小化和公司价值最大化，从成本收益角度进行探讨，形成了净收益理论、净经营收益理论和传统折中理论。

净收益理论认为，负债可以降低企业的资本成本，负债程度越高，企业的价值越大。这是因为债务利息和权益资本成本均不受财务杠杆的影响，无论负债程度多高，企业的债务资本成本和权益资本成本都不会变化。因此，只要债务成本低于权益成本，那么负债越多，企业的加权平均资本成本就越低，企业的净收益或税后利润就越多，企业的价值就越大。当负债比率为100%时，企业加权平均资本成本最低，企业价值将达到最大值。该理论隐含的假设是：负债的资本成本和股票的资本成本均固定不变。

营业收益理论认为，不论财务杠杆如何变化，企业加权平均资本成本都是固定的，因而企业的总价值也是固定不变的。这是因为企业利用财务杠杆时，即使债务成本本身不变，但由于加大了权益的风险，也会使权益成本上升，于是加权平均资本成本不会因为负债比率的提高而降低，而是维持不变。因此，资本结构与公司价值无关；决定公司价值的应是其营业收益。营业收益理论隐含着这样的假设：即负债的资本成本不变而股票的资本成本会随负债的增加而上升，同时认为负债的资本成本小于股票的资本成本，结果使加权平均资本成本不变。

传统折中理论是一种介于净收益理论和营业收益理论之间的理论。传统折中理论认为，企业利用财务杠杆尽管会导致权益成本的上升，但在一定程度内却不会完全抵消利用成本率低的债务所获得的好处，因此会使加权平均资本成本下降，企业总价值上升。但是，超过一定程度地利用财务杠杆，权益成本的上升就不再能为债务的低成本所抵消，加权平均资本成本便会上升。以后，债务成本也会上升，它和权益成本的上升共同作用，使加权平均资本成本上升加快。这样加权平均资本成本线呈现 U 型结构，加权平均资本成本从下降变为上升的转折点，是加权平均资本成本的最低点，这时的负债比率就是企业的最佳资本结构。

（二）现代资本成本理论

所谓理想环境主要是指没有所得税的情况，同时还有一些假设，如投资不存在交易成本、投资者可以以同一利率借款和贷款等。在这种情况下，公司的加权平均资本成本与负债的多少没有关系。

MM 理论由三个定理构成：

定理Ⅰ：任何企业的市场价值与其资本结构无关，而是取决于按照与其风险程度相适应的预期收益率进行资本化的预期收益水平。

定理Ⅱ：股票每股预期收益率应等于与处于同一风险程度的纯粹权益流量相适应的资本化率，再加上与其财务风险相联系的溢价。其中财务风险用负债权益比率与纯粹权益流量资本化率和利率之间差价的乘积来衡量。

定理Ⅲ：任何情况下，企业投资决策的选择点只能是纯粹权益流量资本化率，它完全不受用于为投资提供融资的证券类型的影响。

在莫迪格利安尼和米勒的这三项定理中，定理Ⅰ最为关键，是整个 MM 理论的中心，最为集中地体现 MM 理论的精髓；定理Ⅱ是定理Ⅰ在资本成本理论领域的派生，定理Ⅲ则是定理Ⅰ和定理Ⅱ在投资决策上的应用。

米勒模型则进一步考虑了个人所得税对资本成本的影响。米勒模型和 MM 资本结构理论一样，认为负债会降低企业资本成本。那么，公司为了实现企业价值最大化，就该 100% 地负债了。但现实中没有一家企业是 100% 负债的。其主要原因是米勒模型和 MM 资本结构理论都忽视了财务危机成本和代理成本。

权衡模型在 MM 资本结构理论的基础上考虑了财务危机成本和代理成本。权衡模型表明：有负债公司 L 的资本成本因为负债的税蔽效应而下降，但因为负债增加了财务危机成本和代理成本而又使得有负债公司 L 的资本成本上升。有负债公司 L 的负债比率与普通股权益资本成本 K_{eL}、税后负债资本成本 $(1-T_c)K_d$ 和公司资本的加权平均资本成本 K_a 之间的关系：随着负债比率的上升，普通股权益资本成本和负债资本成本一开始缓慢上升而后迅速上升，而加权平均资本成本一开始下降，当到达 D_L^*/E_L^* 时资本成本达到最低点，然后又上升。D_L^*/E_L^* 就是公司 L 的资本成本最低时的资本结构。

综上所述，以上模型确实可以对我们的实际筹资行为提供如下指导：（1）由于存在税蔽作用，所以企业应通过负债降低企业的资本成本，这是负债的第一效应；（2）随着负债的增加，企业财务危机的成本和代理成本的现值也在增加，这是负债的第二效应，当负债比率较低时，第一效应较大，当负债比率较高时，第二效应较大，两者相互抵消的结果是企业应适度负债；（3）企业实际的负债比率要低于最佳资本结构时的负债比率，这是为了在新的投资机会来临时企业可以以较低的负债成本 $(1-T_c)K_d$ 筹集资金，避免以较高的权益资本成本 K_{eL} 来筹集资金。

（三）MM 理论与 CAPM 理论的结合

CAPM 是依据系统风险对资产进行定价，当其与 MM 理论定义的资本成本相结合时，就将与资本成本理论的联系统一起来。将 MM 理论与 CAPM 理论的结合首先由哈马达（Hamada，1969）提出，然后由鲁宾斯坦（1973）进行了综合研究。莫迪格利安尼与米勒假设在公司内所有项目有相同的商业或经营风险。这是因为在他们 1958 年写的论文中，还没有允许调整系统风险差异的公认理论，所以公司的 WACC 没有随着系统风险函数变化而变化。当然，该假设必须调整，因为不同公司、不同项目的风险不同。

（四）相关实证研究成果

奥特曼（1984）以 1970～1978 年 19 家破产公司为样本利用时间序列回归方法，得出间接破产算术平均成本为破产前 3 年公司价值的 8.1%，为破产年公司价值的 10.5%，说明破产成本是存在而且数额较大，说明负债的税盾收益和预期破产成本之间权衡的最优资本结构正确性。

威斯顿（1963）用电力公司的数据，证明了 WACC 随着杠杆减少而增加，即债务税盾是有价值的。

库茨与谢夫林（1983）用财政部数据分析可能由税收后转与前转、国外税收抵免、投资抵免、资本利得的不同税收选择及最低税额引起实际税率的行业差异。他们发现从实际税率最高的烟草制造业（45%）到最低的交通运输行业与农业（16%），各行业间存在显著差异。这一结果支持了德安杰罗－马萨利斯（1980）的杠杆引致正的税盾利得的论点。

莫迪格利安尼—米勒理论中的一个重要部分是权益资本成本随着杠杆增加而上升。哈马达（1972）通过将莫迪格利安尼—米勒理论与 CAPM 结合，对该命题进行实证检验。他发现杠杆公司系统风险平均高于非杠杆公司系统风险，该结果与高杠杆增加风险相一致。

第三节　本书的结构与主要内容

本书共分为十章。

第一章"绪论"说明研究的目的和意义，对相关文献进行综述，同时概述全书的结构和主要内容。

第二章"我国投资绩效评价与融资成本估算的历史与现状"主要运用历史分析的方法回顾我国投资绩效与融资成本估算的演变，并在此基础上进行简要的评价。此外，本章还对有关资本收益率争论进行述评。

第三章"投资绩效评价与融资成本估算的理论基础"运用经济学的分析方法论述了企业的本质、价值过程与投融资活动，投资绩效评价的理论基础，融资成本估算的理论基础以及投资绩效评价与融资成本估算的关系。

第四章"投资绩效评价体系"是第五章～第七章的概述和理论基础，主要分析投资的静态效率指标体系、投资的动态效率指标体系和投资效益指标体系。

第五章"基于投资项目进程的绩效评价"阐述投资项目运作的各个阶段的绩效评价问题，包括投资项目的事前（决策阶段）绩效评价、投资项目的事中评价和投资项目的事后评价。

第六章"基于投资项目内容的绩效评价"则从投资项目内容讨论了绩效评价问题，主要包括流动资产及其主要项目投资绩效评价、固定资产投资的绩效评价、R&D投资的绩效评价和并购投资的绩效评价。

第七章"企业整体绩效评价"将企业视为投资项目的组合，分析了企业整体绩效评价的目标，介绍了企业绩效评价方法的演进，探讨了现代企业绩效评价方法。

第八章"融资成本估算体系"是第九章～第十章的概述和理论基础，主要说明了融资成本估算的整体思路，阐述了直接融资成本、财务危机成本、代理成本和税务成本的内涵及其估算问题。

第九章"成分资本成本估算"探讨了基于公司财务数据的权益资本成本估算方法、基于资产定价模型的权益资本成本估算方法和债务资本成本估算方法等。

第十章"综合资本成本"讨论了资本权重的确定、加权平均资本成本和运用加权平均资本成本时应注意的问题。

第二章 我国投资绩效评价与融资成本估算的历史与现状

新中国成立至今，我国企业的投资绩效评价与融资成本估算指标体系经历了多次变迁。但需要强调的是，这些变迁都融合在整体企业的业绩评价指标体系中，或者说，我国的企业实践并未严格区分投资绩效和融资成本估算，而是笼统地放在"企业业绩"这个整体框架下。由于企业业绩包含了投融资问题，使我们又无法严格地区分投资绩效和融资成本因素，因此，我们这里对历史和现状的描述其实是对企业业绩评价的描述。

第一节 我国投资绩效与融资成本估算的演变

一、1949～1970 年的评价指标

在 1949 年之后的很长一段时间内，我国实行的是计划经济体制，政府部门对国企采用的主要考核方法是指令性生产计划的完成情况，以产品产量和企业产值为核心考核内容。当时的绩效评价主要指标为"产量，质量，节约降耗"。因为当时国家的计划价格体系不能真实反映生产成本，产值利润不能反映企业真实绩效，该阶段的考核评价主导思想是以"实物产量和质量"为主。考核评价方法是简单的与计划目标和行业生产技术标准对照。这种以实物产量为主的企业考核方式导致国企缺乏效率，企业为扩大经营者业绩，都有总量扩张的冲动（争资金、争项目、争资源、生产不计算成本），产品创新和技术创新少、生产产品积压过多等一系列问题限制了国有企业的进一步发展。

二、1970~1974 的七项指标

1970 年，全国计划工作会议提出抓七项指标：（1）产值指标；（2）产量指标；（3）质量指标；（4）原材料、燃料、动力消耗指标；（5）劳动生产率指标；（6）成本指标；（7）利润指标。

三、1975~1981 年的八项指标

1975 年，国家统计局、原国家计划委员会、原国家经济委员会在天津召开统计现场会，会议确定，除 1970 年提出的七项指标之外，再增加"定额流动资金"指标。

1977 年 8 月，国家统计局召开八项指标统计问题座谈会，9 月，制定颁布《工业企业八项经济技术指标统计考核办法》，决定采用产品产量、品种、质量、原材料、燃料、动力消耗、流动资金、成本、利润和劳动生产率八项指标来考核地区、企业经济效益。

四、1982 年 4 月~1989 年 1 月的十六项指标

1982 年 4 月，原国家经委、原国家计委、国家统计局、财政部、劳动人事部和中国人民银行联合制定了《定期公布主要经济效益指标实施细则》。

《细则》确定按季公布的主要经济效益指标共十六项：工业总产值和增长率；主要工业产品产量完成计划情况；主要工业产品质量稳定提高率；工业产品优质品率；主要工业产品的原材料、燃料、动力消耗降低率；每万元产值消耗能源和降低率；工业企业销售收入和增长率；工业企业实现利润和增长率；工业企业上缴利润和增长率；工业企业产值利税率；工业企业销售收入利润率；工业企业定额流动资金周转天数和加速率；工业企业产成品资金占用额和降低率；工业企业可比产品成本降低额和降低率；工业企业全员劳动生产率和增长率；工业企业职工重伤、死亡人数和降低率。

为了从宏观上考察各地工业生产经济效果的动态情况，《细则》还规定以下十项指标要把今年成绩和去年同期进行对比，按照改善、持平、下降的不同情况分别计分，进行综合分析。这十项指标是：工业总产值增长率；主要工业产品质量稳定提高率；主要工业产品原材料、燃料、动力消耗降低率；工业企业销售收入增长率；工业企业实现利润增长率；工业企业上缴利润增长率；工业企业定额流动资金周转加速率；工业企业可比产品成本降低率；全员劳动生产率增长率和每千名职工死亡人数降低率。

五、1989 年 1 月～1992 年 2 月的八项指标

遵照党中央关于治理经济环境、整顿经济秩序、全面深化改革的指导方针，为加强宏观调控，发挥财政、金融、统计的监督作用，推动压缩社会总需求，抑制通货膨胀，逐步引导各地区、各部门、各企业由相互攀比生产增长速度转为注重提高经济效益，根据国务院领导同志的指示，1988 年 12 月 1 日，国家统计局、原国家计委、财政部和中国人民银行联合制定《关于定期公布若干重要经济指标的暂行规定》。

自 1989 年 1 月起建立若干项重要经济指标的定期公布制度，按月、按季先分省、自治区、直辖市向全国公布，稍后再增加分计划单位的省辖市的资料并公布。定期公布的重要经济指标一共八项，分别为：固定资产投资额；银行贷款余额及增加额；职工工资总额；工业全员劳动生产率；工业销售利税率；工业资金利税率；工业可比产品成本降低率；工业能源消耗综合降低率。

六、1992 年 2 月～1993 年 7 月的七项指标

1992 年 2 月，国务院批转了原国家计委、国务院生产办、国家统计局《关于改进工业生产评价考核指标的报告》。《报告》认为，我国现行的国民经济评价考核指标基本上是 20 世纪 50 年代从原苏联引入的，以后虽做了不少改进，但仍然很不适应发展有计划商品经济的要求。为了加强和改善我国宏观经济管理，贯彻中央工作会议确定的 1992 年经济工作的指导方针，把经济工作的重点转移到调整结构、提高效益的轨道上来，拟从 1992 年起，逐步改进国民经济评价考核指标。

一是将月度分地区主要经济效益统计的八项指标改为七项指标：（1）反映一定规模和增长速度的工业生产实现产品的销售状况的指标：产品销售率（等于"现价工业销售产值"与现价工业总产值之比）；销售增长速度（以"不变价工业销售产值"指标计算）。（2）生产要素占用和耗费所创造的剩余产品状况的主要指标：工业企业资金利税率；工业产品成本利润率。（3）反映新创造价值的劳动生产率指标：工业全员劳动生产率改为按工业增加值或净产值计算。有些行业如煤炭、钢铁、石油等，还可以用实物劳动生产率作为辅助指标。（4）评价、考核流动资金运用效果的主要指标：每百元销售产值占用流动资金比率；流动资金周转次数。

二是加强对工业经济效益的全面综合评价。拟在建立和健全工业财务定期统计制度的基础上，逐步建立定期计算工业经济效益综合指数制度。同时，

进一步研究年度全部工业生产要素利税率的计算方案，并开始试算，配合经济效益综合指数用于评价工业经济效益。

同年同月，国家统计局、原国家计委和国务院生产办联合制定了《改进工业经济效益评价指标实施方案》。在《企业财务通则》和《企业会计准则》颁布之后，1993 年 5 月，国家统计局、原国家计委、原国家经贸委、财政部联合颁布《关于修改〈改进工业经济评价考核指标实施方案〉的通知》，对 1992 年 2 月的《改进工业经济效益评价指标实施方案》进行修正。

七、1993 年 7 月～1995 年 1 月的八项指标

1992 年 11 月 16 日，国务院批准发布《企业财务通则》，该《通则》自 1993 年 7 月 1 日起施行。根据《通则》第四十三条，"企业总结、评价本企业财务状况和经营成果的财务指标包括：流动比率、速动比率、应收账款周转率、存货周转率、资产负债率、资本金利润率、销售利税率、成本费用利润率等。"

八、1995 年 1 月～1997 年 10 月的十项指标

按照建立现代企业制度的要求，为了综合评价和反映工业企业经济效益状况，财政部在反复研究的基础上，于 1995 年 1 月 9 日制定并颁布《财政部企业经济效益评价指标体系（试行）》。

该体系包括十项指标如下：销售利润率、总资产报酬率、资本收益率、资本保值增值率、资产负债率、流动比率（或速动比率）、应收账款周转率、存货周转率、社会贡献率、社会积累率。

上述十项指标体系主要是从企业投资者、债权人以及企业对社会的贡献等三个方面来考虑的，其主要特点：一是中国特色与国际惯例相结合，既符合改革后的企业税收制度和财务会计制度的要求，又尽可能参照国际上通行的指标体系和评价方法；二是注重综合评价，从企业投资者、债权人以及企业对社会的贡献等三个方面，反映企业盈利能力和资本保值增值情况、企业资产负债水平和偿债能力、企业对国家或社会的贡献水平；三是兼顾企业经济效益和社会效益，反映企业对国家或社会的贡献情况，改变过去几十年用实现税利或上交税利多少来衡量企业贡献大小的做法。

九、1997 年 10 月～1999 年 6 月的七项指标

1997 年 10 月，国家统计局、原国家计委、原国家经贸委联合制定了《关于改进工业经济效益评价考核指标体系的内容及实施方案》。该方案对 1992

年指标体系作了调整和补充，保留流动资金周转率、成本费用利润率、全员劳动生产率和产品销售率四项指标，去掉资金利税率和增加值，增加了总资产贡献率、资产保值增值率和资产负债率三项指标，形成了由总资产贡献率、资本保值增值率、资产负债率、流动资产周转率、成本费用利润率、全员劳动生产率、产品销售率等七项指标组成的新的指标体系。

新的指标体系可以从企业的盈利能力、发展能力、偿债能力、营运能力、产出效率和产销衔接状况来较全面地反映经济效益这一综合概念的不同侧面，同时又考虑到会计制度改革后直接从有关会计、统计报表中取得数据的可行性，避免了增加基层企业报表任务的情况发生。此外，这些指标基本上都是会计和统计分析所常用的，为广大基层统计人员和各级党政领导所熟悉，便于开展分析和计算。

十、1999 年 6 月~2002 年 2 月的三十二项指标

1999 年 6 月 1 日，财政部、原国家经贸委、人事部、原国家计委联合印发了《国有资本金绩效评价规则》及《国有资本金效绩评价操作细则》，规定竞争性企业的绩效评价内容包括财务效益状况、资产营运状况、偿债能力状况和发展能力状况四个方面，企业绩效评价指标体系由八项基本指标、十六项修正指标和八项评议指标三个层次、共计三十二项指标构成，初步形成了财务指标与非财务指标相结合的业绩评价指标体系，以全面反映企业的生产经营状况和经营者的业绩。1999 年国有资本金绩效评价指标体系，如表2－1 所示。

表 2－1　　　　　　　　1999 年国有资本金绩效评价指标体系

评价指标类别	基本指标	修正指标	评议指标
财务效益状况	净资产收益率 总资产报酬率	资本保值增值率 主营业务利润率 成本费用利润率 盈余现金保障倍数	经营者基本素质 产品市场占有能力 （服务满意度）
资产运营状况	总资产周转率 流动资产周转率	存货周转率 应收账款周转率 不良资产比率	基础管理水平 发展创新能力 经营发展战略
偿债能力状况	资产负债率 已获利息倍数	速动比率 现金流动负债比率	在岗员工素质 技术装备更新水平 （服务硬环境）
发展能力状况	销售增长率 资本积累率	三年销售平均增长率 三年资本平均增长率 技术投入比率	综合社会贡献

十一、2002 年 2 月～2006 年 4 月的二十八项指标

2002 年 2 月 22 日，财政部等五部委联合印发了《企业绩效评价操作细则（修订）》。根据该细则，国有资本金绩效评价指标体系横向通过财务效益状况、资产营运状况、偿债能力状况和发展能力状况四个部分，纵向通过基本指标、修正指标和评议指标三个层次对企业绩效进行深入分析，以全面反映企业的生产经营状况和经营者的业绩（具体指标体系如表 2－2 所示）。

表 2－2 2002 年企业绩效评价指标体系

评价指标		基本指标		修正指标		评议指标	
评价内容	权数 100	指标	权数 100	指标	权数 100	指标	权数 100
一、财务效益状况	38	净资产收益率	25	资本保值增值率	12	经营者基本素质	18
		总资产报酬率	13	主营业务利润率	8	产品市场占有能力（服务满意度）	16
				盈余现金保障倍数	8		
				成本费用利润率	10	基础管理水平	12
						发展创新能力	14
二、资产营运状况	18	总资产周转率	9	存货周转率	5	经营发展战略	12
		流动资产周转率	9	应收账款周转率	5	在岗员工素质	10
				不良资产比率	8	技术装备更新水平（服务硬环境）	10
三、偿债能力状况	20	资产负债率	12	现金流动负债比率	10	综合社会贡献	8
		已获利息倍数	8	速动比率	10		
四、发展能力状况	24	销售（营业）增长率	12	三年资本平均增长率	9		
				三年销售平均增长率	8		
		资本积累率	12	技术投入比率	7		
		80%				20%	

2003 年 11 月 25 日，国有资产监督管理委员会正式颁布《中央企业负责人经营业绩考核暂行办法》，考核办法特别注意了中央企业的行业、规模、资产质量和发展基础的差异，设计了共性要求和个性特点相结合的考核指标体系。考核指标分别为基本指标和分类指标两类，基本指标主要是反映出资人关心的资产回报率指标，分类指标主要是反映企业和行业特点的差异性指标。考核结果与中央企业负责人的报酬相挂钩，逐步试行企业负责人年薪制。该考核办法从 2004 年 1 月 1 日起施行。

十二、2006 年 4 月至今的三十项指标

2006 年 4 月 7 日，国资委颁布《中央企业综合绩效评价管理暂行办法》，根据该办法，国资委今后将按照优、良、中、低、差五个等级对中央企业进行综合绩效评价，评价结果将成为央企负责人年度和任期考核的重要参考指标。2006 年 9 月 12 日，国资委再次颁布《中央企业综合绩效评价实施细则》，明确规定中央企业绩效评价指标由 22 个财务绩效定量评价指标、8 个管理绩效定性评价指标、共计 30 个指标组成，如表 2 - 3 所示。

表 2 - 3　　　　　　　　2006 年国有企业综合绩效评价指标

评价内容与权数		财务绩效（70%）				管理绩效（30%）	
		基本指标	权数	修正指标	权数	评议指标	权数
盈利能力状况	34	净资产收益率	20	销售（营业）利润率	10	战略管理	18
		总资产报酬率	14	盈余现金保障倍数	9	发展创新	15
				成本费用利润率	8	经营决策	16
				资本收益率	7	风险控制	13
资产质量状况	22	总资产周转率	10	不良资产比率	9	基础管理	14
		应收账款周转率	12	流动资产周转率	7	人力资源	8
				资产现金回收率	6	行业影响	8
债务风险状况	22	资产负债率	12	速动比率	6	社会贡献	8
		已获利息倍数	10	现金流动负债比率	6		
				带息负债比率	5		
				或有负债比率	5		
经营增长状况	22	销售（营业）增长率	12	销售（营业）利润增长率	10		
		资本保值增值率	10	总资产增长率	7		
				技术投入比率	5		

十三、简评

对于上述指标体系的变迁过程，我们试图说明如下几个问题。

（一）忽略融资成本，侧重投资业绩

上述所有指标体系均可视为投资业绩，而融资成本问题没有得到体现。不仅在实践上如此，我们还发现在理论研究方面也存在此问题，学者们较少意识到投资绩效和融资成本的相对独立性，而是笼统地以企业业绩作为研究对象；即便如此，这些学者也较少将融资成本问题作为评价指标。

不过，我们注意到，在 2005 年 6 月，国务院国有资产监督管理委员会业

绩考核局联合毕博管理咨询有限公司一起编著了《企业价值创造之路——经济增加值业绩考核操作实务》①。由于 EVA 考虑了融资成本问题，因此，该书似乎预示了国资委开始关注融资成本问题。虽然 2006 年 4 月推出的《中央企业综合绩效评价管理暂行办法》仍然没有考虑融资成本问题，但随着市场的完善和企业的市场化，我们对融资成本问题将被纳入企业绩效考核之中还是深信不疑的。

（二）忽略投资效率，侧重投资效益

观察上述指标可以发现，在颁布《企业财务通则》与《企业会计准则》之前，绩效指标大都包括劳动生产率，该指标可以度量投资效率。但在之后，绩效指标倾向于财务指标，而劳动生产率作为一个宏观经济理论中的指标则逐渐被排除。

另外，我国绩效指标即便考虑了效率指标，也侧重于劳动生产率，但度量生产率还有其他的指标。例如，资本生产率、全要素生产率、全要素生产率变化率等。为什么这些指标不被考虑？我们似乎需要更进一步的理论分析。

第二节　有关资本收益率争论的述评

令我们感兴趣的是，尽管我国国有企业的业绩评价经历了上述超过 30 年的演变，但是国有企业的投资绩效和融资成本究竟达到什么样的水平，仍然是个未知数；尽管 2006 年推出的中央企业综合绩效评价指标体系包含了资本收益率指标，但国有企业的资本收益率究竟达到了什么样的水平，也仍然是个未知数。这导致了 2006 年的一场关于国有企业资本收益率的大争论。

2006 年 5 月，世界银行中国代表处的高级经济学家 Louis Kuijs，以及世行中国代表处主任、世行中国代表处首席经济学家 Bert Horfman 在《中国经济季报》上撰文，认为"国有企业的资本回报率自 1998 年的 2% 增长至 2005 年的 12.7%，非国有企业在同期从 7.4% 上升到 16%。这意味着中国工业企业的 2005 年的平均净资产回报率超过 15%"。9 月，TPG 新桥投资集团合伙人单伟建在《远东经济评论》上撰文反驳，认为中国工业企业的资本回报率远没那么高。之后，双方继续争论，并引起了国内学者的参与。例如，北京

---

① 国务院国有资产监督管理委员会业绩考核局、毕博管理咨询有限公司编著：《企业价值创造之路——经济增加值业绩考核操作实务》，经济科学出版社 2005 年版。

大学的宋国青等人为世界银行助威，而摩根斯坦利的史蒂芬·罗奇、中欧国际工商学院的许小年、著名经济学家吴敬琏等学者则持与单伟建相近的观点。

尽管双方争论的焦点在于中国工业企业的资本回报率究竟有多高，但问题的背后则是中国工业企业的投资是否有效，即投资效率。例如，单伟建针对世界银行关于"国有企业应该分红"的政策建议明确的指出："分不分红我觉得都不要紧，无关宏旨。宏旨是提高中国经济的效率，增加资本配置的效率，使中国经济可以持续增长。"换句话说，如果国有企业的投资效率是有效的，则继续投资；否则，降低投资。

对于这一问题，香港著名经济学家肖耿于 2006 年 9 月 22 日在《南方周末》撰文"中国企业资本回报率之谜"，指出单伟建的研究角度是微观企业的投资效率，而世行的研究角度是宏观经济的投资效率，二者都有合理性。10月 22 日，中国社科院金融所研究员刘煜辉以特约评论员的身份，在《21 世纪经济报道》上撰文"投资效率微观和宏观的背离"，认为世界银行用国有企业的资本收益率来判断宏观经济的投资走向，是以企业投资的微观效率错误的推断宏观效率。2007 年 1 月 30 日，刘煜辉在《中国财经报》上撰文"中国投资问题的症结在投资体制"，继续指出投资效率的微宏观背离问题。这不禁令我们想起早些年国内学者关于当时经济形势的一个典型概括："宏观有效，微观无效"（张新、陈昌华和蒋殿春，2002）①，而刘煜辉现在则要反过来："微观有效，宏观无效"。

我们对上述争论充满兴趣，因为在此背后蕴含着我们在本书中关注的三个重大问题：投资效率、投资效益、融资成本。

---

① 张新、陈昌华和蒋殿春：《中国经济的增长——增长数据的可信度以及增长模式的可持续性》，载于《经济学》（季刊），2002 年，第 2 卷第 1 期。

第三章 投资绩效评价与融资成本估算的理论基础

第一节 企业的本质、价值过程与投融资活动

根据覃家琦（2007）对企业本质的研判[1]，企业在本质上是一个联合价值过程的载体。以最为典型而复杂的工业企业为例，假设现时的经济中不存在资产 g，g 由企业家建立工业企业进行研发和生产。企业家初始获得的非人力资产价值量为 V_0（不论是何种资产形态，也不论该资产是企业家的资产禀赋还是经由资产联合而获得），经过联合生产，最终获得的产品价值量为 V_n。由于初始资产未必是生产要素本身。因此，企业家必须首先通过要素市场交易以 V_0 购买作为中间价值形态的生产要素 V_1，通过生产活动将其形态转变为最终价值 V_n（以产品 g 作为载体），最后将 V_n 转让给他人以满足他人的需要，并获得价值 $V_n{}'$，该过程可以表示为：$V_0 \rightarrow V_1 \rightarrow V_n \rightarrow V_n{}'$。

考虑更一般的情形即庞巴维克（1964，第 53～59 页）[2] 所提出的迂回生产，从初始价值到最终价值的实现，整个过程中需要经过多个中间价值转换环节，每个中间价值可能体现为原料、存货、半成品、在产品等实物资产形态，假设共 n 种中间价值形态，则价值过程扩展为：$V_0 \rightarrow V_1 \rightarrow V_2 \rightarrow V_3 \rightarrow \cdots \rightarrow V_n \rightarrow V_n{}'$，其中 V_i 表示第 i 种中间价值形态，i = 1 时的 V_1 即为生产要素；i = n 时的 V_n 为最终价值；$V_1, \cdots, V_{n-1}$ 都是直接构成最终价值 V_n 的中间价值，箭头"→"表示价值转换关系，从 V_0 到 $V_n{}'$，中间涉及 n + 1 个价值转换环节。我们将该过程划分为价值发现阶段、联合投入阶段、价值创造阶段、价值实现阶段和价值分配阶段五阶段。

---

[1] 覃家琦著：《企业投资与融资的互动机制理论研究》，经济科学出版社 2007 年版。

[2] ［奥］庞巴维克著，陈端译：《资本实证论》，商务印书馆 1964 年版。

一、价值发现阶段

从 $t_0 \sim t_1$ 时期，企业家发现了他人存在尚未被发现或未被完全发现、未被满足或尚未被完全满足的某种需要，该需要可由资产 g 满足，并且企业家认为生产 g 有利可图。用财务学的术语，我们说企业家发现了投资机会（或价值机会，或帕累托改进机会）。至于企业家是如何发现的，以及这种投资机会具体是什么，这点在本文中并不重要。

二、联合投入阶段

企业家要通过生产 g 来满足他人的价值，而生产意味着价值创造。按照古典经济理论，价值创造只有两种力量，即劳动力和自然力，舍此无第三种可能。其中，借助劳动力同时借助自然力来创造价值的过程称为劳动过程，将仅仅借助自然力而没有劳动力来创造价值的过程称为自然过程。显然，旨在创造他人所需要的产品 g 的企业价值过程，必然属于劳动过程。为了获得分工和合作剩余，企业家必须能够让其他的经济行为者联合参与劳动过程，这意味着人力资产的联合。

同时，劳动知识、劳动对象和劳动工具等非人力资产必须进入劳动过程，这又意味着非人力资产的集合，其价值量正是 V_0。需要强调的是，尽管 V_0 仅指非人力资产，但出于分析的方便，我们假设在 V_n' 实现之前需要预先支付的劳动者的基本工资总额，在 t_2 之前一次性支付，从而 V_0 包括基本工资总额，否则劳动过程将无法持续。由于这一阶段的非人力资产联合是为了获得初始的生产要素，并且纯属交易活动，我们将其称之为初始要素交易活动。该活动从 t_1 持续到 t_2。

非人力资产的联合其实就是企业的融资活动。如果企业家自己提供非人力资产，则这种联合方式称为内部融资；如果企业家通过他人获得资产，该联合方式则称为外部融资，外部融资又分为负债融资（Debt Financing）和权益融资（Equity Financing）。以负债形式投入资产的个人或法人，称为负债投资者（Debt Investor），但未必是债券持有者（Bond-holder）；以权益方式投入资产的个人或法人，称为权益投资者（Equity Investor），但未必是股票持有者（Stock-holder）。如果企业家自身的非人力资产禀赋足以支撑联合劳动过程，则他可以选择不联合其他人的非人力资产即外部融资，此时 V_0 仅来自企业家自有的非人力资产，即 V_0 全部由内部融资提供。但企业家也可以选择联合其他人的非人力资产即进行外部融资。当且仅当企业家的非人力资产不足以支撑联合劳动过程时，企业家必须联合其他人的非人力资产即外部融资。但不管何种情况，初始要素交易活动导致了企业初始资产负债表的产生。

三、价值创造阶段

从 $t_2 \sim t_4$ 时期，企业家开始正式进行价值创造。这将包括如下两个子阶段。

（一）二次要素交易阶段

二次要素交易阶段，即 $V_0 \rightarrow V_1$ 阶段。尽管企业家在联合投入阶段获得了足够的人力资产和非人力资产，但由于特定的劳动需要特定的劳动对象和劳动工具等要素，企业家经过联合投入阶段之后所获得的非人力资产未必全部是劳动要素本身，当然有可能一部分非人力资产可以直接作为劳动要素。当劳动要素不充分时，在货币经济和交易经济中，企业家可以用筹集的部分非人力资产尤其是货币金融资产交易所需要的劳动要素及其他要素。这一阶段的交易活动也是为了获得生产要素，因此我们将其称为二次要素交易活动，发生时间为从 $t_2 \sim t_3$ 时期。管理学将该活动称为采购活动，但在财务学上，如果购买的是长期资产，则属于投资活动；如果购买的是短期资产，则属于经营活动；但经营性资产和投资性资产的价值都包含在 V_0 之中。

（二）内部资产配置阶段

内部资产配置阶段，即 $V_1 \rightarrow \cdots \rightarrow V_{n-1} \rightarrow V_n$ 阶段。经过二次交易活动，劳动要素准备完毕，从时期 $t_3 \sim t_4$，企业家开始真正的价值创造。由于价值创造是一个联合劳动过程，这意味着人力资产与非人力资产的结合，从而要求企业家对人力资产和非人力资产进行配置。由于该阶段的资产配置严格地在企业内部进行，因此我们称之为内部资产配置活动。根据分析，内部配置既包括生产活动，同时伴随着企业内部交易活动，并且分工和合作剩余主要集中于这一阶段。由于资产配置既涉及长期资产也涉及短期资产，甚至涉及人力资产，因此该阶段的活动融投资和经营为一体。例如，自行建造固定资产、自行研究开发无形资产等均属于投资活动；而流动资产如存货、现金的调拨等，则属于经营活动。

经过该阶段，企业资产负债表的内容进一步变化。除了实物资产、标准金融资产、会计类无形资产的可能变动外，资产项目可能还产生其他的资产，例如，（1）应收账项，这是企业的一种债权，也属于一种金融资产；（2）各种无形资产，如网络关系、顾客忠诚度等，这点为管理学所承认，但尚未为企业会计准则所承认；（3）由于会计的持续经营假设要求，在企业经营过程产生的、本属于企业已经耗费的、但按照权责发生制和配比制而暂时列为资产的费用或损失。例如，待摊费用、长期待摊费用、递延税项、坏账准备、存货跌价准备、短期投资跌价准备、长期投资减值准备、固定资产减值准备、在建工程减值准备、无形资产减值准备等，这些项目在现在会计学研究中通称为经营性虚拟资产。该资产不属于实物资产、金融资产和无形资产，但属于一种虚拟资产。

四、价值实现阶段

即 $V_n \to V_n{'}$ 阶段。经过资产的内部配置过程，最终价值 V_n 的载体即产品 g 得以创造出来。但产品 g 只有出售给消费者，才能实现最终价值。因此，从 $t_4 \sim t_5$ 时期，企业家将该产品与消费者进行交易，价值实现其实就是产品交易活动。我们将 $V_n{'}$ 称为经营收益（Operating Revenue，OR），这等价于会计上的主营业务收入，其计算公式简单的为：$V_n{'} = OR = Q \times P$，其中 Q 为产品产量，P 为产品价格。本文假设产品一创造出来便立即销售出去，忽略产品的交易过程，我们仅关心经营收益的大小。另外，尽管为该阶段配置的长期资产和短期资产也属于投资的内容，但出于分析的简化，我们忽略该阶段的资产配置。

五、价值分配阶段

从 $t_5 \sim t_6$ 时期，企业家对产品交易所获得的价值 $V_n{'}$ 进行分配。为了持续经营（Going Concern），初始价值量 V_0 必须得到保值，从而能参与分配的总剩余价值为 $V_n{'} - V_0$，该价值在原则上为联合体所有成员所共享，因此可称为联合剩余（Coalition Surplus，CS），即 $CS = V_n{'} - V_0$。根据企业现金流量表的编制，分配活动可分别划归为投资、融资和。

这样，企业的价值过程可以细分为价值发现、初始要素交易活动、二次要素交易活动、内部配置活动、产品交易活动、价值分配活动。其中，二次要素交易活动、内部配置活动、产品交易活动都属于企业家对企业资产的统一配置，因此我们也可以将这三个子阶段通称为企业的资产配置阶段，该阶段同时涉及价值创造和价值实现阶段。由于相应的活动总是要求相应的契约相对应，因此企业契约相应的至少可划分为如下契约：契约1：初始要素交易契约；契约2：二次要素交易契约；契约3：内部资产配置契约；契约4：产品交易契约；契约5：分配契约。这样，上述企业价值过程与企业融资和投资的关系可用图 3 - 1 所示。

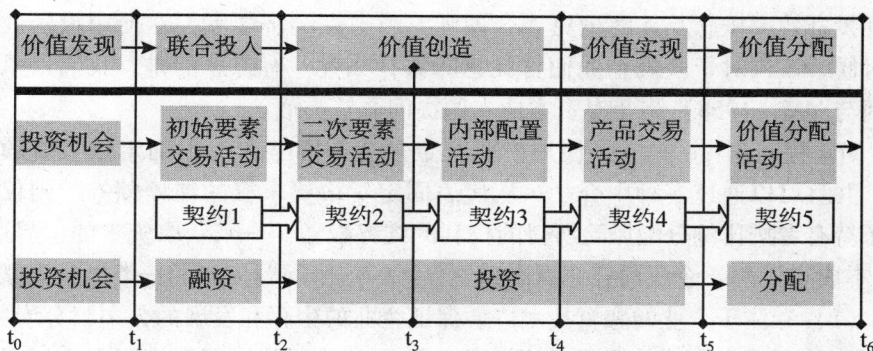

图3-1　企业价值过程与投融资活动

第二节　投资绩效评价的理论基础

一、过程与结果两分法：投资效率与投资效益

在图3-1中，我们看到，从最初的融资，到投资的进行，到最终的价值分配，这是一个过程。如果要评价这个过程的绩效，我们也可以采取过程与结果两分法。在对过程进行评价时，我们其实是考察投资效率问题；而对结果进行评价时，其实是考察投资效益问题。

遗憾的是，在公司财务学关于投资绩效评价的内容中，我们很少看到投资效率评价，或者说，它们考虑的多是从结果来评价而非从过程来评价。由此，我们再回到第二章关于我国业绩评价的简要评论。我们指出我国绩效指标在《企业财务通则》和《企业会计准则》颁布之前尚考虑劳动生产率问题，而在颁布之后，则逐渐放弃劳动生产率指标。这事实上部分源于公司财务学的投资绩效评价的缺陷：侧重结果而忽略过程，从而侧重投资效益而忽略投资效率。

但事实上，有效益也不一定有效率，但有效率则往往有效益。因此，有必要区分二者的差别，并同时将二者纳入绩效评价之中。

二、投资效率：MM 式的难题

如果说投资效益在公司财务学中已经言之甚多的话，那么，投资效率问题则似乎并不容易回答。我们在第一章曾经综述过投资效率的各类文献，但哪种投资效率概念及其度量更为合理呢？当宏观经济学者们在使用投资效率的时候，该词对于微观企业而言又意味着什么呢？有意思的是，我们这里的提问与 MM（1958）当年对资本成本的提问非常类似。

MM 提问到："在一个使用投资基金来获得能够产生不确定性收益的资产，并且可以通过多种中介——从代表固定货币要求权的纯粹债券，到仅仅给予持有者按比例分配风险所得的权利的纯粹权益——来获取资本的世界中，'资本成本'对于企业而言究竟意味着什么？这个问题与如下三类经济学家有关：（1）专注于企业的融资技术以便保证企业的生存和发展的公司财务专家；（2）专注于资本预算的管理经济学家；（3）专注于从微观和宏观两个层面解释企业投资行为的经济学家。"

我们可以将 MM 资本成本问题与这里的投资效率问题的共同点归纳如下：（1）MM 对资本成本问题的提出源于宏观经济学者对资本成本的模糊不清，而投资效率问题也如此；（2）资本成本不仅对宏观经济有意义，而且对微观企业也有意义；投资效率问题也是如此。我们相信，如果说微观企业的资本成本问题因为 MM 的开创性工作而得以从宏观经济理论中分离出来，那么微观企业的投资效率问题则尚未引起足够的重视。

三、Fisher 传统的企业投资

为了使我们的讨论符合语义学的传统，我们首先将效率界定如下：效率总是针对某项活动而言，是指某项活动的投入与产出的比例关系。假设某活动的投入为 X，产出为 Y，则我们称该活动的效率为 $e = Y/X$。

由此，投资效率可以定义为投资活动的投入与产出的比例。但在这个地方，问题产生了：这里的投资活动究竟是指什么活动？正如我们在前文曾经提到过的，我们至少可以在两种意义上理解这个词：（1）资本的形成或获取；（2）资本的使用。当我们在第一种意义上使用该词时，投资效率就是资本形成的效率；如果在第二种意义上使用该词，则我们需要将投资效率追究到资本使用过程中的各个影响因素，此时，相关文献所分解的 TFPG 的各个构成可能也属于投资效率，如技术效率、资本配置效率等。

当遇到争议时，我们倾向于从经典文献中寻求解释。我们固然可以直接转向 MM（1958）的论文，但我们注意到，Miller（1988）指出[①]：MM（1958）选择的是一个 Fisher 式的企业。再联想到 MM 三大定理与 Fisher 分离

---

① Miller, M. H. 1988. The Modigliani-Miller Propositions after Thirty Years. *Journal of Economic Perspectives*. 2（4），pp. 99 – 120.

定理的关联，我们更倾向于从 Fisher 的《利息理论》中寻求答案。

遵循 Fisher（1930/1999）[①]《利息理论》的逻辑，资本的价值为未来一系列的收入流按照利率的折现值。收入流是各种要素（例如劳动力、土地与其他资本）的联合产物，通过改变各种要素的不同使用方法，可以改变收入流的各种性质。但这种改变收入流的能力，要通过企业家。在费雪看来，企业之所以产生，源于转换功能，即将各种要素转换成一系列收入流的功能。企业只是一部巨大的赚钱机器，任何投资者 i 仅仅关心他的投资能够给他带来一系列的收入流（暂不考虑不确定性）y_1，y_2，…，y_n，企业之间的区别，仅仅在于产生现金流的时间形态。如果存在不确定性，则企业之间的区别还在于不同的风险，企业的证券按风险进行分类。

这便是 Miller（1988）所强调的费雪企业："忽略了黑箱中的技术、生产以及销售的诸多细节而集中于潜在的净现金流。费雪的企业不过是一个将现在可消费的、通过向投资者发行企业证券而获得的资源转换成支付给证券持有者的未来可消费资源的抽象装置（Abstract Engine）。"Tobin 在为新帕尔格雷夫经济学大词典撰写的"费雪·欧文"词条中也指出："他（指费雪）所形成的'投资机会'似乎没有照顾到应被称之为'资本'、并且作为自变量进入生产函数的生产要素。关于这一点他也没有明确地将生产中劳动或土地的作用纳入模型之中"。

这样，对于 Fisher 而言，企业的投资活动，不仅与资本有关，而且与劳动有关，更为准确地讲，他的企业投资其实是资本、劳动等诸多要素的结合，以便产生现金流。而诸多要素的结合，正是通常所说的生产活动。结论是显然的：Fisher 笔下的企业投资其实就是企业的生产。这就不难理解，在不同学者阐述 Fisher 分离定理时，投资机会经常被替换为生产机会。

Fisher 对企业投资的这种理解得到 MM（1958）的继承。而由于 MM 理论在公司财务领域的开创性贡献，后来的学者们更多的继承了 MM 对企业投融资的处理方法，而没有注意到在这种处理方法背后的 Fisher 的思想。

这种传统也影响着公司财务学和会计学对企业活动的不同看法。按照会计学，企业活动被划分为三大类：投资、融资和经营，其中企业投资活动是指"企业长期资产的购建和不包括在现金等价物范围内的投资及其处置活动"；企业融资活动是指"导致企业资本及债务规模和构成发生变化的活动"；企业经营活动是指"企业投资活动和融资活动以外的所有交易和事项"。然而，从 Fisher 到 MM，企业活动只有融资和投资，原因在于，他们倾向于将会

---

① ［美］菲歇尔著，陈彪如译：《利息理论》，上海人民出版社1999年版。

计学中的经营活动合并到投资活动中，认为经营活动是投资活动的继续。当这样来理解企业投资时，投资与生产的等价性就更加明显了。

四、SFP、TFP 还是 TFPG

上文的讨论表明，在微观层次的公司财务学中，企业投资其实等价于企业生产。自然地，投资效率将等价于生产效率（Production Efficiency）。而生产效率的度量则是生产率（Productivity）。但我们是选择单要素生产率（Single Factor Productivity）还是全要素的生产率（Total Factor Productity）？

如果还将投资仅仅与资本联系在一起，那么我们应该选择资本生产率。但生产（投资）并非仅与资本有关，而且跟劳动等其他要素有关。自然的、更合理的选择应该是全要素生产率。

问题接踵而来。例如，在时期 1，企业 A 的 TFP 为 100，而企业 B 的 TFP 为 200，根据 TFP 来度量，我们可以说企业 A 的投资效率高于企业 B。但是，当时间推进到时期 2 时，企业 A 的 TFP 变为 200，企业 B 的 TFP 变为 220，那么，从 TFP 来判断，我们仍然可以说企业 B 的投资效率高于企业 A。但是，由于企业 A 的 TFP 增长速度明显比 B 快，我们似乎也可以说企业 A 的投资效率高于 B。

我们无法否定上述两种说法。但应该注意到，上述两种说法其实是在不同的背景下成立的。第一种是从某个静态的时点来判断的，我们将其称为投资的静态效率（Static Efficiency of Investment），其度量可以通过某个时点的 TFP 来衡量。第二种是从某个动态的过程来判断的，我们将其称为投资的动态效率（Dynamic Efficiency of Investment），其度量可以通过 TFP 的增长率即 TFPG 来衡量。给定相同的投资水平，如果一个企业的业绩即 TFP 增长得越快，则该企业的投资效率越高。

由此再来看上述文献综述。首先，我们可以排除那些不是通过投入产出比例关系来理解效率的文献。其次，我们可以排除基于资本形成效率来理解的相关文献。例如，企业购买了一个机器设备，一旦购买完毕，我们就说资本形成了，用会计学的术语，此时投资活动也就结束了，接下来的问题，是经营问题，即使用设备来进行生产。如果将投资效率理解为资本形成效率，那么我们应该考虑企业在购买该机器过程中的效率如何，如花了多少天时间、多少谈判费、多少路费等，但购买本身是没有产出的，无法将投入产出相比较，产出必须等待经营过程结束之后才产生，而此时的投资效率已经不仅仅是资本形成问题。至于财务学中的各种投资决策准则，其实也可以度量投资效率，但不足之处在于过于偏重财务指标；剩下的基于 TFPG 来讨论投资效率的文献，尤其是樊潇彦，他们其实讨论的是投资的动态效率。

五、度量方法简介

在将投资效率转化为生产率之后，我们又该如何具体度量呢？我们有必要在这里简要回顾生产率度量的相关文献。

首先按是否以生产边界为标准来进行效率评价，将度量方法划分为边界法（Frontiers Approach）和非边界法（Non-frontiers Approach）。边界法源于 Farrell（1957）[①]。按照这种方法，要判断生产活动是否有效率，首先需要知道最优的产出是多少，这些最优产出与投入的组合点，便构成了生产边界（Productive Frontier）。然后，我们再将实际产出与最优产出相比较即可获得效率判断。在实际中，企业由于各种原因，其实际产出可能难以达到生产边界。当实际产出位于生产边界之下时，就表示生产无效率（Inefficiency）；而当位于边界之上时，则表示生产有效率。显然，这种方法非常类似于证券投资学中的 Markowitz 投资组合的有效边界方法，而非边界方法则假设所有的观察点都达到最优。

其次再按是否假设生产函数，上述两方法再各自划分为参数法（Parametric Approach）和非参数法（Non-parametric Approach）。例如，在边界法下，如果事先假设一个参数化的生产函数，通过该生产函数来估计生产边界，则为参数法，否则为非参数法。

参数法又包括两种：确定边界（Deterministic Frontier）参数法和随机边界（Stochastic Frontier）参数法。前者最早源于索洛（Solow）1957 年的论述，他利用新古典生产函数度量了全要素生产率增长率。对于后者，一般认为开创性的论文为 Meeusen 和 Broeck（1977）[②]、Aigner、Lovell 和 Schmidt（1977）[③]、Battese 和 Corra（1977）[④]。

非参数边界法不必事先假设任何形式的生产函数，而是直接根据企业的投入产出数据，将每一投入之最高产出点，连接成线，以此作为生产边界。Farrell（1957）最早提出这种方法，其后 Charnes、Cooper 和 Rhodes（1978）[⑤]

---

① Farrell, M., J. 1957. The Measurement of Productive Efficiency. *Journal of the Royal Statistical Society.* 120 (3), pp. 253 – 281.

② Meeusen. W., and J. van den Broeck. 1977. Efficiency Estimation from Cobb-Douglas Production Functions with Composed Error. *International Economic Review.* 18 (2), pp. 435 – 444.

③ Aigner, D. J., C. A. K. Lovell, and Schmidt. 1977. Formulation and Estimation of Stochastic Frontier Production Functions Models. *Journal of Econometrics.* 6 (1), pp. 21 – 37.

④ Battese, G. E., and G. S. Corra. 1977. Estimation of a Production Frontier Model: With Application to the Pastoral Zone of Eastern Australia. *Australian Journal of Agricultural Economics.* 21 (3), pp. 169 – 179.

⑤ Charnes, A., W. W. Cooper, and E. Rhodes. 1978. Measuring the Efficiency of Decision Making Units. European Journal of Operational Research. 2, pp. 429 – 444.

将 Farrell 的单一产出扩展到多产出情形，以此判断决策单元 DMU（Decision Making Unit）① 的相对效率，其模型一般简称为 C^2R 模型。Banker、Charnes 和 Cooper（1984）将 C^2R 模型中的不变规模报酬假设扩展到可变规模报酬的情形，其模型被简称为 BC^2 模型。非参数边界分析方法一般被称为数据包络分析 DEA（Data Envelopment Analysis）。

Malmquist 生产率指数 MPI（Malmquist Productivity Index）最早由 Malmquist 于 1953 年提出，该指数在开始时只是一种数量指数（Quantity Index），其初始用途乃用于衡量消费者的效用可能集的边界变动比率。但 Caves、Christensen 和 Diewert（1982）② （简称 CCD）将 Malmquist 的思想应用于生产率度量上。但 CCD 的 MPI 存在基期选择上的模棱两可，为此，Färe、Grsskopf、Lovell 和 Pasurka（1989）③ 将 t 期和 t+1 期的 CCD 形态的 MPI 取几何平均，以此作为 MPI 的计算。这得到了后来学者的广泛使用。

为了获得投资效率的指标体系，本文使用随机边界参数法和 Malmqusit 指数法对 TFPG 进行分解。这两种方法的更多内容将在第四章进行介绍。生产率的基本度量方法，如图 3 - 2 所示。

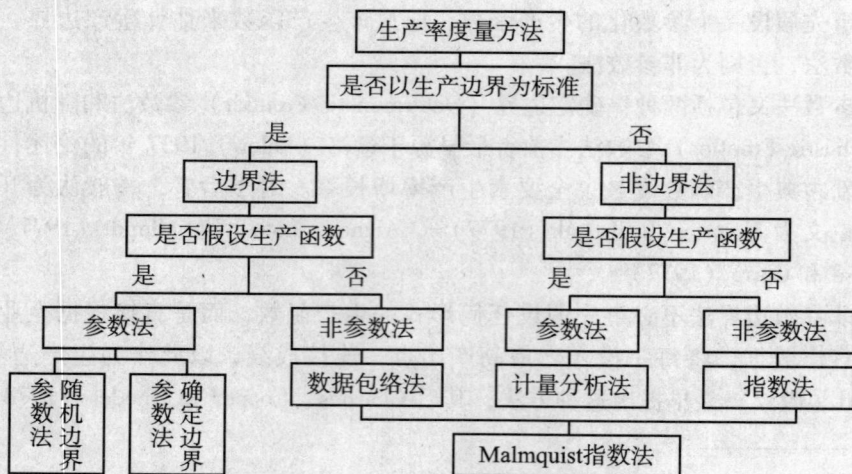

图 3 - 2　生产率的基本度量方法

---

① Banker, R. D., A. Charnes, and W. W. Cooper. 1984. Some Models for Estimating Technical and Scale Inefficiencies in Data Envelopment Analysis. Management Science. 30 (9), pp. 1078 - 1092.

② Caves, D. W., L. R. Christensen, and W. E. Diewert. 1982. The economic theory of index numbers and the measurement of input, output, and productivity" *Econometrica* 50, pp. 1393 - 1414.

③ Färe, R., S. Grsskopf, C. A. K. Lovell, and C. Pasurka. 1989. Multilateral Productivity Comparisons When Some Outputs are Undesirable: A Nonparametric Approach. *Review of Economics and Statistics*, 71, pp. 90 - 98.

第三节　融资成本估算的理论基础

让我们暂时搁下投资效率问题，转到融资成本问题上来。正如传统的投资绩效评价存在缺陷一样，传统的融资成本估算也存在各种缺陷。

一、融资成本与企业价值最大化逻辑中的矛盾

假设一公司的投资者只有股东和债权人，债权人所获得的价值为 D，股东所获得的价值为 E。则按照公司财务学的通行说法，企业的财务目标是企业价值最大化，即 $V = D + E$ 的最大化。

再假设无所得税，公司的息税前收益为 EBIT。从 EBIT 中，债权人所获得的现金流 CFD 为固定的利息年金 Int，Int 等于负债额 P 乘以预先规定的利率 $\bar{r}$，债权人所要求的投资回报率为 K_D。股东所获得的现金流 CFE 为 EBIT 减去 Int，也是永续年金，所要求的投资回报率为 K_E。则根据现值原则，D、E、V 的价值分别如下计算：

$$D = CF_D/K_D = Int/K_D = (P \cdot \bar{r})/K_D$$

$$E = CF_E/K_E = (EBIT - Int)/K_E$$

$$V = D + E = (P \cdot \bar{r})/K_D + (EBIT - Int)/K_E$$

上述 K_D 和 K_E 被称为投资者要求的投资回报率。但是，对于公司而言，则分别为负债的融资成本和权益的融资成本。例如 K_D，我们说这是债权人的投资回报率；但对于企业而言，则是负债的融资成本。显然，给定 EBIT 和 Int 不变，要让企业价值 V 最大化，则需要 K_D 和 K_E 的最小化。因此，公司财务学常常给出如下命题：企业价值最大化意味着融资成本的最小化。

然而，在这一传统命题的背后，隐藏着一系列的矛盾。

矛盾一：由于 K_D 和 K_E 分别是债权人和股东所要求的投资回报率，因此最小化 K_D、K_E，就是最小化投资者所要求的回报率。当回报率趋向于零时，$V = D + E$ 固然可以很大，但这意味着投资者投资于一项几乎没有任何收益的项目。最大化投资者的价值 V，却又要求他们的投资回报率极低，这岂非自相矛盾？

矛盾二：上述分析事实上暗含着两方当事人：投资者和企业。企业是融资的需求方，承担融资成本；而投资者包括股东和债权人，是融资的供给方，要求投资收益率，并且这一收益率便是企业的融资成本。通常，我们会承认，

投资者所获得的收益率越高，其价值也越大，最大化价值等价于最大化投资收益率。于是，命题"企业价值最大化意味着融资成本的最小化"，投资者收益率最大化意味着企业融资成本最小化。这显然也是自相矛盾的。

矛盾三：EBIT 除了支付债权人利息，剩下的全部归股东所有吗？我们注意到，在公司利润分配表中，可供股东分配的利润并不等于股东获得的现金流。而根据现值原则，只有真实的现金流才可折现，那么股东所获得价值可能没有传统计算公式的那么大。

矛盾四：上述计算以投资者整体利益作为分析目标，这将意味着股东和债权人具有共同的利益。但是 Jensen-Meckling（1976）[①] 的经典论文告诉我们二者之间存在代理冲突，而现实中股东经常侵占债权人利益也时有发生。退一步，即便我们以整体股东作为分析目标，这意味着大股东和小股东具有共同的利益，但在我国的上市公司实践中大股东侵占小股东利益的现象意味着二者之间的利益冲突。再退一步，即便我们以控股股东利益作为分析目标，从而我们应该最大化控股股东的利益，但是实践上，我们又常常批判一股独大所带来的各种弊病以及其他利益相关者的损失，此时我们的立场已经走到了对立面，但理论分析的逻辑一致性不允许我们经常改变立场。

矛盾五：我们为什么要从投资者的角度考虑问题？这点应该追溯到 Modigliani 的工作。Modigliani 毕生致力于为凯恩斯理论寻找微观基础，在提出储蓄生命周期假设从而奠定了消费和储蓄的行为基础之后，他接着考虑如下问题：什么决定投资？在凯恩斯的著作中，投资取决于利率，但这以确定性为条件；在不确定性条件下，资本成本又是什么？对这一问题的关注导致了他和 Miller 的合作。MM（1958）逐个批判确定性等价、利润最大化、期望利润最大化、效用最大化等分析方法在不确定性条件下的不适用，理由分别如下：确定性等价原则不过是在确定性分析的基础上加上一个风险调整，但当时的理论未能满意的解释风险调整的大小及其变动；利润最大化在不确定性条件下是一个随机变量，其最大化不再具有操作意义；而利润的期望值最大化也不可行，因为决策行为同时影响利润变量及其概率分布；如果转而用企业所有者的效用函数来作为决策标准，则此时分析将完全成为主观的。为此，MM 最终将基于有效市场假设的企业证券的市场价值最大化作为分析目标，认为采用市场价值的好处在于：由于市场价值不仅反映了当前所有者的偏好，而且反映了所有潜在所有者的偏好，因此市场价值完全独立于所有者的偏好。然而，在

① Jensen, M. and W. Meckling. 1976. Theory of the Firm: Managerial Behavior, Agency Costs, and Ownership Structure. *Journal of Financial Economics*. 3（4），pp. 305 – 360.

我们对企业本质的考察过程中（覃家琦，2007），我们发现对企业起着最重大影响的，不是投资者，而是企业家，因此我们主张对企业的分析应该从企业家的角度而非从投资者的角度进行。

二、企业的本质、个人目标、企业目标与企业财务目标

企业在本质上是一个联合价值过程的载体，而企业家则是发现价值过程并通过企业实现价值过程的个人。

假设所有的个人都追求需要的最大化满足；又由于需要的满足可以通过拥有更多的货币财富来达到，因此所有的个人都追求财富最大化。对此，企业家并不例外，企业家之所以设立企业，正在于企业作为"为交易而交易"或"为交易而生产"的联合体，通过创造并实现他人的价值，能够导致各种经济剩余，企业家从中获取更多的财富。为了达到这个目的，企业家向资本家借入资本，付出利息和股利；向工人和管理者雇用个人劳动，付出工资；从供应商那里买进原料，支付采购成本；向地主租入土地，付出地租；最后将产品出售，盈亏由他自己负责（瓦尔拉斯，1989）①。此时，企业家的索取权是一种最终剩余索取权，自然的，企业家的目标，也便是剩余的最大化。

继续个人主义的逻辑，我们可以推断企业联合体的各个成员都追求自身利益的最大化，例如，股东的目标是股票价值最大化，债权人的目标是利率最大化，工人和管理者的目标是工资最大化。并且，企业家作为最终索取者，其利益与其他联合体成员相对立（拉姆赛，1984）②。在这点上，我们确实完全同意 Jensen-Meckling（1976）的观点：企业可作为一个复杂过程的聚焦点，在这个过程中个人互相冲突的诸多目标会被一个契约关系的框架导向均衡。

然而，如果说 Jensen-Meckling（1976）在个人目标的认识上是正确的话，那么在企业目标上，他们则错了：他们否认企业具有目标函数。事实上，企业的目标就是"创造他人所需要的价值"，联合体所有成员都通过实现该目标以间接满足自己的个人目标，因此，企业目标是联合体所有成员的个人间接目标。对此，西蒙（2004）③ 的论述尤为经典："比方说，制鞋厂的目标就是制鞋。这是谁的目标？企业家的、顾客的还是员工的？一旦否认这个目标属于其中任何一个个体，就会出现'群体心理'，即脱离个体构件的有机实体。其实，真正的解释简单得多：组织目标是所有参与者的间接个人目标。它是

---

① ［法］莱昂·瓦尔拉斯著，蒋受百译：《纯粹经济学要义》，商务印书馆 1989 年版。
② ［英］乔治·拉姆赛著，李任初译：《论财富的分配》，商务印书馆 1984 年版。
③ ［美］赫伯特 A·西蒙著，詹正茂译：《管理行为》，机械工业出版社 2004 年版。

组织参与者联合行动来实现各自不同的个人动机所采取的手段。"如果说企业具有社会责任的话，那么我们可以认为企业的目标实现就是企业的首要的社会责任：因为在整个经济体系中，只有企业才能进行专业化的物质生产，将经济系统外的资源转化为经济系统的真实资产或财富；而只有物质财富的丰富才导致了社会的发展。这一点对于所有的企业联合体成员，乃至对于整个社会而言，都是共同的。

由此看来，从个人的角度，企业的财务目标将是多元化的，这取决于我们站在哪一方的立场上。如果强调股东的利益，我们固然可以主张"股东财富最大化"；如果强调企业职工的利益，我们可以主张"职工福利最大化"；如果站在企业家的角度，我们也就自然的主张"企业家剩余最大化"。在这种逻辑下，自 MM（1958）开始的"企业价值最大化"传统，也就不再理所当然：MM 其实是从资本家整体（包括股东和债权人）的角度来考虑问题的。但更准确的表述应该是：对于资本家而言，企业价值是……对于企业家而言，企业价值是……对于企业职工而言，企业价值是……

尽管企业的财务目标因分析主体的不同而不同，但我们对企业本质的研判使我们相信，对企业投融资行为的分析应该站在企业家的角度。由于企业家才是最终的剩余索取者，因此我们应该以企业家剩余最大化作为分析目标。

但我们这里需要区分在企业家问题上的英国传统和法国传统。自斯密开始，多数英国古典经济学家默认资本家与企业家合二为一。假设企业投资需要的资本额为 K，资本家投入 K_E，若 $K_E = K$，则资本家不需与其他的资本家发生关系。资本家利用自己的资本来雇佣 L 个劳动者，租用土地，劳动产品的价值为产量 y 与价格 p 的乘积 py，生产这些产品所耗费的原材料价值为 C，劳动者工资 wL，w 为工资率，L 为工人数量；再支付给地主地租 rent。剩余的部分，归资本家—企业家所有，该部分称为利润 π，即：

$$\pi = py - C - wL - rent$$

由于企业家与资本家合二为一，因此没有必要区分资本家剩余与企业家剩余；又由于没有外部融资，因此不存在融资成本问题。更一般地，如果 $K_E < K$，则假设资本家以成本 r 借入资本 $K_1 = K - K_E$，到期支付 $(r+1)K_1$，则资本家剩余为：

$$\pi = py - C - wL - rent - (1+r)K_1$$

其中 r 为外部融资成本（不管是权益融资成本还是负债融资成本）。但有一点是不变的，即企业家—资本家所投入的资本 K_E 及其报酬，不从企业家—资本家的利润中扣除。这意味着 K_E 不存在融资成本问题。

与英国传统不同，法国的古典经济学家们始终认真地区分资本家和企业家的不同身份和职能。企业家是这样一种人：他自己投入资本 $K_E < K$、向资本家借入资本 $K_1 = K - K_E$，所有资本都需要支付报酬率 r；然后向地主租入土地，付出地租；从其他企业家那里买进原料；向工人雇用个人能力，付出工资；最后将产品出售，盈亏则由他自己负责。假设上述 K、K_E、K_1、r、C、$rent$、wL、py、π 的含义不变，但增加一个变量：w_E，指企业家作为劳动者的工资，则企业家剩余为：

$$\pi = py - C - wL - rent - (1 + r)K_1 - [(1 + r)K_E + w_E]$$

在这种情况下，不仅外部融资具有成本，而且内部融资也具有成本。

法国传统意味着企业家与企业的合二为一：即企业是企业家的，企业行为并不独立于企业家行为。但是，正如我们曾经分析过的，企业目标其实不同于企业家目标，因此有必要将企业和企业家相分离。由于企业联合体由个人（包括企业家）构成，企业要实现其目标并持续经营就必须要满足所有联合体成员的目标，最后剩余的部分，才是企业可用于发展壮大的部分，我们将其称为企业剩余（这点有别于联合体剩余，联合体剩余是扣除各项报酬之前的收益，而企业剩余是扣除各项剩余之后的收益）。假设企业家所要求的剩余为 π_E，则企业剩余为：

$$\pi_F = py - C - wL - rent - (1 + r)K_1 - [(1 + r)K_E + w_E + \pi_E]$$

这样，我们便获得三种最终剩余的模式。第一种，企业家、资本家和企业三者合一，企业的融资成本仅表现为外部融资成本；第二种，企业家与资本家相分离，但企业家与企业二者合一，此时企业的融资成本既包括外部融资成本也包括内部融资成本，并且寻求企业家剩余的最大化；第三种，企业家与资本家相分离，并且企业家与企业相分离，此时企业的融资成本既包括外部融资成本也包括内部融资成本，但寻求企业剩余的最大化。

三、从企业家到公司法人人格独立

在经验上，个人独资制企业（但不包括一人公司）符合第一种模式；在合伙制企业中，参与经营的合伙人可视为企业家，不参与经营的合伙人可视为资本家，但企业剩余全部在企业家之间按某种比例分配，这基本符合第二种模式。一般在非公司制企业中，由于企业人格未独立，企业家和企业得以结合在一起，企业的剩余全部被企业家所有，因此分析目标是企业家剩余（它与企业剩余没有分离）。只要将企业家之外的利益相关者的所得全部扣除掉，则可获得我们的分析目标。但对于公司制企业，我们只能用第三种模式，这点源于公司的法人人格独立制度。这里需要解释一下。

所谓法人（Corporate），是指在法律上被视为一个单独法律实体的、由个人组成的团体。所谓法人人格（Corporate Personality），是指法人具有的类似于自然人的独立法律主体资格。法人人格独立的四大要素为：独立名称、独立意思、独立财产、独立责任。其中，独立财产和独立责任是其核心。

所有的企业都是团体，这点可由企业的本质来判断。我们曾指出，在经验上，企业的本质是为交易而交易或为交易而生产的联合体，该联合体由多个人构成。但并非所有的企业都是法人，但一般而言，公司在法律上被视为法人，具有独立的人格，这点源于公司法人与其成员的双重分离：（1）权益投资者通过将其出资的财产移交给公司法人机关，并承认法人对这些财产的权利，即法人财产权，由此换取了法人的债权人群体允许出资人仅对法人债务承担有限责任；这是投资者财产权与法人财产权的分离。（2）权益投资者在获得有限责任的同时，将其对出资财产的管理控制权让渡给公司法人机关，仅保留治理控制权，以此换取债权人群体对与法人进行交易的安全信任；这是管理控制权与治理控制权的分离。通过这两种分离，赋予公司独立法人的地位获得各个利益相关者的一致同意。

这样，由于公司在法律上具有独立的人格，这使得即便是公司的创始人，也不能占有公司剩余，对于一人公司也是如此。公司剩余属于公司法人财产权，而不属于企业家个人财产权。企业家从非公有制企业中那个至高无上的皇帝，沦落为公司这个独立法人的代理人和投资者；作为代理人，企业家的报酬体现在作为最高管理者的报酬，此时他与其他的高层管理者没有什么本质区别；作为投资者，他的报酬体现在作为公司股东所应该获得的报酬，此时他与其他的股东也没什么本质区别。如果说在非公司制企业中，企业家雇佣资本家、管理者、工人，那么在公司制企业中，则是法人雇佣企业家、资本家、管理者和工人，此时我们的分析应该采用上述第三种剩余模式。

四、对相关矛盾的回答

在提出上述理论后，我们现在来回答本节开头所提出的相关矛盾。我们以最为普遍的公司制企业为分析对象。

首先，我们寻求的是公司剩余的最大化，这意味着我们企业家、资本家、管理者和工人的索取全部扣除掉，扣除的部分包括资本家所要求的投资收益率，即公司的融资成本。由于公司法人与资本家的分离和利益上的对立，我们确实可以说公司法人的剩余最大化意味着企业融资成本（或者资本家的投资收益率）的最小化，这便避免了矛盾一和矛盾二的问题。

其次，由于公司法人的人格独立，公司对其财产拥有法人财产权，这点独立于投资者财产权。因此，除非公司意思机关宣告股利发放，否则股东不能对公司利润中的留存收益主张财产权。即我们否认股东全部拥有 EBIT 中扣除利息的剩余部分，而仅拥有发放的股利。这便避免了矛盾三。

再次，公司法人的独立人格使其超然于任何自然人，并且公司剩余已经扣除了支付给法人成员的利益，因此，公司剩余不再残存由于成员的不同地位所导致的利益冲突，法人只有一个，公司剩余也只有一个。这便避免了矛盾四。

最后，公司剩余最大化逻辑是企业家剩余最大化逻辑的演变，仍然允许企业家在企业行为分析上的主导地位。这便避免了矛盾五。

第四节　投资绩效评价与融资成本估算的关系

正如本书的题目所表明的，我们试图重点研究投资绩效评价和融资成本估算两个问题；而在上文中，我们分别给出了投资绩效和融资成本的理论基础。这是否意味着：投资绩效评价和融资成本估算可以单独讨论呢？在理想的状态下，二者确实是相互分离的，这种分离源于投资决策和融资决策的不相关性；但在现实世界中，我们则难以将二者相分离，因为此时赖以为基础的投融资不相关性并不成立。下面详细分析。

一、投融资不相关性

（一）新古典投融资无关性

基于生产函数式的马歇尔企业，新古典经济学关注于整体经济的资源配置和一般均衡，其过于完美的假设条件使得企业投融资问题并不重要，并且投融资不相关。这种无关性可以参考马斯—科莱尔等（2001）[①]。假设一家具有生产集 Y 的企业是由消费者拥有的，这里的所有权可以解释为每个消费者 $i = 1, 2, \cdots, I$ 有权分得的份额为 $\theta_i \geq 0$ 的利润，其中：$\sum \theta_i = 1$。如果生产决策为 $y \in Y$，给定预算约束 $p \cdot x_i \leq W_i + \theta_i p \cdot y$，$W_i$ 为消费者 i 的非利润财富，则具有效用函数 $u_i(\cdot)$ 的消费者 i 将获得效用水平：$\max_{z \geq 0} u_i(x_i)$。

因此，在固定价格下，较高的利润可以增加消费者—所有者的总财富，

---

① ［美］安德鲁·马斯—科莱尔等著，刘文忻、李绍荣译：《微观经济学》（上册），中国社会科学出版社 2001 年版。

从而扩大他的预算集，这是一个满意的结果。这样，在任何固定的价格向量 p 下，只要 py′ > py，消费者—所有者就会一致偏好企业实施生产计划 y′ ∈ Y，而不是 y ∈ Y。因此，给定如下条件：（1）产品价格是固定的且与企业无关；（2）利润是确定的；（3）企业为所有者所控制，则无论所有者的效用函数怎样，他们都会一致同意要求企业最大化利润。这意味着：不管采用何种融资结构，企业都将选择利润最大化的生产集。

（二）费雪的分离定理①

考虑如下经济：该经济存在 N 个人，但只有两期时间：t = 1，2。假设：（1）市场是完全的，这意味着利率不因个人行为而改变，每个人都面对相同的利率；（2）借贷利率完全相等；（3）个人可以在该利率下自由的借入和贷出；（4）不存在不确定性，收入流为每个人所确知；（5）不存在交易成本。

考虑其中的任意个人 i，其初始禀赋的货币价值为 W_0，但现在处在点 A_i（C_{i1}，C_{i2}），即在 t_1 时期消费 C_{i1}，剩余部分投资于企业，即 $I_{i1} = W_0 - C_{i1}$，该投资在 t_2 时期将产生 C_{i2} 的价值。对于不同的当前消费和未来消费组合（C_{i1}，C_{i2}），i 具有不同的效用曲线或无差异曲线 U_i、U_i'、U_i''，且 $U_i < U_i' < U_i''$。效用曲线上某点的切线斜率，表示当前消费与未来消费的边际替代率（Marginal rate of substitution，MRS），也称为 i 的主观时间偏好率（Subjective rate of preference）。

给定资产禀赋 W_0 不变，个人 i 对 C_{i1} 的不同选择将导致不同的 I_{i1}，进而导致不同的 C_{i2}，从而 C_{i2} 可表示为 I_{i1} 的函数：$C_{i2} = f(I_{i1})$，假设 $f'(I_{i1}) > 0$，$f''(I_{i1}) < 0$，f′称为投资的边际收益率。由于 $I_{i1} = W_0 - C_{i1}$，因此：$C_{i2} = f(W_0 - C_{i1}) = g(C_{i1})$。假设 g′ < 0，g″ > 0，则 i 面对如图 3 - 3 中曲线 A_iB_j 所示的投资生产机会线。

由于投资 I_{i1} 的总成本为 $r(W_0 - C_{i1})$，产出为 $g(C_{i1})$，利润为 $\pi = g(C_{i1}) - r(W_0 - C_{i1})$，对 C_{i1} 求导，利润最大化意味着 g′ = - r，在最优消费点，生产机会线的切线斜率等于 - r，即投资的边际收益率等于市场利率。这意味着最优消费—投资点在 $D^*(y_1^*，y_2^*)$。

现在考虑点 $A_i(C_{i1}$，$C_{i2})$，此时 i 的效用水平为 U_i，该点的财富现值为 $W_1 = C_{i1} + C_{i2}/(1 + r)$，该直线称为资本市场线或市场机会线。为了达到效用最大化，他有两条途径：

---

① 我们这里主要关注费雪在《利息理论》中对第一和第二近似理论的阐述，同时我们参考了 CEPA 网站 "Copeland, T. E., J. F. Weston, and K. Shastri. 2005. Financial Theory and Corporation Policy. Fourth Edition. Pearson Addison Wesley" 对费雪投资理论的介绍。

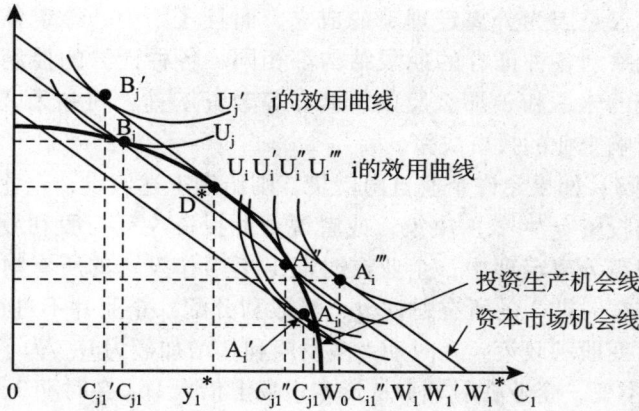

图 3 - 3　费雪分离定理

资料来源：作者根据相关资料及上述内容绘制。

（1）通过借贷，沿着资本市场线调整自己的消费—投资组合，他可以到达资本市场线上的任意一点，例如通过资金贷出到达点 A_i'，此时效用水平为 $U_i' > U_i$，这便是费雪的第一近似理论（First Approximation）；

（2）沿着投资机会线不断调整自己的消费—投资组合，直到效用曲线与投资机会线相切于点 A_i''，在没有借贷行为条件下，此时效用曲线的切线斜率等于生产机会线的切线斜率，此时效用水平为 U_i''。由于 $U_i'' > U_i'$，因此 i 将沿着投资机会线移动到点 A_i''，财富现值为 $W_1' = C_{i1} + C_{i2}''/(1 + r) > W_1$。

如果没有资本市场，i 将移动到点 A_i''为止。但显然此时市场利率低于投资的边际收益率。如果存在资本市场，i 将通过借款继续投资，直至点 D^*，他将获得最大财富 $W_1^* = y_1^* + y_2^*/(1 + r) > W_1'$。最后，由费雪的第一近似理论，i 又可到达资本市场线 W_1^* 上的任意点，当他到达 A_i''' 时，他的效用达到最大化 $U_i''' > U_i'' > U_i' > U_i$。这便是费雪的第二近似理论（Second Approximation）。

这样，我们便可以得到通常所述的费雪分离定理（Separation theorem）：

分离定理 1：给定上述假设，企业的投资（生产）决策与投资者 i 的投资（储蓄）决策无关，或者说企业的投资决策不受投资者 i 的主观偏好的影响。这是因为，如果不存在资本市场，投资者 i 将要求企业在点 A_i''进行生产，投资者 j 将要求企业在点 B_j 进行生产，企业的投资决策受到投资者偏好的影响；但如果存在资本市场，则通过借贷行为，投资者 i、j 都将要求企业在 D^* 进行生产，从而企业的生产决策与投资者的主观偏好无关。

分离定理 2：给定上述假设，企业的投资（生产）决策与企业的融资决策无关。这不仅是因为分离定理1的成立，而且还因为：给定各种证券的收益率都等于利率、各种证券的期限结构都相同、各种证券的控制权都仅仅表现为对收益流的索取权，那么股票、债券等融资工具之间并无区别，融资工具的选择不影响企业的投资决策。

分离定理3：如果允许企业自由借贷，则给定上述假设，企业的股利政策不影响企业的投资（生产）决策，或者说企业投资决策与股利政策无关。这是因为，在费雪分离定理中，企业在时期1不用作投资的所有财富都当作股利分配给股东，时期2的所有财富也全当股利分配，企业并不进行借贷活动。现在，企业改变股利政策，在时期1多发股利，增加额为D。为了维持最优投资生产点 D^* 不变，企业在时期1从资本市场上借入D。在时期2，产出 y_2^* 将减少用于偿还本息的部分 $D(1+r)$，股东在时期2的股利也将减少 $D(1+r)$，但两期的股利价值保持不变，从而不干预企业的投资生产决策，企业投资决策与股利政策无关。

如果费雪分离定理成立，那么企业投融资决策将是分离的，从而投资绩效评价和融资成本估算两个问题也是分离的，我们可以独立研究他们。

（三）MM 的无关性命题

费雪分离定理得到了 Modigliani 和 Miller（1958）的再次证明。MM（1958）将基于有效市场假设的市场价值最大化作为判断标准（这点我们在本章第三节曾经解释过），他们："……选择一个费雪的（Fisherian）而不是标准的马歇尔的（Marshallian）的代表性企业"（Miller, 1988）。不同的是，MM 试图将不确定性引入企业分析，进而对企业和投资者附加了严格的假设。在此基础上，MM（1958）提出如下无关性命题，其中无关性命题 1 和 2 在 MM（1958）中提出，无关性命题 3 在 MM（1961）中提出[①]。

MM 无关性命题 1：公司的市场价值与资本结构无关。即，考虑同一风险级别 k 的任意两个公司 i 和 j，公司拥有的资产所产生的息税前利润均为 EBIT。其中，F_U 为无杠杆公司，折现率为 K_{EU}；F_L 为杠杆公司，公司市场价值 V_L 为其证券的市场价值之和，即 $V_L = E_L + D_L$。权益资本成本为 K_{EL}，债券资本成本为 K_D。则命题 1 宣称：$V_U = V_L = EBIT/K_{EU}$。用 Miller（1986/2002）[②] 的话说则是：如果比萨饼的大小已经确定，则将比萨饼切为八块，与将其切为四块相比，并不增加比萨饼的大小。这里，至关重要的是：企业的

---

① Miller, M. H., and F. Modigliani. 1961. Dividend Policy, Growth, and the Valuation of Shares. *The Journal of Business*. 34 (4), pp. 411 –423.

② 米勒（1986）："金融学：对其历史及未来的考察"，载［美］莫顿·米勒著，王中华、杨林译：《金融创新与市场的波动性》，首都经济贸易大学出版社 2002 年版。

EBIT 不受资本结构的影响，而仅仅取决于现有资产的盈利能力，而后者在费雪企业中永远是一个莫测高深的黑箱。一旦 EBIT 受到资本结构的影响，那么命题1是否成立是值得怀疑的。

MM 无关性命题2：公司的再投资决策与再融资方式无关。即，如果公司决策以现有股东的股票市场价值最大化为准则，则公司再投资的最低收益率恒等于 K_{EU}，不管该投资所采取的再融资方式是债权融资、权益融资还是留存收益融资。我们试图强调两点。第一，命题2假设企业已经存在，并且属于既可发行债券又可发行股票的上市公司，其投资为再投资，其决策标准为现有股东的价值增加。然而，如果企业属于新设企业，我们无法从市场获知股票价值，甚至没有外部股东，此时再投资决策有可能不同。第二，命题2假设再投资与初始投资完全独立，这表现为再投资不改变初始投资的现金流与风险。然而，如何新旧投资之间存在相关性，再投资决策也可能另当别论。

MM 无关性命题3：公司的市场价值与股利政策无关。即，如果保持公司的投资决策不变，则公司在当期少发或多发股利的决策不影响公司价值。用 Miller（1986/2002）的话说则是：将左口袋的钱移到右口袋中，并不能使两口袋的钱数之和增加。命题3其实也意味着：股利政策独立于企业投资决策。但是，在 MM（1961）中，股利不相关命题以如下假设为基础：完全市场（例如，原子式竞争、零税收、零信息成本、零交易成本等）、理性行为（即财富最大化）与完全确定性（这意味着股票与债券完全没有区别）。这些假设不可谓不苛刻。

上述无关性命题均表明融资决策与投资决策的相互独立，由此，投资绩效评价与融资成本估算两个问题也就可以独立进行研究。

二、投融资相关性

在经典的 MM（1958）中，企业被抽象为一系列现金流 y，这种费雪企业构成了财务学的主流观点（Miller，1988）。当 MM 假设融资方式不影响 y 的分布，并且 y 就是投资者的自由现金流时，我们容易得到投融资无关性（Zin-gales，2000）[1]。当考虑 y 中所包含的税收因素时，税收学派证明负债融资通过税收、自由现金流来影响企业投资决策；当考虑负债融资同时导致财务危机成本时，权衡理论学者证明负债的税避和财务危机成本将导致企业存在一个最优资本结构。这些理论的共同点在于：他们均忽略 y 的产生过程，仅仅考虑融资方式如何直接作用于 y。

---

① Zingales, Luigi. 2000. In Search of New Foundations. *The Journal of Finance*. 55 (4), pp. 1623 –1653.

当引进马歇尔企业并将 y 简单的表述为 $y = pf(X) - PX$ 时，投融资互动机制便表现为融资方式如何通过 X、$f(X)$、$pf(X) - PX$ 来影响投资决策，这正是 Anderson-Prezas（1998）[1] 的逻辑。

当新制度主义学者试图彻底的打开企业"黑箱"中的各种因素时，投融资之间的互动机制也得到了更为丰富的揭示。他们的研究逻辑可以总结如下：任何企业都从事一定的价值活动，这些活动可划分为生产和交易活动；对这些活动进行组织将产生金字塔式的企业管理结构，包括事业部、职能部门和职位；根据管理结构配置非人力资产，构成企业内部资本市场；根据管理结构和非人力资产配置进行人力资产配置，构成企业内部劳动市场；根据管理结构、非人力资产配置、人力资产配置安排各项权利和义务，构成企业的决策层级和控制结构，通称管理制度。如何在企业内部配置非人力资产，正是企业投资的内容；如何获得这些非人力资产，正是企业融资的内容。在融资过程中，企业家（管理者）与股东、债权人之间存在信息不对称和代理问题，为此三方之间的职能制约关系构成企业治理结构，相应的契约安排构成企业治理机制。上述各种因素（治理结构、治理机制、价值活动、管理结构、资产配置、管理制度等）共同决定了企业的现金流 y。投融资互动机制由此表现为：企业的融资方式如何通过影响这些因素，来影响企业的现金流和企业价值，最终影响企业投资决策。

覃家琦（2007）对上述投融资互动机制进行了较为系统的理论阐述，详见本丛书中的《企业投资与融资的互动机制理论研究》，这里不再赘述。

给定上述投融资相关性，投资绩效评价和融资成本估算就不再相互独立了，而是相互影响。尽管如此，我们还是试图尽量保持二者的独立性，采取比较静态的分析方法，在分析其中之一时假设另一个问题没有影响。

---

① Anderson, M. H., and A. P. Prezas. 1998. The Interaction of Invesetment and Financing Decisions under Moral Hazard. *International Review of Economic and Finance.* 7 (4), pp: 379 – 392.

第四章　投资绩效评价体系

第三章讨论了投资绩效评价的理论基础，在此基础上，本章接着探讨投资绩效评价体系。从投资过程的角度，第一节探讨投资的静态效率指标体系，第二节探讨投资的动态效率指标体系；从投资结果的角度，第三节探讨投资效益指标体系。第四节对这些指标体系的适用对象进行说明。

第一节　投资的静态效率指标体系

按照第三章投资绩效的理论基础，我们首先考察企业投资的静态效率。假设确定边界（相对于随机边界）的企业生产函数的一般形式为：

$$y = f(x) \tag{4-1}$$

其中，y 为产出向量，x 为要素投入向量，$x = (x_1, x_2, \cdots\cdots, x_n)^T$。我们重点考察 y 为单产出、x 为多投入的情形。我们以 t 为初始时期，$t+1$ 为下一时期。

定义在 t 时期末的单要素生产率 SFP（Single Factor Productivity）为：产出 y^t 与单要素 i 的投入 x_i^t 之间的比例，即：

$$SFP_i^t = y^t / x_i^t \tag{4-2}$$

如果 x_i 为资本存量 K，则此时的 SFP 为资本生产率；如果 x_i 为劳动投入 L，则此时的 SFP 为劳动生产率。

现在将单要素生产率扩展到全要素生产率 TFP，相应的 TFP 的定义为：在 t 时期末，产出 y^t 与全部要素的投入 x^t 之间的比例，即：

$$TFP^t = y^t / x^t \tag{4-3}$$

但需要强调的是，这里的全要素成本并非是各个单要素成本的加总，即：$x^t = \sum_{i=1}^{n} x_i^t$，而是取单要素成本的某种平均数。这里有两种计算方式：算术平均与几何平均。

如果按照算术平均来计算 xt，则 $x^t = \sum_{i=1}^{n} s_i^t x_i^t$，其中 s_i^t 为 xi 在第 t 时期的全要素成本中的份额，即：$s_i^t = \dfrac{x_i^t}{\sum_{i=1}^{n} x_i^t}$。这时，t 时期的全要素生产率为：

$$TFP^t = y^t \Big/ \sum_{i=1}^{n} s_i^t x_i^t \qquad (4-4)$$

但一般文献最经常使用几何平均数来计算 x_t，即：$x^t = \prod_{i=1}^{n} (x_i^t)^{s_i^t}$，其中 s_i^t 的含义同上。此时，t 时期的全要素生产率为：

$$TFP^t = y^t / x^t = y^t \Big/ \prod_{i=1}^{n} (x_i^t)^{s_i^t}$$

如无特别说明，以后将根据几何平均数来计算 xt。但上述测度都是按照实际数据进行测度的，但现在我们要引入一些理论变量。分别以如下符号表示相关变量：$\bar{x}_i^t$：要素 xi 的最优投入；$\bar{s}_i^t$：要素 xi 的最优份额；$\bar{x}^t$：全部要素的最优投入，按照上文规定，此时要求 $\bar{x}_i^t$、$\bar{s}_i^t$ 同时达到；$\bar{y}^t$：在最优要素投入 $\bar{x}^t$ 条件下的最优产出。

受到公司财务学杜邦指标体系的启发，我们将 $TFP^t = y^t/x^t$ 变形如下：

$$TFP^t = \frac{y^t}{x^t} = \frac{y^t}{x^t} \times \frac{\bar{y}^t}{\bar{y}^t} \times \frac{\bar{x}^t}{\bar{x}^t} = \underbrace{\frac{y^t}{\bar{y}^t}}_{\text{记为TE}} \times \underbrace{\frac{\bar{y}^t}{\bar{x}^t}}_{\text{记为BT}} \times \underbrace{\frac{\bar{x}^t}{x^t}}_{\text{记为AE}}$$

$$\qquad (4-5)$$

$$= \underbrace{\frac{y^t}{\bar{y}^t}}_{\text{记为TE}} \times \underbrace{\frac{\bar{y}^t}{\bar{x}^t}}_{\text{记为BT}} \times \underbrace{\frac{\bar{x}^{\bar{s}^t}}{x^t}}_{\text{记为StrEI}} \times \underbrace{\frac{\bar{x}^t}{x^{\bar{s}^t}}}_{\text{记为ScaEI}}$$

我们将 TFP 分解为如下指标（见图 4-1）：

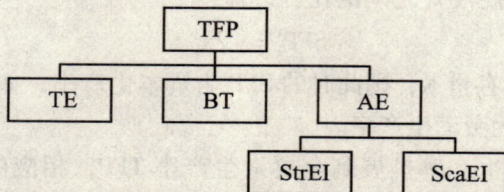

图 4-1　静态投资效率指标体系

下面对上述各项指标进行解释。

一、TE：技术效率

先看第一项 $y'/\bar{y}'$，该比值为实际产出与边界产出之比。Farrell（1957）[1]最早将该比值称为技术效率 TE（Technical Efficiency），即"Farrell 效率度量"，并将企业生产效率划分为技术效率和配置效率。

遵循 Farrell 的思想，我们可以通过图 4 - 2 来表示技术效率。假设市场完全竞争，企业生产函数为已知并且具有规模报酬不变性质，生产函数为 $y = f(x_1, x_2)$。图中有两条等产量线：ISO($\bar{y}$) 和 ISO($\bar{y}'$)，但 $\bar{y}' > \bar{y}$。$\bar{y}$、$\bar{y}'$ 均为对应的要素组合所能达到的潜在最大产出。这意味着等产量线上的所有点，都具有技术效率。

现在，给定任意一点，例如点 A，A 在 ISO（$\bar{y}'$）线上，这意味着当 A 点具有技术效率时，其产量将为 $\bar{y}' > \bar{y}$。但 A 点要素组合的实际产量只有 $\bar{y}$，等于 B 点的产量。由于 $\bar{y}' > \bar{y}$，我们说 A 点技术无效率。用图中的线段来表示，则 A 点的实际产量为 OB，最佳产量为 OA，因此技术效率为：TE = OB/OA。

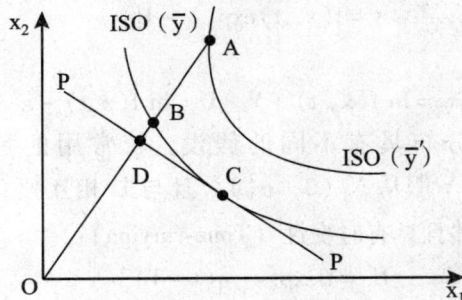

图 4 - 2 Farrell 的技术效率与配置效率示意

图 4 - 2 不仅可以表示技术效率，而且可以表示配置效率 AE（Allocation Efficiency）。但这点我们留到下面再分析，这里将接着讨论技术效率的度量问题。有两种方法：随机边界生产函数法和数据包络分析法。

（一）随机边界生产函数法

随机边界生产函数最早由 Aigner、Lovell 和 Schmidt（1977）[2]、Meeusen

① Farrell，M.，J. 1957. The Measurement of Productive Efficiency. *Journal of the Royal Statistical Society.* 120（3），pp. 253 - 281.

② Aigner，D. J.，C. A. K. Lovell and P. Schimidt. 1977. Formulation and Estimation of Stochastic Frontier Production Function Models. Journal of Econometrics. 6（1），pp. 21 - 37.

和 van den Broech（1977）[1] 提出。按照 Aigner et. Al（1977）的思想，企业在投资过程中有可能遭受各种非技术随机因素，例如政治变动、气候变化、市场波动等，这些因素将影响企业投资的产出，但无法为企业所控制，这使得生产边界具有随机性质。

随机边界生产函数可以通过在确定边界生产函数基础上加上误差项来得到。其一般形式为：

$$y = f(x, t)\exp(-\varepsilon) \qquad (4-6)$$

其中，$\varepsilon \geq 0$，$\exp(-\varepsilon) \in (0, 1]$ 表示在给定企业的要素投入和生产技术不变条件下，各种随机因素所导致的企业偏离最大产出即生产边界的程度。当 $\varepsilon = 0$ 从而 $\exp(-\varepsilon) = 1$ 时，表示没有确定性，企业可以达到生产边界 $y = f(x,t)$。

进一步的，我们还可以划分企业可以控制的误差项和无法控制的误差项。令 $-\varepsilon = V - U$，V 表示统计上的误差，为企业无法掌握的随机因素，如气候、政治、经济周期等；U 为企业可以控制但没有控制而导致的误差，如员工的努力水平、业务流程的缺陷、组织协调的不力等。则上式变为：

$$y = f(x, t)\exp(V - U) \qquad (4-7)$$

取对数，得到：

$$\ln y = \ln f(x, t) + V - U = \ln f(x,t) - \varepsilon \qquad (4-8)$$

学者们对 U 的分布具有不同的假设。较常用的是 Battese 和 Coelli（1992）[2] 的假设，令 V 服从 N（0，σ_V^2），且与 U 相互独立；U_t 服从断尾正态分布 N(μ，σ_U^2)，并且具有时变性（Time-varying）：

$$U_t = U\exp[-\eta(t - T)] \qquad (4-9)$$

其中参数 η 表示技术效率的变化率，该数值为正则表示企业的技术效率不断改善；为负则表示企业的技术效率不断恶化。Battese 和 Corra（1977）[3] 提出以 $\sigma^2 = \sigma_V^2 + \sigma_U^2$ 来取代 σ_V^2，以 $\gamma = \sigma_U^2/(\sigma_V^2 + \sigma_U^2)$ 来取代 σ_U^2，然后根据最大似然法来估计 η。

Battese 和 Coelli（1995）[4] 对技术效率提出另一种估计。令 Ut 服从断尾正

① Meeusen, W., and J. van den Broech. 1977. Efficiency Estimation from Cobb-Douglas Production Functions with Composed Error. International Economic Review. 18（2），pp. 435 –444.

② Battese, G. E., and T. J. Coelli. 1992. Frontier Production Functions, Technical Efficiency and Panel Data：With Application to Paddy Farms in India. Journal of Productivity Analysis. 3（1 –2），pp. 153 –169.

③ Battese, G. E., and G. S. Corra. 1977. Estimation of a Production Frontier Model：With Application to the Pastoral Zone of Eastern Australia. Australian Journal of Agriculture Economics. 21（3），pp. 169 –179.

④ Battese, G. E., and T. J. Coelli. 1995. A Model for Technical Inefficiency Effects in a Stochastic Frontier Production Function for Panel Data. Empirical Ecnomics. 20（2），pp. 325 –332.

态分布 $N(m_t, \sigma_U^2)$，其中：$m_t = z_t\delta$，z_t 是一个影响企业效率的变量向量。

Jondrow、Lovell、Materov 和 Schmidt（1982）[①] 在给定 $V_t + U_t$ 条件下，求出单个企业的无效率 U_t 的条件期望值为：

$$E[U \mid e] = -\gamma e + \sigma_A \left[\frac{f(\gamma e/\sigma_A)}{1 - F(\gamma e/\sigma_A)} \right] \qquad (4-10)$$

其中 $\sigma_A = \sqrt{\gamma(1-\gamma)\sigma^2}$，$e = \ln(Y) - \ln f(X)$，为修正最小平方方法（COLS），或最大似然所估计出的参差值。

根据模型的参数估计，可以估算出个别企业的技术效率值为：

$$TE = \frac{Y}{F(X)e^V} = e^{-U}, \ U \geqslant 0 \qquad (4-11)$$

Jondrow et. al（1982）建议企业效率值以 $1 - E(U \mid e)$ 来取得，有的学者认为计算企业效率值直接以技术效率 $\exp(U)$ 来获得，而不必通过 U 值。Battese 和 Coelli（1988）[②] 指出个别企业的技术效率值为：

$$E[\exp(U) \mid e] = \frac{1 - F(\sigma_A + \gamma e/\sigma_A)}{1 - F(\gamma e/\sigma_A)} \exp(\gamma e + \sigma_A^2/2) \qquad (4-12)$$

（二）数据包络分析法

随机边界生产函数法事先假设存在某种边界函数，然后通过参数估计来确定最终的生产边界。而数据包络分析法则直接面对所有的决策单元 DMU（Decision Making Unit）的实际数据，将所有决策单元的投入产出数据进行分析，寻找每一单位投入的最优产出，最优产出的包络线（Envelopment Curve），便构成了企业的有效生产边界（Efficiency Production Frontier），以此作为衡量决策单元的效率的标准。如果决策单元的生产落在有效边界上，则其生产是有效的；如果在边界以下，则是无效的。这种逻辑非常类似于资产组合理论中的有效投资边界。

二、BT：最优技术

接着看第二项 $\bar{y}^t/\bar{x}^t$，这是最优产出与最优投入之比。这只有在最优技术条件下才可以获得，因此以该指标来度量最优技术（Best Technology）。

① Jondrow, C. J., C. A. K. Lovell, I. S. Materov, and P. Schmidt. 1982. On the Estimation of Technical Inefficiency in the Stochastic Frontier Production Function Model. Journal of Econometrics. 19（2 - 3），pp. 233 - 238.

② Battese, G., and T. J. Coelli. 1988. Prediction of Firm-Level Technical Efficiencies with a Generalized Frontier Production Function and Panel Data. Journal of Econometrics. 38（3），pp. 153 - 169.

三、AE：配置效率

第三项和第四项涉及的都是要素投入的改善情况。

对于第三项，$x^{s'}$ 是保持现有要素的投入不变，但根据最优的份额来计算的全要素总成本几何平均数；因此，比值 $x^{s'}/x^t$ 意味着：给定要素投入的数量不变，根据最优结构计算的总成本几何平均数 $x^{s'}$，与根据实际结构计算的总成本几何平均数 x^t 之比。该比值越接近于 1，表明现有要素投入的结构越趋向于最优结构。因此，我们可以将该比值称为要素投入的结构效率 StrEI（Structure Efficiency of Input）。

对于第四项，$\bar{x}^t$ 为最优要素投入，不仅要素结构为最优，而且实际投入量也为最优，从而比值 $\bar{x}^t/x^{s'}$ 意味着：给定要素投入的最优结构不变，根据最优投入量计算的总成本几何平均数 $\bar{x}^t$，与根据实际投入量计算的总成本几何平均数 $x^{s'}$ 之比。该比值越接近于 1，表明实际投入量越接近于最优投入量。因此，我们可以将该比值称为要素投入的规模效率 ScaEI（Scale Efficiency of Input）。

第三项和第四项的乘积其实就是 $\bar{x}^t/x^t$，该指标更能直观的反映要素实际投入向最优投入的靠近。因此，我们可以认为第三项和第四项度量的都是资源配置的效率，即配置效率 AE（Allocation Efficiency）。

但需要强调的是，上述配置效率和一般文献中的配置效率稍微不同。我们强调的是要素总量和结构的调整，而一般文献则强调价格的调整。这是否存在矛盾呢？没有，只要我们将这种总量和结构调整理解为是在价格作用下的调整即可。正因为这样，有些学者也将配置效率称为价格效率。此时，我们可以将配置效率追溯到新古典微观经济学：当经济中的交换领域和生产领域同时达到均衡时，我们说此时的资源配置达到了帕累托效率，所要求的条件如下：

$$\text{MRTS}_{i,j} = \text{MRT}_{i,j} = \left| \frac{dx_j}{dx_i} \right| = \frac{f_{x_j}(\bullet)}{f_{x_i}(\bullet)} = \frac{p_{x_i}}{p_{x_j}} \qquad (4-13)$$

如果 $f_{x_2}(\bullet)/f_{x_1}(\bullet) = p_1/p_2$，则称生产具有配置效率，否则为配置无效率。

但是如何度量配置效率呢？Farrell（1957）的论文为后来的学者奠定了基础。沿用上面的图 4-2，我们以 PP 来表示要素投入的价格比 p_{x_2}/p_{x_1}，由于市场完全竞争，价格保持不变，因此 PP 线不会改变。ISO($\bar{y}$) 线上任何一点的斜率为 $\text{MRTS}_{1,2} = \text{MRT}_{1,2} = \left| \frac{dx_2}{dx_1} \right| = \frac{f_{x_2}(\bullet)}{f_{x_1}(\bullet)}$。如果 PP 线与 ISO（$\bar{y}$）线相切，

则上述式（4-13）的条件将得到满足，从而切点处既具有技术效率也具有配置效率。

例如 C 点，此时 PP 线与 ISO(ȳ) 线相切，C 点不仅在 ISO(ȳ) 线上，而且在 PP 上，因此 C 点不仅具有技术效率，而且具有配置效率。由于 C、D 两点生产成本相同，所以 C 点生产成本为 B 点的 OD/OB 倍，OD/OB 可以度量配置效率。

这样，如果想要考察 A 点的综合效率 OE（Overall Efficiency），则可以比较 A 点与 D 点。综合效率等于技术效率与配置效率的乘积：

$$OE = TE \times AE = (OB/OA) \times (OD/OB) = OD/OA \qquad (4-14)$$

由此，我们可以进一步理解技术效率和配置效率的区别：技术效率是在给定要素投入不变条件下实际产出与最大产出的比率；而配置效率是在给定产量和价格不变条件下最小投入成本与实际投入成本的比率。

Farrell（1957）的这一思想意味着需要估计生产的边界。此后，Farrell 本人以及诸多学者均提出各种实证模型来估计生产边界。这些模型也可以划分为两类：随机边界生产函数法和数据包络分析法。

（一）随机边界生产函数法

这点我们放在本章第三节来论述。

（二）数据包络分析法

按照 Farrell（1957）的方法，我们完全可以通过数据包络分析方法构造生产边界，由此度量配置效率。但在阅读文献过程中，我们发现其后的学者们很少这样做，他们甚至放弃了配置效率这个概念（参见本章第三节）。我们现在初步推测其中的原因是：多数学者没有将配置效率限制于价格效率这个意义上，而是将其当做一个内涵比较丰富的指标，此时，学者们倾向于将其细分，用更加具体的指标例如规模效率、规模报酬效率等指标来代替它，配置效率的提法也就没有存在的必要了。

第二节　投资的动态效率指标体系

接着看企业投资的动态效率。假设从 t 时期到 t+1 时期，静态投资效率的水平由 TFP$_t$ 变为 TFP$_t$，则动态投资效率的度量可用 TFP 的增长率即 TFPG 来衡量，如下：

$$\text{TFPG} = \frac{\text{TFP}^{t+1} - \text{TFP}^t}{\text{TFP}^t} \qquad (4-15)$$

由于 TFP 的分析方法有随机边界生产函数法和 DEA 法，因此，TFPG 的分析也相应的存在两种方法。

一、随机边界生产函数法

为了考察 TFP 的增长率，在生产函数一般形式中加入时间因素，如下：

$$y = f(x, t) \qquad (4-16)$$

定义单要素生产率增长率 SFPG（SFP Growth）为：

$$\text{SFPG} = \frac{1}{\text{SFP}_i} \frac{d\text{SFP}_i}{dt} = \frac{d\ln \text{SFP}_i}{dt} \qquad (4-17)$$

根据 SFP_i 的定义，两边取对数并对 t 求导，得到：

$$\text{SFPG} = \frac{d\ln y}{dt} - \frac{d\ln x_i}{dt} \Rightarrow \frac{d\ln x_i}{dt} = \frac{d\ln y}{dt} - \text{SFPG} \qquad (4-18)$$

接着将 SFPG 扩展到 TFPG。定义 TFPG 为：

$$\text{TFPG} = \frac{1}{\text{TFP}} \frac{d\text{TFP}}{dt} = \frac{d\ln \text{TFP}}{dt} \qquad (4-19)$$

根据 TFP 的定义，对 TFP 两边求对数并对 t 求导，得到：

$$\text{TFPG} = \frac{d\ln y}{dt} - \sum_{i=1}^{n} s_i \frac{d\ln x_i}{dt} \qquad (4-20)$$

这体现了索洛的残值方法，即 TFP 为产出的增长率与投入要素的增长率的差。如果产出是多项，则总产出的增长率是这些产出项的增长率的加权平均数，其权数是每项产出的价值在总产出价值中的份额。多个要素的增长率也是按加权平均数计算。这里假设产出为单一产出，但要素为多个要素。

根据李京文和钟学义（1998）介绍的方法，记 $\mu_i = \frac{\partial f(x)}{\partial x_i} \frac{x_i}{f(x)} = \frac{\partial \ln f(x)}{\partial \ln x_i}$，$\mu = \sum_{i=1}^{n} \frac{\partial \ln f(x)}{\partial \ln x_i}$，$\eta_i = \frac{\mu_i}{\sum_{1}^{n} \mu_i} = \frac{\mu_i}{\mu}$，由确定边界生产函数，两边求对数并对 t 求导，得到：

$$\frac{d\ln y}{dt} = \frac{\partial \ln y}{\partial t} + \sum_{i=1}^{n} \frac{\partial \ln y}{\partial \ln x_i} \frac{d\ln x_i}{dt} = \frac{\partial \ln y}{\partial t} + \sum_{i=1}^{n} \mu_i \frac{d\ln x_i}{dt} \qquad (4-21)$$

将上式代入 TFPG 的定义式（4-19），得到：

$$\begin{aligned}
\text{TFPG} &= \frac{\partial \ln y}{\partial t} + \sum_{i=1}^{n} (\mu_i - s_i) \frac{d \ln x_i}{dt} \\
&= \frac{\partial \ln y}{\partial t} + \sum_{i=1}^{n} \left[\frac{\mu_i}{\mu}(\mu - 1) + \left(\frac{\mu_i}{\mu} - s_i \right) \right] \frac{d \ln x_i}{dt} \\
&= \frac{\partial \ln y}{\partial t} + \sum_{i=1}^{n} \frac{\mu_i}{\mu}(\mu - 1) \frac{d \ln x_i}{dt} + \sum_{i=1}^{n} \left(\frac{\mu_i}{\mu} - s_i \right) \frac{d \ln x_i}{dt} \\
&= \frac{\partial \ln y}{\partial t} + \sum_{i=1}^{n} (\mu - 1)\eta_i \frac{d \ln x_i}{dt} + \sum_{i=1}^{n} (\eta_i - s_i) \frac{d \ln x_i}{dt} \qquad (4-22)
\end{aligned}$$

最后，我们引入随机因素，此时，生产函数称为随机边界生产函数，其一般形式变为：

$$y = f(x, t) \exp(-\varepsilon) \qquad (4-23)$$

其中，$\varepsilon \geq 0$，$\exp(-\varepsilon) \in (0, 1]$ 表示在给定企业的要素投入和生产技术不变条件下，各种随机因素所导致的企业偏离最大产出即生产边界的程度。当 $\varepsilon = 0$ 从而 $\exp(-\varepsilon) = 1$ 时，表示没有确定性，企业可以达到生产边界 $y = f(x, t)$。

引入随机边界生产函数后，我们仿照 Kumbhakar（2000）的推导，对该函数两边取对数，得到：

$$\ln y = \ln f(x, t) + (-\varepsilon) \qquad (4-24)$$

两边对 t 求导，得到：

$$\frac{d \ln y}{dt} = \frac{\partial \ln y}{\partial t} + \sum_{i=1}^{n} \mu_i \frac{d \ln x_i}{dt} + \frac{d(-\varepsilon)}{dt} \qquad (4-25)$$

采用和确定边界生产函数下 TFPG 的推导方法完全相同的逻辑，随机边界生产函数下 TFPG 的表达式如下：

$$\text{TFPG} = \underbrace{\frac{d(-\varepsilon)}{dt}}_{\text{记为TEC}} + \underbrace{\frac{\partial \ln y}{\partial t}}_{\text{记为TGC}} + \underbrace{\sum_{i=1}^{n} (\mu - 1)\eta_i \frac{d \ln x_i}{dt}}_{\text{记为SRC}} + \underbrace{\sum_{i=1}^{n} (\eta_i - s_i) \frac{d \ln x_i}{dt}}_{\text{记为AEC}}$$

$$(4-26)$$

这正是 Kumbhakar（2000）对 TFPG 的四项分解。由此，仿照杜邦指标体系的形式，我们可将投资效率指标体系表示，如图 4-4 所示。

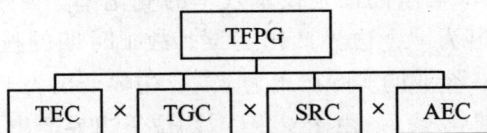

TFPG

TEC × TGC × SRC × AEC

图 4-3　TFPG 指标体系

但如何解释上述各项的经济学意义呢？为此，我们首先给出图4-4：

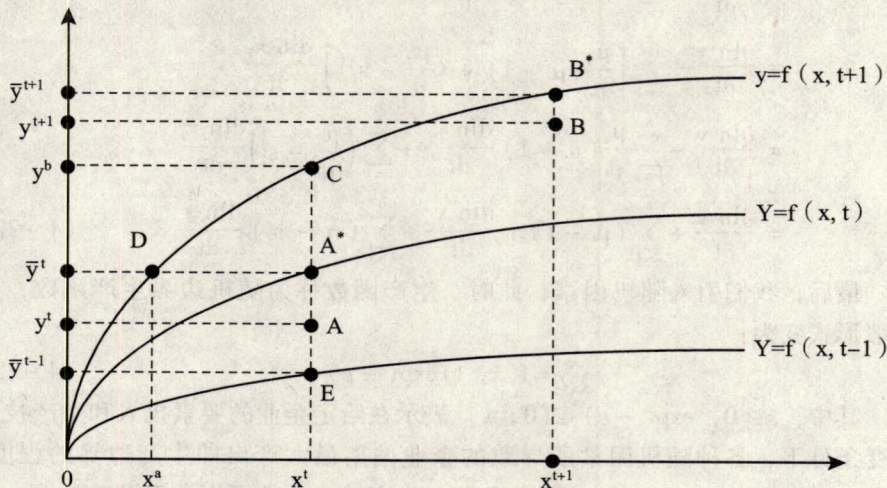

图4-4　TFPG 分解示意图

图4-4中，我们假设企业生产具有规模报酬递减，从而生产边界都向下弯曲。在 t 时期，企业的确定边界生产函数为曲线 $y=f(x,t)$，企业投入的要素为 x_t，最佳边界产出相应的为 $\bar{y}^t$；但实际产出为 y^t；点 A 代表企业在 t 时期的实际投入产出组合，点 A^* 代表实际投入与边界产出的组合。$t-1$ 时期、$t+1$ 时期的变量以此类推。x^a 表示以 $t+1$ 时期的技术来生产 $\bar{y}^t$ 所需要的投入量；y^b 表示在投入量为 x^t 条件下以 $t+1$ 时期的技术来生产可达到的边界产出。

（一）TEC：*技术效率变化率*

先看 $TEC = \dfrac{d(-\varepsilon)}{dt} = \dfrac{d\ln \exp(-\varepsilon)}{dt}$，其中的 $\exp(-\varepsilon)$ 是指在既有的要素投入和生产技术条件下，企业所能够达到的实际产出水平与最大产出水平之比，即：$\exp(-\varepsilon) = y/f(x,t)$，该比值一般被称为技术效率 TE（Technological Efficiency），即：$TE = \exp(-\varepsilon) = y/\bar{y}$。

由此，$d(-\varepsilon)/dt$ 衡量的便是技术效率的变化率。在图4-4中，在 t 时期，企业的实际产出为 y^t，边界产出为 $\bar{y}^t$，故 t 时期的技术效率为：$TE^t = y^t/\bar{y}^t$；在 $t+1$ 时期，企业的实际产出为 y^{t+1}，边界产出为 $\bar{y}^{t+1}$，故 t 时期的技术效率为：$TE^{t+1} = y^{t+1}/\bar{y}^{t+1}$。由于 y^t、y^{t+1} 均位于边界产出之下，故我们都可以说企业投资在两个时期中都存在技术无效率。但从动态角度看，技术效率变化率 TEC（TE Change）可以表示为：

$$TEC = \frac{TE^{t+1} - TE^t}{TE^t} \qquad (4-27)$$

如果该指标大于零，则我们认为企业投资效率得到改善。图4-4中，从 t 时期到 t + 1 时期时，企业的实际产出更加接近于边界产出，即 $|BB^*|$ < $|AA^*|$，我们可以认为企业的技术效率得到改善。

（二）TGC：技术进步效率变化率

再看 $TGC = \partial \ln y / \partial t$。给定企业的要素投入不变，如果产出能够获得增加，我们说该企业存在技术进步 TP（Technology Progress）。在图4-4中，设企业处于 E 点，最佳产出为 $\bar{y}^{t-1}$；当技术达到 t 时期时，在要素投入 x^t 不变条件下，产出增加到 $\bar{y}^t$，由此我们说企业在 t 时期的技术进步效率（TP Efficiency：TPE）为：

$$TPE^t = \frac{\bar{y}^t - \bar{y}^{t-1}}{\bar{y}^{t-1}} \qquad (4-28)$$

对于同样的投入，当技术达到 t + 1 时期时，企业处于点 C；产出增加到 $\bar{y}^{t+1}$，由此我们说企业在 t + 1 时期的技术进步效率为：$TPE^{t+1} = \frac{\bar{y}^{t+1} - \bar{y}^t}{\bar{y}^t}$①

由此可以看到，第二项 $\partial \ln y / \partial t$ 的含义为：当企业从 t 时期发展到 t + 1 时期时，技术进步效率的变化率 TPEC（TPE Change），即：

$$TPEC = \frac{TPE^{t+1} - TPE^t}{TPE^t} \qquad (4-29)$$

（三）SRC：规模报酬效率变化率

接着看 $SRC = \sum_{i=1}^{n} (\mu - 1) \eta_i \frac{d\ln x_i}{dt}$。首先弄清 $\mu_i = \frac{\partial f(x)}{\partial x_i} \frac{x_i}{f(x)} = \frac{\partial \ln f(x)}{\partial \ln x_i}$ 的含义。

仿照李京文和钟学义（1998），假设企业的生产函数存在规模报酬递增，则有：$f(\lambda x) > \lambda f(x)$，即：$\frac{f(\lambda x) - f(x)}{\lambda - 1} > f(x)$。令 $\lambda \to 1 + 0$，得到：$\sum_{i=1}^{n} \frac{\partial f(x)}{\partial x_i} x_i > f(x)$。变形得到：

$$\sum_{i=1}^{n} \frac{\partial f(x)}{\partial x_i} \frac{x_i}{f(x)} = \sum_{i=1}^{n} \frac{\partial \ln f(x)}{\partial \ln x_i} > 1 \qquad (4-30)$$

---

① 事实上我们也可以通过投入的节约来表示技术进步。设企业现在处于 A^* 点。当技术达到 t + 1 时期时，要获得相同的产出 $\bar{y}^t$，企业只需要投入 x^a，而原来则需要 x^t，投入的节约率为：$(x^t - x^a)/x^t$，这也可以度量技术进步。

由于 $\mu_i = \dfrac{\partial f(x)}{\partial x_i} \dfrac{x_i}{f(x)}$，因此，根据弹性的定义，$\mu_i$ 表示要素 X_i 的产出弹性，其含义为该要素的变动百分比所引起的产量变量百分比。由此，$\mu = \sum\limits_{i=1}^{n} \mu_i$ 为全要素产出弹性。根据上式，单要素产出弹性、全要素产出弹性、规模报酬三者的关系如下：

$$\mu \begin{cases} >1 & \text{规模报酬递增} \\ =1 & \text{规模报酬不变} \\ <1 & \text{规模报酬递减} \end{cases} \qquad (4-31)$$

由此，在第三项中，$(\mu-1)$ 可以度量全要素生产的规模报酬。

$\eta_i = \mu_i \Big/ \sum\limits_{1}^{n} \mu_i = \dfrac{\mu_i}{\mu}$ 反映单要素产出弹性与全要素产出弹性之间的比例关系，可以解释为单要素相对于全要素的产出弹性，显然 $\sum\limits_{i=1}^{n} \eta_i = 1$。

综合上述经济含义，第二项可以解释为：给定其他条件不变，单要素 X_i 的变动所导致的规模报酬的变化率 SRC（Scale Return Change）。

（四）AEC：配置效率变化率

最后看 $AEC = \sum\limits_{i=1}^{n} (\eta_i - s_i) \dfrac{d\ln x_i}{dt}$。其中，$\eta_i$ 为单要素 x_i 的相对产出弹性，s_i 为要素 x_i 的成本占要素总成本的比例。

首先证明，在市场均衡条件下，$\mu_i = s_i$。令要素 i 的价格为 p_{x_i}，产品的价格为 p_y，则企业的利润 π 为：

$$\pi = p_y Q - p_x Q_x = p_y Q - \sum\limits_{i=1}^{n} p_{x_i} Q_{x_i} \qquad (4-32)$$

每个企业都将最大化自己的利润。在市场竞争均衡条件下，所有的企业利润为零，此时有：$Q = \dfrac{1}{p_y} \sum\limits_{i=1}^{n} p_{x_i} Q_{x_i}$，对 Q_{x_i} 为一阶导，得到：

$$\frac{\partial Q}{\partial Q_{x_i}} = \frac{p_{x_i}}{p_y} \qquad (4-33)$$

两边同乘 Q_{x_i}/Q，得到：

$$\frac{\partial Q}{\partial Q_{x_i}} \frac{Q_{x_i}}{Q} = \frac{p_{x_i}}{p_y} \frac{Q_{x_i}}{Q} \qquad (4-34)$$

注意到此时利润为零，产出价值等于要素总成本，即：$x = \sum\limits_{i=1}^{n} p_{x_i} Q_{x_i} = p_y Q$。

于是上式右边为：$\dfrac{x_i}{\sum\limits_{i=1}^{n} x_i} = s_i$。而上式左边为：

$$\frac{\partial Q}{\partial Q_{x_i}} \frac{Q_{x_i}}{Q} = \frac{\partial Q}{\partial Q_{x_i}} \frac{Q_{x_i}}{Q} \frac{p_{x_i}}{p_{x_i}} \frac{p_y}{p_y} = \frac{\partial(p_y Q)}{\partial(p_{x_i} Q_{x_i})} \frac{p_{x_i} Q_{x_i}}{p_y Q} = \frac{\partial y}{\partial x_i} \frac{x_i}{y} = \mu_i。\text{于是：} \mu_i = s_i。$$

这意味着什么呢？意味着经济中的资源达到了配置效率（Allocation Efficiency）。这是因为，$\mu_i = s_i$ 是根据式（4-33）推导出来的，而如果式（4-33）成立，必有下式成立，即：

$$\mathrm{MRTS}_{i,j} = \mathrm{MRT}_{i,j} = \left| \frac{\mathrm{d}x_j}{\mathrm{d}x_i} \right| = \frac{f_{x_j}(\bullet)}{f_{x_i}(\bullet)} = \frac{p_{x_i}}{p_{x_j}} \qquad (4-35)$$

在微观经济学中，式（4-35）是判断经济中资源配置是否达到帕累托最优的条件。当达到配置效率时，我们说企业已经在最低的成本要求下进行生产了。因此，$\mu_i - s_i$ 可以衡量企业外部市场的资产配置效率。

（1）如果 $\mu_i - s_i = 0$，表明市场趋于均衡，市场配置是有效的。

（2）如果 $\mu_i - s_i > 0$，这意味着要素的边际生产率尚未得到充分利用，要素的实际投入量尚未达到最优配置所要求的要素投入量，要素投入不足。

（3）如果 $\mu_i - s_i < 0$，则表明最优配置所要求的要素投入量高于实际投入量，要素投入过度。

回到第四项 $\sum\limits_{i=1}^{n} (\eta_i - s_i) \dfrac{\mathrm{dln}\, x_i}{\mathrm{d}t}$。需要提问的是：$\eta_i - s_i = \mu_i / \sum\limits_{i=1}^{n} \mu_i - s_i$ 的含义是否与 $\mu_i - s_i$ 一样？注意到当规模报酬不变时，$\mu = \sum\limits_{i=1}^{n} \mu_i = 1$，此时 $\eta_i - s_i = \mu_i - s_i$，如果再假设不存在技术无效率，则此时式（4-35）变为：$\mathrm{TFPG} = \dfrac{\partial f}{\partial t}$，即只有技术进步变化率导致了企业 TFP 的增长，这正是 Solow-Swan 模型所曾经指出的。当 $\mu \neq 1$ 时，$\eta_i - s_i$ 可以解释为：要素 i 的相对产出弹性偏离 s_i 的程度，由此也可以解释外部市场的配置效率。

这样第四项的含义便可理解为：由于要素的变化所导致的配置效率的变化率。

二、产出导向型 Malmquist 生产率指数法

上述随机边界生产函数的方法需要假设具有某些参数的企业生产函数。为了让我们的度量更具一般性，我们要求该生产函数也具有一般性。目前，

国内学者对中国 TFPG 的分析所使用的生产函数包括：CD（姚洋，1998[①]）、CES（樊潇彦，2005）、随机 TL（涂正革和肖耿，2005[②]；王争等，2006[③]）。但对于 VES 生产函数则较少使用。但不管怎样，这种方法常因其先验性假设而遭到批判。可供选择的另一种方法则是非参数边界法。我们这里主要引入 DEA 和指数法相结合的 Malmquist 生产率指数法。

（一）距离函数与 MPI 的定义

假设在每一个时期 $k = 1$，$\cdots$，T，第 $i = 1$，$\cdots$，I 个企业使用 $n = 1$，$\cdots$，N 种投入 $x_{k,n}^t$，得到第 $m = 1$，$\cdots$，M 种产出 $y_{k,m}^t$。某个企业 k 在 t 期的生产技术 S_t 为非空、封闭、凸集合，而且要素投入具有可处置性（Disposability）。

这里需要解释一下。在微观经济学中，如果在不减少产出的条件下，能够任意的增加或减少投入，则称投入具有可处置性。可处置性分为强可处置性（Strong Disposability）和弱可处置性（Weak Disposability）。所谓弱可处置性，是指如果所有的投入都增加相同的比例，产出不会降低；所谓强可处置性，是指如果所有的投入都增加，则产出必然增加。投入的可处置性有时也称为产出的单调性。

在上述假设条件下，企业 k 的生产技术可以通过可行投入－产出组合的生产可能性集来表示：

$$S^t = \{(x^t,\ y^t) : x^t \text{ 可以生产 } y^t\}$$

在此基础上，从某个企业 i 的角度，以初始时期 t 的技术作为参考的 Shephard 意义上的产出距离函数（Output Distance Function）为：

$$D_o^t(x^t,\ y^t) = \inf_{\theta}\{\theta > 0 : (x^t,\ y^t/\theta) \in S^t\} \qquad (4-36)$$

其中，D_o^t 的下标"o"表示产出（output），上标"t"表示以 t 期技术作为参考；θ 是最小化的，从而 y/θ 是最大化的。这样，该距离函数的含义为：给定投入水平 x，产出可在现有（实际）产出水平基础上自由增加的最大倍数的倒数。如果令 $\bar{y} = y/\theta$，则 $\bar{Y}$ 为给定 x 条件下的最大产出水平，从而 $\theta = y/\bar{y}$ 便度量了现有（实际）产出水平与最大产出水平的比值。按照我们在随机边界生产函数法中的讨论，这其实就是技术效率的度量。若 $D_o^t(x^t,\ y^t) < 1$，则可认为企业生产无效率；若 $D_o^t(x^t,\ y^t) = 1$，则认为生产有效。

---

① 姚洋：《非国有经济成本对我国工业企业技术效率的影响》，载于《经济研究》，1998 年第 12 期。

② 涂正革和肖耿：《中国的工业生产力革命》，载于《经济研究》，2005 年第 3 期。

③ 王争、郑京海和史晋川："中国地区工业生产绩效：结构差异、制度冲击及动态表现"，《经济研究》，2006 年第 11 期。

在此基础上，我们引入 Malmquist 生产率指数（Productivity Index）（以下简称 MPI）。令生产技术具有规模报酬不变（CRS），投入具有强可处置性，则以 t 期的技术作为参考，MPI 的定义为：

$$MPI_{o|c,s}^{t} = \frac{D_{o|c,s}^{t}(x^{t+1}, y^{t+1})}{D_{o|c,s}^{t}(x^{t}, y^{t})} \qquad (4-37)$$

其中，距离函数的下标"$o|c$, s"中的"o"表示该距离函数是产出（output）导向型，"c"表示技术为 CRS 技术；"s"要素具有强可处置性。$D_{o|c,s}^{t}(x^{t+1}, y^{t+1})$ 度量的是以点（x^{t+1}, y^{t+1}）为观察点、以 t 期 CRS 技术作为参考技术时的技术效率；$D_{o|c,s}^{t}(x^{t}, y^{t})$ 度量的是以点（x^{t}, y^{t}）为观察点、以 t 期 CRS 技术作为参考技术时的技术效率。这样，$MPI_{o|c,s}^{t}$ 作为两点的技术效率之比，度量的是以 t 期 CRS 技术为参考技术时从时期 t 到时期 t＋1 时技术效率的变化率。$MPI_{o|c,s}^{t}$ >=< 1 分别意味着生产率提高、不变、下降。

但是，我们也可以选择以 t＋1 时期的技术作为参考来定义生产率指数。此时，MPI 如下定义：

$$MPI_{o|c,s}^{t+1} = \frac{D_{o|c,s}^{t+1}(x^{t+1}, y^{t+1})}{D_{o|c,s}^{t+1}(x^{t}, y^{t})} \qquad (4-38)$$

在实际中，对时期的选择是任意的，但由此获得的 MPI 未必相等。为了避免在时期选择方面的模棱两可，Färe et al.（1989）将 MPI 规定为上述两个指数的几何平均数，即：

$$MPI_{o|c,s}^{t,t+1} = \left[\frac{D_{o|c,s}^{t}(x^{t+1}, y^{t+1})}{D_{o|c,s}^{t}(x^{t}, y^{t})} \times \frac{D_{o|c,s}^{t+1}(x^{t+1}, y^{t+1})}{D_{o|c,s}^{t+1}(x^{t}, y^{t})} \right]^{1/2} \qquad (4-39)$$

为了获得对 MPI 的更为形象的解释，我们首先给出图 4－5。

在图 4－5 中，存在两个时期 t 和 t＋1，每个时期存在两种生产技术。例如，在 t 时期，"$S^{t}|c$, s"表示 t 时期具有规模报酬不变 CRS、强投入处置性的生产技术，该技术也称为 t 时期的基准技术（Benchmark Technology）；"$S^{t}|v$, s"表示 t 时期具有可变规模报酬 VRS、强投入可处置性的生产技术，该技术也称为 t 时期的最佳实践技术（Best Practice Technology）。"$S^{t+1}|c$, s"、"$S^{t+1}|v$, s"的解释逻辑与上述相同。在 t 时期，基准技术与最佳实践技术相切于点 C，在 t＋1 时期则相切于点 D。

在 t 时期，企业的实际生产点位于点 A，要素与产出组合为（x^{t}, y^{t}），即 x^{t} = OH，y^{t} = Oa；在 t＋1 时期，企业的实际生产点位于点 B，要素与产出组合为（x^{t+1}, y^{t+1}），即 x^{t+1} = OI，y^{t+1} = Ob。

我们利用图 4－5 来解释 MPI。其中，$MPI_{o|c,s}^{t} = \dfrac{D_{o|c,s}^{t}(x^{t+1}, y^{t+1})}{D_{o|c,s}^{t}(x^{t}, y^{t})} = \dfrac{Ob/Of}{Oa/Od}$，

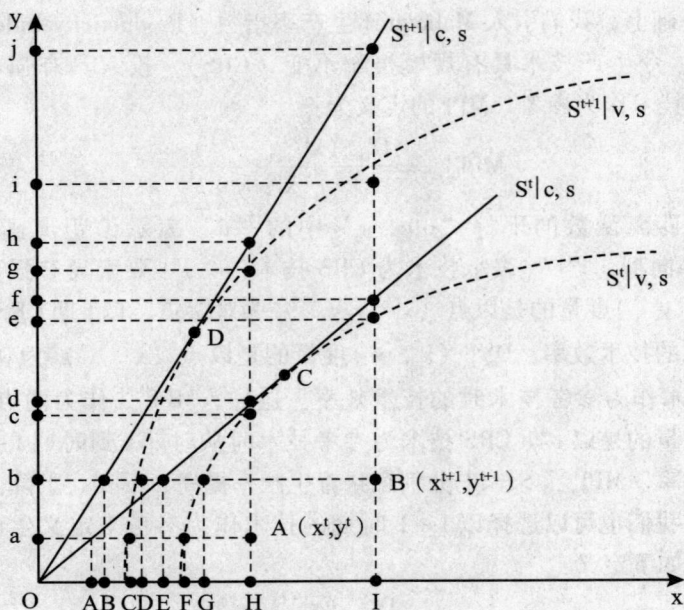

图 4-5 MPI 的分解示意图

度量的是以 t 期 CRS 技术为参考技术时从时期 t 到时期 t+1 时的生产率变化率。$MPI_{o|c,s}^{t+1} = \dfrac{D_{o|c,s}^{t+1}(x^{t+1}, y^{t+1})}{D_{o|c,s}^{t+1}(x^t, y^t)} = \dfrac{Ob/Oj}{Oa/Oh}$，度量的是以 t+1 期 CRS 技术为参考技术时从时期 t 到时期 t+1 时的生产率变化率。$MPI_{o|c,s}^{t, t+1} = \left[\dfrac{Ob/Of}{Oa/Od} \times \dfrac{Ob/Oj}{Oa/Oh}\right]^{1/2}$ 则以几何平均的形式度量从时期 t 到时期 t+1 时的生产率变化率。

引入 MPI 的好处在于，MPI 可以分解为由多项因子构成的指标体系，从而从多个角度来深刻反映影响生产率变化的内在原因。在下文，我们将提供三种指标体系。

（二）指标体系一

对 $MPI_{o|c,s}^{t, t+1}$ 的右边项变形，得到：

$$右边项 = \left[\frac{D_{o|c,s}^t(x^{t+1}, y^{t+1})}{D_{o|c,s}^{t+1}(x^t, y^t)} \times \frac{D_{o|c,s}^{t+1}(x^{t+1}, y^{t+1})}{D_{o|c,s}^t(x^t, y^t)}\right]^{1/2}$$

$$= \left\{\frac{D_{o|c,s}^t(x^{t+1}, y^{t+1})}{D_{o|c,s}^{t+1}(x^t, y^t)} \times \frac{D_{o|c,s}^{t+1}(x^{t+1}, y^{t+1})}{D_{o|c,s}^t(x^t, y^t)}\right.$$

$$\times \left[\underbrace{\frac{D_{o|c,s}^{t+1}(x^{t+1},\ y^{t+1})}{D_{o|c,s}^{t}(x^{t},\ y^{t})} \times \frac{D_{o|c,s}^{t}(x^{t},\ y^{t})}{D_{o|c,s}^{t+1}(x^{t+1},\ y^{t+1})}}_{\text{等于1}} \right]^{1/2} \Bigg\}$$

$$= \left\{ \frac{D_{o|c,s}^{t+1}(x^{t+1},\ y^{t+1})}{D_{o|c,s}^{t+1}(x^{t},\ y^{t})} \times \frac{D_{o|c,s}^{t}(x^{t},\ y^{t})}{D_{o|c,s}^{t+1}(x^{t+1},\ y^{t+1})} \times \left[\frac{D_{o|c,s}^{t+1}(x^{t+1},\ y^{t+1})}{D_{o|c,s}^{t}(x^{t},\ y^{t})} \right]^{2} \right\}^{1/2}$$

$$= \underbrace{\frac{D_{o|c,s}^{t+1}(x^{t+1},\ y^{t+1})}{D_{o|c,s}^{t}(x^{t},\ y^{t})}}_{\text{记为TEC}} \underbrace{\left[\frac{D_{o|c,s}^{t}(x^{t+1},\ y^{t+1})}{D_{o|c,s}^{t+1}(x^{t+1},\ y^{t+1})} \times \frac{D_{o|c,s}^{t}(x^{t},\ y^{t})}{D_{o|c,s}^{t+1}(x^{t},\ y^{t})} \right]^{1/2}}_{\text{记为TPE}} \quad (4-40)$$

接着，我们放宽 CRS 的假设，允许企业生产具有可变规模报酬 VRS（Variable Return to Scale）。由此，左边第一项 TEC 可以再变形为：

$$\text{TEC} = \frac{D_{o|c,s}^{t+1}(x^{t+1},\ y^{t+1})}{D_{o|c,s}^{t}(x^{t},\ y^{t})} \underbrace{\left[\frac{D_{o|v,s}^{t+1}(x^{t+1},\ y^{t+1})}{D_{o|v,s}^{t}(x^{t},\ y^{t})} \frac{D_{o|v,s}^{t}(x^{t},\ y^{t})}{D_{o|v,s}^{t+1}(x^{t+1},\ y^{t+1})} \right]}_{\text{等于1}}$$

$$= \frac{D_{o|v,s}^{t+1}(x^{t+1},\ y^{t+1})}{D_{o|v,s}^{t}(x^{t},\ y^{t})} \left[\frac{D_{o|c,s}^{t+1}(x^{t+1},\ y^{t+1})}{D_{o|c,s}^{t}(x^{t},\ y^{t})} \frac{D_{o|v,s}^{t}(x^{t},\ y^{t})}{D_{o|v,s}^{t+1}(x^{t+1},\ y^{t+1})} \right]$$

$$= \underbrace{\frac{D_{o|v,s}^{t+1}(x^{t+1},\ y^{t+1})}{D_{o|v,s}^{t}(x^{t},\ y^{t})}}_{\text{记为PTE}^{s}} \underbrace{\left[\frac{D_{o|c,s}^{t+1}(x^{t+1},\ y^{t+1})}{D_{o|v,s}^{t+1}(x^{t+1},\ y^{t+1})} \Big/ \frac{D_{o|c,s}^{t}(x^{t},y^{t})}{D_{o|v,s}^{t}(x^{t},y^{t})} \right]}_{\text{记为ERSC}} \quad (4-41)$$

再下来，我们放宽要素投入具有可强处置性的假设，允许投入要素具有弱可处置性，则上式左边项 PTE^{s} 可以再分解如下。

$$\text{PTE}^{s} = \frac{D_{o|v,s}^{t+1}(x^{t+1},\ y^{t+1})}{D_{o|v,s}^{t}(x^{t},\ y^{t})} \underbrace{\frac{D_{o|v,w}^{t+1}(x^{t+1},\ y^{t+1})}{D_{o|v,w}^{t}(x^{t},\ y^{t})} \Big/ \frac{D_{o|v,w}^{t+1}(x^{t+1},\ y^{t+1})}{D_{o|v,w}^{t}(x^{t},\ y^{t})}}_{\text{等于1}}$$

$$= \underbrace{\frac{D_{o|v,w}^{t+1}(x^{t+1},\ y^{t+1})}{D_{o|v,w}^{t}(x^{t},\ y^{t})}}_{\text{记为PTE}^{w}} \underbrace{\left[\frac{D_{o|v,s}^{t+1}(x^{t+1},\ y^{t+1})}{D_{o|v,w}^{t+1}(x^{t+1},\ y^{t+1})} \Big/ \frac{D_{o|v,s}^{t}(x^{t},\ y^{t})}{D_{o|v,w}^{t}(x^{t},\ y^{t})} \right]}_{\text{记为IDEC}} \quad (4-42)$$

而式 4-40 的右边第二项 TPE 也可以再分解，如下：

$$\text{TPE} = \left[\frac{D_{o|c,s}^{t}(x^{t+1},x^{t+1})}{D_{o|c,s}^{t+1}(x^{t+1},\ y^{t+1})} \times \frac{D_{o|c,s}^{t}(x^{t},\ y^{t})}{D_{o|c,s}^{t+1}(x^{t},\ y^{t})} \right]^{1/2}$$

$$= \left\{ \frac{D_{o|c,s}^{t}(x^{t+1},x^{t+1}) / D_{o|c,s}^{t+1}(x^{t+1},\ y^{t+1})}{D_{o|c,s}^{t}(x^{t},\ y^{t}) / D_{o|c,s}^{t+1}(x^{t},\ y^{t})} \times \left[\frac{D_{o|c,s}^{t}(x^{t},\ y^{t})}{D_{o|c,s}^{t+1}(x^{t},\ y^{t})} \right]^{2} \right\}^{1/2}$$

$$= \underbrace{\frac{D_{o|c,s}^{t}(x^{t},\ y^{t})}{D_{o|c,s}^{t+1}(x^{t},\ y^{t})}}_{\text{记为TPEB}} \underbrace{\left[\frac{D_{o|c,s}^{t}(x^{t+1},x^{t+1}) / D_{o|c,s}^{t+1}(x^{t+1},\ y^{t+1})}{D_{o|c,s}^{t}(x^{t},\ y^{t}) / D_{o|c,s}^{t+1}(x^{t},\ y^{t})} \right]^{1/2}}_{\text{记为TPEC}}$$

$$= \text{TPEB} \times \text{TPEC} \quad (4-43)$$

其中的 TPEC 还可再分解，如下：

$$\text{TPEC} = \left\{ \left[\frac{D_{o|c,s}^{t}(x^{t+1},\ y^{t+1}) / D_{o|c,s}^{t+1}(x^{t+1},\ y^{t+1})}{D_{o|c,s}^{t}(x^{t+1},\ y^{t}) / D_{o|c,s}^{t+1}(x^{t+1},\ y^{t})} \right] \left[\frac{D_{o|c,s}^{t+1}(x^{t},\ y^{t}) / D_{o|c,s}^{t}(x^{t},\ y^{t})}{D_{o|c,s}^{t+1}(x^{t+1},\ y^{t}) / D_{o|c,s}^{t}(x^{t+1},\ y^{t})} \right] \right\}^{1/2}$$

$$= \underbrace{\left[\frac{D_{o|c,s}^{t}(x^{t+1}, y^{t+1})/D_{o|c,s}^{t+1}(x^{t+1}, y^{t+1})}{D_{o|c,s}^{t}(x^{t+1}, y^{t})/D_{o|c,s}^{t+1}(x^{t+1}, y^{t})}\right]^{1/2}}_{\text{记为OBTPEC}} \underbrace{\left[\frac{D_{o|c,s}^{t+1}(x^{t}, y^{t})/D_{o|c,s}^{t}(x^{t}, y^{t})}{D_{o|c,s}^{t+1}(x^{t+1}, y^{t})/D_{o|c,s}^{t}(x^{t+1}, y^{t})}\right]^{1/2}}_{\text{记为IBTPEC}}$$

$$= OBTPEC \times IBTPEC \qquad (4-44)$$

综合上述，我们得到 MPI 的完整分解式：

$$MPI_t^{t+1} = TEC \times TPE = (PTEC^S \times ERSC) \times (TPEB \times TPEC)$$

$$= [(PTEC^w \times IDEC) \times ERSC] \times [TPEB \times (OBTPEC \times IBTPEC)] \qquad (4-45)$$

仿照杜邦指标体系的形式，上述分解项如图 4-6 所示。

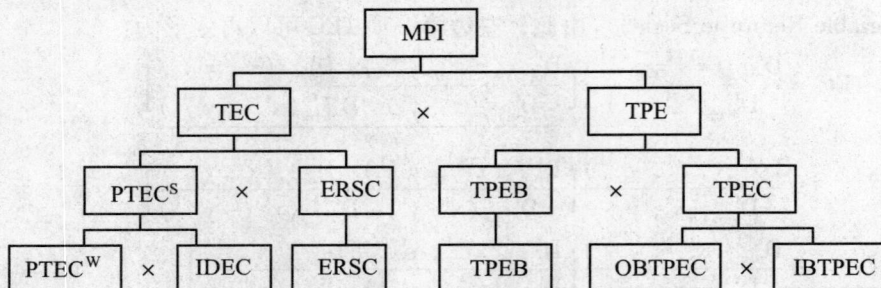

图 4-6 MPI 指标体系

下面将对上述分解因子进行解释。

1. TEC：技术效率变化率

对于 $TEC = \dfrac{D_{o|c,s}^{t+1}(x^{t+1}, y^{t+1})}{D_{o|c,s}^{t}(x^{t}, y^{t})}$，根据距离函数的定义，$D_{o|c,s}^{t+1}(x^{t+1}, y^{t+1})$ 度量在以技术"$S^{t+1}|c, s$"为参考条件下，$t+1$ 时期的技术效率，在图 4-5 中可表示为 Ob/Oj；$D_{o|c,s}^{t}(x^{t}, y^{t})$ 度量在以技术"$S^{t}|c, s$"为参考条件下，t 时期的技术效率，在图 4-5 中可表示为 Oa/Od。二者的比值，反映了从 t 时期到 $t+1$ 时期，企业技术效率的变化率，因此，我们将该比值称为技术效率变化率（Technical Efficiency Change：TEC），在图 4-5 中，$TEC = \dfrac{Ob/Oj}{Oa/Od}$。

根据式 4-41，TEC 可分解为 PTES 和 SEC。下面逐项解释。

（1）PTEs：强投入处置性下的纯粹技术效率变化率。

观察一下 TEC 和 PTES，二者的区别仅在于参考技术的不同，TEC 是基于 CRS 的，而 PTES 则是基于 VRS。因此，$PTE^S = \dfrac{D_{o|v,s}^{t+1}(x^{t+1}, y^{t+1})}{D_{o|v,s}^{t}(x^{t}, y^{t})}$ 排除了在规模报酬上的人为规定，而是以实际的规模报酬来定义，从而可以称为强投入处置性下的纯粹技术效率变化率。在图 4-5 中，该指标可以表示为：$PTE^S =$

$\dfrac{Ob/Oi}{Oa/Oc}$。

根据式 4-42，PTEs 还可分解为 PTEw 和 CEC。我们这里的分解主要得益于孙巍（2000）[1]。

①PTEw：弱投入可处置性下的纯粹技术效率变化率。

PTE^w 与 PTE^s 的区别仅在于要素可处置性的不同，PTE^w 允许要素的弱可处置性，因此将 PTE^w 称为弱投入处置性下的纯粹技术效率变化率。

由于图 4-5 没有反映弱投入处置性时的技术，因此这里无法用图 4-5 来表示。

②IDEC：投入处置效率变化率。

对于 $IDEC = \dfrac{D_{o|v,s}^{t+1}(x^{t+1},\ y^{t+1})}{D_{o|v,w}^{t+1}(x^{t+1},\ y^{t+1})} \Big/ \dfrac{D_{o|v,s}^{t}(x^{t},\ y^{t})}{D_{o|v,w}^{t}(x^{t},\ y^{t})}$，其分子表示的是：在 $t+1$ 时期，当要素可处置性由强变弱时，技术效率的变化率即 $\dfrac{D_{o|v,s}^{t+1}(x^{t+1},\ y^{t+1})}{D_{o|v,w}^{t+1}(x^{t+1},\ y^{t+1})}$。同样，分母表示的是：在 t 时期，当要素可处置性由强变弱时，技术效率的变化率即 $\dfrac{D_{o|v,s}^{t}(x^{t},\ y^{t})}{D_{o|v,w}^{t}(x^{t},\ y^{t})}$。

我们将由于投入可处置性的变化所导致的技术效率的变化，称为投入处置效率（Input Disposal Efficiency：IDE）。

自然的，IDEC 可理解为：从时期 t 到 $t+1$，企业的投入处置效率的变化率。

（2）ERSC：规模报酬效率变化率。

对于 $ERSC = \dfrac{D_{o|c,s}^{t+1}(x^{t+1},\ y^{t+1})}{D_{o|v,s}^{t+1}(x^{t+1},\ y^{t+1})} \Big/ \dfrac{D_{o|c,s}^{t}(x^{t},\ y^{t})}{D_{o|v,s}^{t}(x^{t},\ y^{t})}$，其分子表示的是：以点 B $(x^{t+1},\ y^{t+1})$ 为参考点，以 $t+1$ 时期技术为参考技术，当规模报酬从 CRS 变为 VRS 时，技术效率的变化率即 $\dfrac{D_{o|c,s}^{t+1}(x^{t+1},\ y^{t+1})}{D_{o|v,s}^{t+1}(x^{t+1},\ y^{t+1})}$。在图 4-5 中，该变化率可以表示为 $\dfrac{Ob/Oj}{Ob/Oi} = \dfrac{Oi}{Oj}$。同样，SREC 的分母表示的是：以 $A(x^{t},\ y^{t})$ 为参考点，以 t 时期技术为参考技术，当规模报酬从 CRS 变为 VRS 时，技术效率的变化率即 $\dfrac{D_{o|c,s}^{t}(x^{t},\ y^{t})}{D_{o|v,s}^{t}(x^{t},\ y^{t})}$，在图 4-5 中可表示为：$\dfrac{Oa/Od}{Oa/Oc} = \dfrac{Oc}{Od}$。

---

[1]　孙巍著：《生产资源配置效率——生产前沿面理论及其应用》，社会科学文献出版社 2000 年版。

我们将给定投入产出组合不变，由于规模报酬的变化所导致的技术效率的变化率，称为规模报酬效率（Efficiency of Return to Scale：ERS）。

由此，ERSC 一项的含义便自然的可理解为：从 t 时期到 t + 1 时期，企业规模效率的变化率（ERS Change：ERSC）。在图 4 - 5 中可表示为：$ERSC = \dfrac{Oi/Oj}{Oc/Od}$。按照图中显示，ERSC < 1，这意味着企业的规模效率在下降。

2. TPE：技术进步效率

对于 $TPE = \left[\dfrac{D_{o|c,s}^{t}(x^{t+1}, x^{t+1})}{D_{o|c,s}^{t+1}(x^{t+1}, y^{t+1})} \times \dfrac{D_{o|c,s}^{t}(x^{t}, y^{t})}{D_{o|c,s}^{t+1}(x^{t}, y^{t})} \right]^{1/2}$，其中 $\dfrac{D_{o|c,s}^{t}(x^{t+1}, y^{t+1})}{D_{o|c,s}^{t+1}(x^{t+1}, y^{t+1})}$ 度量的是：给定 t + 1 期的投入产出组合即点 $B(x^{t+1}, y^{t+1})$，由于技术从 "$S^{t}|c, s$" 进步到 "$S^{t+1}|c, s$" 所导致的技术效率的变化率，在图 4 - 5 中表现为：$\dfrac{Ob/Of}{Ob/Oj} = \dfrac{Oj}{Of}$；而 $\dfrac{D_{o|c,s}^{t}(x^{t}, y^{t})}{D_{o|c,s}^{t+1}(x^{t}, y^{t})}$ 度量的是：给定 t 期的投入产出组合即点 $A(x^{t}, y^{t})$，由于技术从 "$S^{t}|c, s$" 进步到 "$S^{t+1}|c, s$" 所导致的技术效率的变化率，在图 4 - 5 中表现为：$\dfrac{Oa/Od}{Oa/Oh} = \dfrac{Oh}{Od}$。

我们将由于技术进步所带来的技术效率的变化率，称为技术进步效率（Technology Progress Efficiency：TPE）。

根据该定义，$TPE = \left[\dfrac{D_{o|c,s}^{t}(x^{t+1}, x^{t+1})}{D_{o|c,s}^{t+1}(x^{t+1}, y^{t+1})} \times \dfrac{D_{o|c,s}^{t}(x^{t}, y^{t})}{D_{o|c,s}^{t+1}(x^{t}, y^{t})} \right]^{1/2}$ 所度量的其实是两个时期的技术进步效率的几何平均，即：$TGE = (TGE^{t+1} \times TGE^{t})^{1/2}$，在图 4 - 5 中表现为 $\left(\dfrac{Oj}{Of} \times \dfrac{Oh}{Od} \right)^{1/2}$，由图 4 - 5 可看出该指标大于 1，这证明从 t 到 t + 1，技术进步导致了 TFP 的增长。

TGEC 还可以分解为两个因子：TPEB 和 TPEC，这主要是 Fare et al. (1997)[①] 的贡献。下面进行解释。

（1）TPEB：基期技术进步效率。

对于 $TPEB = \dfrac{D_{o|c,s}^{t}(x^{t}, y^{t})}{D_{o|c,s}^{t+1}(x^{t}, y^{t})}$，它度量的是：给定基期的观察点 $A(x^{t}, y^{t})$，由于技术从 "$S^{t}|c, s$" 进步到 "$S^{t+1}|c, s$" 所导致的技术效率的变化率。

Fare et al. (1997) 将其称为技术变化的数量指数，但这和其该指标含义的关系并不明显。我们将其命名为基期技术进步效率（Technology Progress Ef-

---

① Färe, Rolf, Emili Grifell-Tatj, Shawna Grosskoff, C. A. Knox Lovell. 1997. Biased Technical Change and the Malmquist Productivity Index. *The Scandinavian Journal of Economics*. 99 （1）, pp. 119 – 127.

ficiency of Base-period：TPEB）。在图 4 – 5 中，该指标可以表示为：$\dfrac{Oa/Od}{Oa/Oh}=\dfrac{Oh}{Od}$。

（2）TPEC：技术进步效率变化率

对于 TPEC $=\left[\dfrac{D_{o|c,s}^{t}(x^{t+1},x^{t+1})/D_{o|c,s}^{t+1}(x^{t+1},\ y^{t+1})}{D_{o|c,s}^{t}(x^{t},\ y^{t})/D_{o|c,s}^{t+1}(x^{t},\ y^{t})}\right]^{1/2}$，中括号中的分子度量的是：给定 t + 1 期的观察点 $B(x^{t+1},\ y^{t+1})$，由于技术从"$S^{t}|c,\ s$"进步到"$S^{t+1}|c,\ s$"所导致的技术效率的变化率，即 t + 1 期的技术进步效率，表现在图 4 – 5 中，则是：$\dfrac{Ob/Of}{Ob/Oj}=\dfrac{Oj}{Of}$。

分子度量的是：t 期的技术进步效率，在图 4 – 5 中表现为 $\dfrac{Oa/Od}{Oa/Oh}=\dfrac{Oh}{Od}$。

这样，TPEC 的含义是：从 t 时期到 t + 1 时期的技术进步效率的变化率。我们将其称为技术进步效率变化率（TPE Change：TPEC）。在图 4 – 5 中，该指标可表示为：TPEC $=\left(\dfrac{Oj/Of}{Oh/Od}\right)^{1/2}$

按照 Fare et al.（1997），该指标可以分解为如下两个指标：OBTPEC 和 IBTPEC。

①OBTPEC：产出偏离型技术进步效率变化率。

对于 OBTPEC $=\left[\dfrac{D_{o|c,s}^{t}(x^{t+1},\ y^{t+1})\ /D_{o|c,s}^{t+1}(x^{t+1},\ y^{t+1})}{D_{o|c,s}^{t}(x^{t+1},\ y^{t})\ /D_{o|c,s}^{t+1}(x^{t+1},\ y^{t})}\right]^{1/2}$，中括号中的分子表明的是：给定投入水平 x^{t+1}，若产量为 y^{t+1}，则以点（$x^{t+1},\ y^{t+1}$）（即点 B）为观察点，技术从"$S^{t}|c,\ s$"进步到"$S^{t+1}|c,\ s$"所导致的技术进步效率；在图 4 – 5 中表现为 $\dfrac{Ob/Of}{Ob/Oj}=\dfrac{Oj}{Of}$。

分母则表明，给定投入水平 x^{t+1}，若产量为 y^{t}，则以点（$x^{t+1},\ y^{t}$）为观察点，技术从"$S^{t}|c,\ s$"进步到"$S^{t+1}|c,\ s$"所导致的技术进步效率，在图 4 – 5 中表现为：$\dfrac{Oa/Of}{Oa/Oj}=\dfrac{Oj}{Of}$。

分子分母都将投入水平固定在 x^{t+1}，从而排除了投入的影响；但由于技术的变化，产出水平在两个时期不同，从而导致了技术进步效率的不同。

这样 OBTPEC 的内涵可理解为：给定投入不变，由技术进步所导致的产出水平的变化所导致的技术进步效率的变化率。我们将其称为产出偏离型技术进步效率变化率（Output Biased TPEC，OBTPEC）。Fare et al.（1997）将其命名为技术进步的产出偏离（Output Bias of Technical Change），但我们认为其字面含义并不明显。

但令我们疑惑的是，通过图 4－5 的线段来表示时，该指标的分子和分母相等，从而该指标恒等于 1。这样，Fare et al.（1997）的分解可能需要进一步改进。

②IBTPEC：投入偏离型技术进步效率变化率。

对于 $IBTPEC = \left[\dfrac{D^t_{o|c,s}(x^{t+1}, y^t)/D^{t+1}_{o|c,s}(x^{t+1}, y^t)}{D^t_{o|c,s}(x^t, y^t)/D^{t+1}_{o|c,s}(x^t, y^t)}\right]^{1/2}$，中括号中的分母表明的是：给定产出水平 y^t，若投入水平为 x^t，则以点（x^t, y^t）（即点 A）为观察点，技术从"$S^t|c, s$"进步到"$S^{t+1}|c, s$"所导致的技术进步效率；在图 4－5 中，表现为：$\dfrac{Oa/Of}{Oa/Oj} = \dfrac{Oj}{Of}$。

分子则表明，给定产出水平 y^t，若投入水平为 x^{t+1}，则以点（x^{t+1}, y^t）为观察点，技术从"$S^t|c, s$"进步到"$S^{t+1}|c, s$"所导致的技术进步效率。在图 4－5 中表现为：$\dfrac{Oa/Od}{Oa/Oh} = \dfrac{Oh}{Od}$

分子分母都将产出水平固定在 y^t，从而排除了产出的影响；但由于技术的进步，投入水平在两个时期不同，从而导致了技术进步效率的不同。

因此，IBTPEC 的含义可理解为：给定产出不变，由技术进步所导致的投入水平的变化所导致的技术进步效率的变化率。在图 4－5 中，表现为：$\left(\dfrac{Oj/Of}{Oh/Od}\right)^{1/2}$。我们将其称为投入偏离型技术进步效率变化率（Input Biased TPEC，IBTPEC）。Fare et al.（1997）将其命名为技术进步的投入偏离（input bias of technical change），但其字面含义同样不明显。

另外，在 Lovell（2003）中，IBTPEC 采取如下表达式：$\left[\dfrac{D^{t+1}_{o|c,s}(x^t, y^t)/D^t_{o|c,s}(x^t, y^t)}{D^{t+1}_{o|c,s}(x^{t+1}, y^t)/D^t_{o|c,s}(x^{t+1}, y^t)}\right]^{1/2}$，这种形式与技术进步的产出偏离的形式不统一，其经济含义也不明显，为此我们将其修正过来，这样也能保持与 Fare et al.（1997）的一致性，他们本来就是这么表达技术进步的产出偏离的。

（三）指标体系二

下面介绍第二种分解方法，该方法主要由 Lovell（2003）所探讨[①]。根据 MPI 的定义式，得到：

---

① Lovell，C. A. K. 2003. The Decomposition of Malmquist Productivity Indexes. Journal of Productivity Analysis. 20，pp. 437－458.

$$MPI_{o|c,s}^{t,t+1} = (x^t, y^t, x^{t+1}, y^{t+1})$$

$$= \underbrace{\frac{D_{o|v,s}^{t+1}(x^{t+1}, y^{t+1})}{D_{o|v,s}^t(x^t, y^t)}}_{\text{记为TEC}} \underbrace{\left[\frac{D_{o|v,s}^t(x^{t+1}, y^{t+1})}{D_{o|v,s}^{t+1}(x^t, y^t)} \times \frac{D_{o|v,s}^t(x^t, y^t)}{D_{o|v,s}^{t+1}(x^{t+1}, y^{t+1})}\right]^{1/2}}_{\text{记为TPE}}$$

$$\times \left[\frac{D_{o|c,s}^t(x^{t+1}, y^{t+1}) / D_{o|v,s}^t(x^{t+1}, y^{t+1})}{D_{o|c,s}^t(x^t, y^t) / D_{o|v,s}^t(x^t, y^t)}\right.$$

$$\left.\times \frac{D_{o|c,s}^{t+1}(x^{t+1}, y^{t+1}) / D_{o|v,s}^{t+1}(x^{t+1}, y^{t+1})}{D_{o|c,s}^{t+1}(x^t, y^t) / D_{o|v,s}^{t+1}(x^t, y^t)}\right]^{1/2}$$

$$= TEC \times TPE \times \underbrace{\left[\frac{ERS^t(x^{t+1}, y^{t+1})}{ERS^t(x^t, y^t)} \times \frac{ERS^{t+1}(x^{t+1}, y^{t+1})}{ERS^{t+1}(x^t, y^t)}\right]^{1/2}}_{\text{记为ERSC}}$$

$$= TEC \times TPE \times ERSC \tag{4-46}$$

放宽要素投入具有强可处置性的假设，允许投入要素具有弱可处置性，则上式 TEC 可以再分解如下。

$$TEC = \frac{D_{o|v,s}^{t+1}(x^{t+1}, y^{t+1})}{D_{o|v,s}^t(x^t, y^t)} \underbrace{\left[\frac{D_{o|v,w}^{t+1}(x^{t+1}, y^{t+1})}{D_{o|v,w}^t(x^t, y^t)} \Big/ \frac{D_{o|v,w}^{t+1}(x^{t+1}, y^{t+1})}{D_{o|v,w}^t(x^t, y^t)}\right]}_{\text{等于1}}$$

$$= \underbrace{\frac{D_{o|v,w}^{t+1}(x^{t+1}, y^{t+1})}{D_{o|v,w}^t(x^t, y^t)}}_{\text{记为PTEC}} \underbrace{\left[\frac{D_{o|v,s}^{t+1}(x^{t+1}, y^{t+1})}{D_{o|v,s}^t(x^t, y^t)} \Big/ \frac{D_{o|v,w}^{t+1}(x^{t+1}, y^{t+1})}{D_{o|v,w}^t(x^t, y^t)}\right]}_{\text{记为IDEC}}$$

$$= PTEC \times IDEC \tag{4-47}$$

对 ERSC 的分解是 Lovell（2003）的主要贡献。其方法如下，令 $\mu = [D_{o|v,s}^t(x^{t+1}, y^t)]^{-1}$，满足 $D_{o|v,s}^t(x^{t+1}, \mu y^t) = D_{o|v,s}^t[x^{t+1}, y^{t+1}/D_{o|v,s}^t(x^{t+1}, y^{t+1})] = 1$。这使得 μy^t 和 y^{t+1} 处于同一等产量线（Output Isoquant）上。定义 $\lambda = [D_{i|v,s}^t(\mu y^t, x^t)]^{-1}$，满足 $D_{o|v,s}^t(\lambda x^t, \mu y^t) = D_{o|v,s}^t[x^{t+1}, y^{t+1}/D_{o|v,s}^t(x^{t+1}, y^{t+1})] = 1$。这使得 λx^t 和 x^{t+1} 处于同一等投入线（Input Isoquant）上。

利用产出距离函数对于产出的正一阶齐次性，即：对于任意 $\alpha > 0$，有 $D_o(x^t, \alpha y^t) = \alpha D_o(x^t, y^t)$，我们将 ERSC 分解如下：

$$ERSC(x^t, y^t, x^{t+1}, y^{t+1}) = \left[\frac{D_{o|c,s}^t(\lambda x^t, \mu y^t) / D_{o|v,s}^t(\lambda x^t, \mu y^t)}{D_{o|c,s}^t(x^t, y^t) / D_{o|v,s}^t(x^t, y^t)}\right.$$

$$\left.\times \frac{D_{o|c,s}^{t+1}(\lambda x^t, \mu y^t) / D_{o|v,s}^{t+1}(\lambda x^t, \mu y^t)}{D_{o|c,s}^{t+1}(x^t, y^t) / D_{o|v,s}^{t+1}(x^t, y^t)}\right]^{1/2}$$

$$\times \left[\frac{D_{o|c,s}^t(x^{t+1}, y^{t+1}) / D_{o|v,s}^t(x^{t+1}, y^{t+1})}{D_{o|c,s}^t(x^{t+1}, \mu y^t) / D_{o|v,s}^t(x^{t+1}, \mu y^t)}\right.$$

$$\left.\times \frac{D_{o|c,s}^{t+1}(x^{t+1}, y^{t+1}) / D_{o|v,s}^{t+1}(x^{t+1}, y^{t+1})}{D_{o|c,s}^{t+1}(x^t, \mu y^t) / D_{o|v,s}^{t+1}(x^t, \mu y^t)}\right]^{1/2}$$

$$\times \left[\frac{D^t_{oc}(x^{t+1},\ y^t)/D^t_{o|v,s}(x^{t+1},\ y^t)}{D^t_{o|c,s}(\lambda x^t,\ y^t)/D^t_{o|v,s}(\lambda x^t,\ y^t)} \right.$$

$$\left. \times \frac{D^{t+1}_{o|c,s}(x^{t+1},\ y^t)/D^{t+1}_{o|v,s}(x^{t+1},\ y^t)}{D^{t+1}_{o|c,s}(\lambda x^t,\ y^t)/D^{t+1}_{o|v,s}(\lambda x^t,\ y^t)} \right]^{1/2}$$

$$= \underbrace{\left[\frac{ERS^t(\lambda x^t,\mu y^t)}{ERS^t(x^t,\ y^t)} \times \frac{ERS^{t+1}(\lambda x^t,\mu y^t)}{ERS^{t+1}(x^t,\ y^t)} \right]^{1/2}}_{\text{记为 RERSC}}$$

$$\times \underbrace{\left[\frac{ERS^t(x^{t+1},\ y^{t+1})}{ERS^t(x^{t+1},\mu y^t)} \times \frac{ERS^{t+1}(x^{t+1},\ y^{t+1})}{ERS^{t+1}(x^{t+1},\mu y^t)} \right]^{1/2}}_{\text{记为 OOERSC}}$$

$$\times \underbrace{\left[\frac{ERS^t(x^{t+1},\ y^t)}{ERS^t(\lambda x^t,\ y^t)} \times \frac{ERS^{t+1}(x^{t+1},\ y^t)}{ERS^{t+1}(\lambda x^t,\ y^t)} \right]^{1/2}}_{\text{记为 IOERSC}}$$

$$= RERSC \times OOERSC \times IOERSC \qquad\qquad (4-48)$$

按照与分解一完全相同的方法,式 4 – 46 右边第二项 TPE 也可以再分解。但不同的是,指标体系一的参考技术是 CRS,而这里的参考技术则是 VRS。分解如下:

$$TPE = \underbrace{\frac{D^t_{o|v,s}(x^t,\ y^t)}{D^{t+1}_{o|v,s}(x^t,\ y^t)}}_{\text{记为 TPEB}} \underbrace{\left[\frac{D^t_{o|v,s}(x^{t+1},\ y^{t+1})/D^{t+1}_{o|v,s}(x^{t+1},\ y^{t+1})}{D^t_{o|v,s}(x^{t+1},\ y^t)/D^{t+1}_{o|v,s}(x^{t+1},\ y^t)} \right]^{1/2}}_{\text{记为 OBTPEC}}$$

$$\underbrace{\left[\frac{D^t_{o|v,s}(x^{t+1},\ y^t)/D^{t+1}_{o|v,s}(x^{t+1},\ y^t)}{D^t_{o|v,s}(x^t,\ y^t)/D^{t+1}_{o|v,s}(x^t,\ y^t)} \right]^{1/2}}_{\text{记为 IBTPEC}}$$

$$= TPEB \times OBTPEC \times IBTPEC \qquad\qquad (4-49)$$

综合上述,我们得到 MPI 的完整分解式:

$$MPI^{t,t+1}_{c,s} = TEC \times ERSC \times TPE$$

$$= (PTEC \times IDEC) \times (RERSC \times OOERSC \times IOERSC)$$

$$\times (TPEB \times OBTPEC \times IBTPEC) \qquad\qquad (4-50)$$

仿照杜邦指标体系的形式,上述分解项如图 4 – 7 所示。

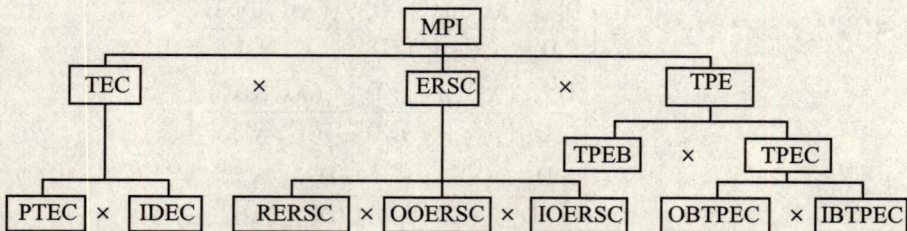

图 4 – 7 **MPI 指标体系一**

下面我们对上述各个指标进行解释。我们在指标体系一中已经演示了相关指标在图 4 - 5 中的表示法，鉴于方法的同一性，这里不再解释其示意图。

1. TEC：技术效率变化率

这里的 $TEC = \dfrac{D_{o|v,s}^{t+1}(x^{t+1}, y^{t+1})}{D_{o|v,s}^{t}(x^{t}, y^{t})}$ 其实就是分解一中的 PTES，其经济含义也一样。

这样，TEC 的两个分解因子 PTEC、IDEC 也就和 PTES 的两个分解因子完全一样。

2. ERSC：规模报酬效率变化率

回忆一下第一种分解中的 $ERSC = \dfrac{D_{o|c,s}^{t+1}(x^{t+1}, y^{t+1})}{D_{o|v,s}^{t+1}(x^{t+1}, y^{t+1})} / \dfrac{D_{o|c,s}^{t}(x^{t}, y^{t})}{D_{o|v,s}^{t}(x^{t}, y^{t})}$。但在这里，

$$ERSC = \left[\frac{D_{o|c,s}^{t}(x^{t+1}, y^{t+1})/D_{o|v,s}^{t}(x^{t+1}, y^{t+1})}{D_{o|c,s}^{t}(x^{t}, y^{t})/D_{o|v,s}^{t}(x^{t}, y^{t})} \times \frac{D_{o|c,s}^{t+1}(x^{t+1}, y^{t+1})/D_{o|v,s}^{t+1}(x^{t+1}, y^{t+1})}{D_{o|c,s}^{t+1}(x^{t}, y^{t})/D_{o|v,s}^{t+1}(x^{t}, y^{t})} \right]^{1/2}$$，中

括号内的第一项，分子表示：以点 $B(x^{t+1}, y^{t+1})$ 为观察点、以 t 期技术为参考技术所衡量的规模报酬效率；分母表示：以点 $A(x^{t}, y^{t})$ 为观察点、以 t 期技术为参考技术所衡量的规模报酬效率；二者之比表示：以 t 期技术为参考技术、当从 A 点移动到 B 点时规模报酬效率的变化率。同样的方式可以解读中括号中的第二项：以 t + 1 期技术为参考技术、当从 A 点移动到 B 点时规模报酬效率的变化率。这样，第二种分解中的 ERSC 其实是以两个时期的技术作为参考技术时的规模效率变化率的几何平均，以此来度量当从 A 点移动到 B 点时的规模效率变化率。

事实上，对于 ERSC 表达式，RD（1997）将其称为规模变化因子（Scale Change Factor），Lovell（2003）将其重命名为活动效应（Activity Effect）或容量效应（Volume Effect）。而我们则承袭上文的分析逻辑，将其命名为规模报酬效率变化率，因为这一指标是由于允许规模报酬从 CRS 变为 VRS 才产生的。不过，我们还是接受 Lovell（2003）的方法，将该指标分解为三项：RERSC、OOERSC、IOERSC。但我们试图赋予这些分解因子以新的经济含义。

（1）RERSC：径向规模报酬效率变化率。

先看 $RERSC = \left[\dfrac{ERS^{t}(\lambda x^{t}, \mu y^{t})}{ERS^{t}(x^{t}, y^{t})} \times \dfrac{ERS^{t+1}(\lambda x^{t}, \mu y^{t})}{ERS^{t+1}(x^{t}, y^{t})} \right]^{1/2}$，中括号中的第一个分母 $ERS^{t}(x^{t}, y^{t})$ 表示：以点 $A(x^{t}, y^{t})$ 为观察点，以 t 期技术作为参考技术所衡量的规模报酬效率；第二个分母 $ERS^{t+1}(x^{t}, y^{t})$ 表示：以点 $A(x^{t}, y^{t})$ 为观察点，以 t + 1 期技术作为参考技术所衡量的规模报酬效率。分子显然也是一种规模报酬效率，但具体是指什么意思呢？

我们先看 $ERS^t(\lambda x^t,\ \mu y^t)$，其完整的表达式为：$D^t_{o|c,s}(\lambda x^t,\ \mu y^t)\ /D^t_{o|v,s}$ $(\lambda x^t,\ \mu y^t)$。我们可以初步解读为：以点 $(\lambda x^t,\ \mu y^t)$ 为观察点，以 t 期技术作为参考技术所衡量的规模报酬效率。

这样，$\dfrac{ERS^t(\lambda x^t,\ \mu y^t)}{ERS^t(x^t,\ y^t)}$ 可以解读为：以 $A(x^t,\ y^t)$ 为观察点，将投入水平扩张 λ 倍，将产出扩张 μ 倍，使得投入产出组合变为 $(\lambda x^t,\ \mu y^t)$；以 t 期技术为参考技术，当从点 A 移动到点 $(\lambda x^t,\ \mu y^t)$ 时，规模报酬效率的变化率。

由于投入和产出同时扩张，属于一种径向（Radial）扩张，因此该规模报酬效率变化率可以称为径向规模报酬效率变化率（Radial ERSC：RERSC）。Lovell（2003）则将其称为径向规模经济效应（Radial Scale Economies Effect）。

同样，$\dfrac{ERS^{t+1}(\lambda x^t,\ \mu y^t)}{ERS^{t+1}(x^t,\ y^t)}$ 的含义为：以 t + 1 期技术为参考技术，当从点 A 移动到点 $(\lambda x^t,\ \mu y^t)$ 时的径向规模报酬效率变化率。

至此，$ERSC=\left[\dfrac{ERS^t(\lambda x^t,\ \mu y^t)}{ERS^t(x^t,\ y^t)}\times\dfrac{ERS^{t+1}(\lambda x^t,\ \mu y^t)}{ERS^{t+1}(x^t,\ y^t)}\right]^{1/2}$ 的含义便清晰了，它其实是以两个时期技术作为参考技术时的径向规模报酬效率变化率的几何平均。

（2）OOERSC：产出导向型规模报酬效率变化率。

对于 $OOERSC=\left[\dfrac{ERS^t(x^{t+1},\ y^{t+1})}{ERS^t(x^{t+1},\ \mu y^t)}\times\dfrac{ERS^{t+1}(x^{t+1},\ y^{t+1})}{ERS^{t+1}(x^{t+1},\ \mu y^t)}\right]^{1/2}$，中括号中的第一个分子 $ERS^t(x^{t+1},\ y^{t+1})$ 表示：以点 $B(x^{t+1},\ y^{t+1})$ 为观察点，以 t 期技术作为参考技术所衡量的规模报酬效率；第二个分子 $ERS^{t+1}(x^{t+1},\ y^{t+1})$ 表示：以点 $B(x^{t+1},\ y^{t+1})$ 为观察点，以 t + 1 期技术所衡量的规模报酬效率。

采用与 RERSC 相似的解释逻辑，第一个分母 $ERS^t(x^{t+1},\ \mu y^t)$ 的含义为：以点 $(x^{t+1},\ \mu y^t)$ 为观察点，以 t 期技术作为参考技术所衡量的规模报酬效率。从而 $\dfrac{ERS^t(x^{t+1},\ y^{t+1})}{ERS^t(x^{t+1},\ \mu y^t)}$ 度量的是：以点 $(x^{t+1},\ y^t)$ 为初始点，将投入水平固定在 x^{t+1} 水平上，而将产出水平自由扩张 μ 倍，使得投入产出组合变为 $(x^{t+1},\ \mu y^t)$；以 t 期技术为参考技术，当从点 $(x^{t+1},\ \mu y^t)$ 移动到点 $B(x^{t+1},\ y^{t+1})$ 时，规模报酬效率的变化率。

由于在上述移动中，仅移动产出水平而投入水平保持不变，因此将这种效率变化率称为产出导向型规模报酬效率变化率（Output Oriented ERSC，OO-ERSC）。Lovell（2003）则称为产出混合效应（Output Mix Effect）。

同样，$\dfrac{ERS^{t+1}(x^{t+1},\ y^{t+1})}{ERS^{t+1}(x^{t+1},\ \mu y^t)}$ 度量的是：以 $t+1$ 期技术为参考技术，当从点 $(x^{t+1},\ \mu y^t)$ 移动到点 $B(x^{t+1},\ y^{t+1})$ 时的产出导向型规模报酬效率变化率。

而 $OOERSC=\left[\dfrac{ERS^t(x^{t+1},\ y^{t+1})}{ERS^t(x^{t+1},\ \mu y^t)}\times\dfrac{ERS^{t+1}(x^{t+1},\ y^{t+1})}{ERS^{t+1}(x^{t+1},\ \mu y^t)}\right]^{1/2}$ 的含义则为：以两个时期技术作为参考技术时的产出导向型规模报酬效率变化率的几何平均。

如果 $y^{t+1}=\mu y^t$，则 $OOERSC=1$，产出导向型规模报酬效率变化率对 MPI 没有贡献。

（3）IOERSC：投入导向型规模报酬变化率。

有了上述解释，对 $IOERSC=\left[\dfrac{ERS^t(x^{t+1},\ y^t)}{ERS^t(\lambda x^t,\ y^t)}\times\dfrac{ERS^{t+1}(x^{t+1},\ y^t)}{ERS^{t+1}(\lambda x^t,\ y^t)}\right]^{1/2}$ 的解释就容易多了。中括号中的第一项的含义为：以点 $(x^{t+1},\ y^t)$ 为初始点，将产出水平固定在 y^t 水平上，而将投入水平自由扩张 λ 倍，使得投入产出组合变为 $(\lambda x^t,\ y^t)$；以 t 期技术为参考技术，当从点 $(\lambda x^t,\ y^t)$ 移动到点 $(x^{t+1},\ y^t)$ 时，规模报酬效率的变化率。

由于在上述移动中，仅移动投入水平而产出水平保持不变，因此将这种效率变化率称为投入导向型规模报酬效率变化率（Input Oriented ERSC，IOERSC）。Lovell（2003）则称为投入混合效应（Input Mix Effect）。

同样，中括号中的第二项度量的是：以 $t+1$ 期技术为参考技术，当从点 $(\lambda x^t,\ y^t)$ 移动到点 $(x^{t+1},\ y^t)$ 时，规模报酬效率的变化率。

由此，$IOERSC=\left[\dfrac{ERS^t(x^{t+1},\ y^t)}{ERS^t(\lambda x^t,\ y^t)}\times\dfrac{ERS^{t+1}(x^{t+1},\ y^t)}{ERS^{t+1}(\lambda x^t,\ y^t)}\right]^{1/2}$ 的含义为：以两个时期技术作为参考技术时的投入导向型规模报酬效率变化率的几何平均。

如果 $x^{t+1}=\lambda x^t$，则 $IOERSC=1$，投入导向型规模报酬效率变化率对 MPI 没有贡献。

更特别的，如果 $x^{t+1}=\lambda x^t$ 并且 $y^{t+1}=\mu y^t$，则 ERSC 回归原来的形式。

3. TPE：技术进步效率

对技术进步变化率及其三个分解因子的解释逻辑将与指标体系一的解释完全相似，唯一的不同在于：此时的参考技术是 VRS 技术，而不是 CRS 技术。因此我们略去详细分析。

（四）指标体系三

第三种指标体系来自 Zofio（2006）[①]，他的贡献在于区分了规模报酬效率

---

① Zofio，J. L. 2006. Malmquist Producitivity Index Decompositions：A Unifying Framework. Working Paper.

ERS 和规模效率 SE（Scale Efficiency）以及它们的变化率。这种区别非常类似于技术效率和技术进步效率以及它们的变化率。Zofio 和 Lovell（1998）[①] 曾经提出这种观点，可惜的是，但虽被广泛引用却无法正式发表，为此，Zofio（2004）再次强调这种观点，但直至 2006 年仍未发表。我们这里的分解主要参考了 Zofio（2006）的工作论文。

Zofio（2006）注意到，对 MPI 的定义是基于 CRS 技术的。但为什么要强加这种技术限制呢？原因在于：Malmquist 指数要能够成为一种生产率指数，必须满足一些性质，其中最重要的一个性质就是比例性质（Proportionality Property）。该性质对生产率指数提出了如下要求：如果产出从一个时期到另一个时期增加相同的比例，但投入保持不变，那么生产率指数将增加相同的比例；相应的，如果投入从一个时期到另一个时期减少相同的比例，但保持产出不变，那么生产率指数也应该增加相同的比例。对于 MPI，比例性质要求构成 MPI 的距离函数具有如下特征：对产出来说具有正一阶齐次性，对投入来说具有负一阶齐次性。就意味着，基准技术（Benchmark Technology）的特征为固定规模报酬 CRS。

但前面两种指标体系中的基准技术 $S^t = \{(x^t, y^t): x^t$ 可以生产 $y^t\}$ 并不保证 CRS。为此，Zofio 将基准技术修正如下：

$$\breve{S}^t = \{(\lambda x^t, \lambda y^t): (x^t, y^t) \in S^t, \lambda > 0\}$$

Zofio 将该技术称为支撑虚拟锥技术（Supporting Virtual Cone Technology）。

对于任意 $\lambda > 0$，$(x, y) \in S^t$ 意味着 $(\lambda x, \lambda y) \in \breve{S}^t$。当 $\lambda = 1$ 时，$\breve{S}^t$ 等同于 S^t。如果产出距离函数定义在该技术上，那么产出距离函数对产出而言具有正一阶齐次性，对投入而言则具有负一阶齐次性，因此可以使得基于 CRS 技术的任何 Malmquist 指数成为生产率指数。

基于该技术的产出距离函数可定义如下：

$$D^t_{ols}(x^t, y^t) = \inf_{\theta} \{\theta > 0: (x^t, y^t/\theta) \in \breve{S}^t\} \tag{4-51}$$

其中，D^t_{ols} 的下标"s"表示所参考的技术为 $\breve{S}^t$ 所示的支撑虚拟锥技术，有别于前文的"v"、"c"技术。

回忆一下，定义在 S^t 基础上的 $D^t_o(x^t, y^t)$ 所比较的是现有（实际）产出

① Zofio, J. L. 1998. Yet Another Malmquist Productivity Index Decomposition. Mimeo.

水平与最大产出水平，即技术效率。但定义在 $\tilde{S}^t$ 的 $D_{o|s}^t$ 则有所不同，Balk（2001）[1] 表明，$D_{o|s}^t$ 允许我们以运行在最具生产力的规模水平（Most Productive Scale Sizes，MPSS）上的、生产过程具有局部 CRS 特征的企业为基础来度量企业的生产效率，不仅包括技术效率的比较，而且包括规模效率的比较。如果 $D_{o|s}^t(x^t, y^t) = 1$，那么无论是从技术的角度还是从规模的角度，都不可能获得生产率提高。然而，如果 $D_{o|s}^t(x^t, y^t) < 1$，则企业生产是无效的，我们可以通过提高技术的或者是规模的效率或二者同时提高来获得生产率增长。

在此基础上，令投入具有强可处置性，则以几何平均数表示的 MPI 可定义如下：

$$\mathrm{MPI}_{o|s,s}^{t,t+1} = \left[\frac{D_{o|s,s}^t(x^{t+1}, y^{t+1})}{D_{o|s,s}^t(x^t, y^t)} \times \frac{D_{o|s,s}^{t+1}(x^{t+1}, y^{t+1})}{D_{o|s,s}^{t+1}(x^t, y^t)} \right]^{1/2} \qquad (4-52)$$

我们首先对上式右边项进行分解。

$$右边项 = \underbrace{\frac{D_{o|v,s}^{t+1}(x^{t+1}, y^{t+1})}{D_{o|v,s}^t(x^t, y^t)}}_{记为TEC} \underbrace{\left[\frac{D_{o|s,s}^t(x^{t+1}, y^{t+1})}{D_{o|s,s}^{t+1}(x^t, y^t)} \times \frac{D_{o|s,s}^t(x^t, y^t)}{D_{o|s,s}^{t+1}(x^{t+1}, y^{t+1})} \right]^{1/2}}_{记为TPE}$$

$$\times \underbrace{\left[\frac{D_{o|s,s}^t(x^{t+1}, y^{t+1})/D_{o|v,s}^t(x^{t+1}, y^{t+1})}{D_{o|s,s}^t(x^t, y^t)/D_{o|v,s}^t(x^t, y^t)} \times \frac{D_{o|s,s}^{t+1}(x^{t+1}, y^{t+1})/D_{o|v,s}^{t+1}(x^{t+1}, y^{t+1})}{D_{o|s,s}^{t+1}(x^t, y^t)/D_{o|v,s}^{t+1}(x^t, y^t)} \right]^{1/2}}_{记为ERSC}$$

$$= TEC \times TPE \times ERSC \qquad (4-53)$$

TEC 与第二种分解中的完全一样，因此可再分解如下：

$$TEC = \underbrace{\frac{D_{o|v,w}^{t+1}(x^{t+1}, y^{t+1})}{D_{o|v,w}^t(x^t, y^t)}}_{记为PTEC} \underbrace{\left[\frac{D_{o|v,s}^{t+1}(x^{t+1}, y^{t+1})}{D_{o|v,s}^t(x^t, y^t)} \bigg/ \frac{D_{o|v,w}^{t+1}(x^{t+1}, y^{t+1})}{D_{o|v,w}^t(x^t, y^t)} \right]}_{记为IDEC}$$

$$= PTEC \times IDEC \qquad (4-54)$$

TPE 则和第一种分解中的类似，只是基准技术为"s"技术，同样可以分解如下：

$$TPE = \underbrace{\frac{D_{o|s,s}^t(x^t, y^t)}{D_{o|s,s}^{t+1}(x^t, y^t)}}_{记为TPEB} \underbrace{\left[\frac{D_{o|s,s}^t(x^{t+1}, x^{t+1})/D_{o|s,s}^{t+1}(x^{t+1}, y^{t+1})}{D_{o|s,s}^t(x^t, y^t)/D_{o|s,s}^{t+1}(x^t, y^t)} \right]^{1/2}}_{记为TPEC}$$

$$= TPEB \times TPEC \qquad (4-55)$$

其中的 TPEC 也可分解如下：

$$TPEC = \underbrace{\left[\frac{D_{o|s,s}^t(x^{t+1}, y^{t+1})/D_{o|s,s}^{t+1}(x^{t+1}, y^{t+1})}{D_{o|s,s}^t(x^{t+1}, y^t)/D_{o|s,s}^{t+1}(x^{t+1}, y^t)} \right]^{1/2}}_{记为OBTPEC} \underbrace{\left[\frac{D_{o|s,s}^{t+1}(x^t, y^t)/D_{o|s,s}^t(x^t, y^t)}{D_{o|s,s}^{t+1}(x^{t+1}, y^t)/D_{o|s,s}^t(x^{t+1}, y^t)} \right]^{1/2}}_{记为IBTPEC}$$

① Balk. B. M. 2001. Scale Efficiency and Productivity Change. *Journal of Productivity Anylysis.* 15（3），pp. 159 – 183.

$$= \text{OBTPEC} \times \text{IBTPEC} \tag{4-56}$$

ERSC 可以分解如下：

$$\text{ERSC} = \underbrace{\left[\frac{D_{o|s,s}^{t}(x^{t}, y^{t})/D_{o|v,s}^{t}(x^{t}, y^{t})}{D_{o|s,s}^{t+1}(x^{t}, y^{t})/D_{o|v,s}^{t+1}(x^{t}, y^{t})} \times \frac{D_{o|s,s}^{t}(x^{t+1}, y^{t+1})/D_{o|v,s}^{t}(x^{t+1}, y^{t+1})}{D_{o|s,s}^{t+1}(x^{t+1}, y^{t+1})/D_{o|v,s}^{t+1}(x^{t+1}, y^{t+1})}\right]^{1/2}}_{\text{记为TPOSEC}}$$

$$\times \underbrace{\left[\frac{D_{o|s,s}^{t+1}(x^{t+1}, y^{t+1})/D_{o|s,s}^{t+1}(x^{t}, y^{t+1})}{D_{o|s,s}^{t}(x^{t}, y^{t})/D_{o|s,s}^{t}(x^{t}, y^{t})}\right]}_{\text{记为SEC}}$$

$$= \text{TPOSEC} \times \text{SEC} \tag{4-57}$$

综合上述，我们得到 MTFPI 的完整分解式为：

$$\text{MPI}_{c,s}^{t,t+1} = \text{TEC} \times \text{ERSC} \times \text{TPE} = (\text{PTEC} \times \text{IDEC})$$
$$\times (\text{SEC} \times \text{TPOSEC}) \times (\text{TPEB} \times \text{OBTPEC} \times \text{IBTPEC}) \tag{4-58}$$

上述分解项如图 4-8 所示。

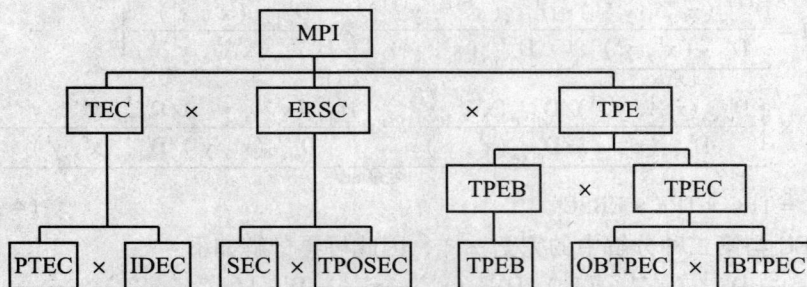

图 4-8　MPI 指标体系三

在解释上述分解因子的经济意义之前，我们首先给出图 4-9。

图 4-9 与图 4-5 的不同之处仅在于：上图的基准技术是 $S^t|s，s$，而图 4-5 的基准技术则是 $S^t|c，s$，后者是前者的特例。除此之外，其他地方完全相同。因此，我们也不再给出各指标在图中的表示法。

1. TEC：技术效率变化率

对 TEC 及其两个构成（PTEC 和 IDEC）的解释与体系二相同，这里略。

2. TPE：技术进步效率

对 TPE 及其三个构成（TPEB、OBTPEC、IBTPEC）的解释与体系二相同，这里略。

3. ERSC：规模报酬效率变化率

指标体系三与指标体系二的不同之处主要体现在这部分。前文我们曾经指出 Zofio（2006）的主要贡献在于区分规模效率及其变化率、规模报酬效率（ERSC）及其变化率。现在看看他是如何做到这点的。

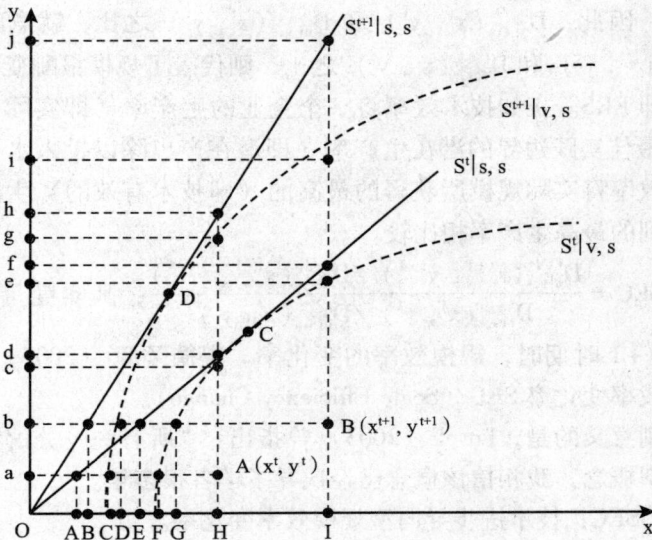

图 4 - 9   MPI 的 Zofio 分解

ERSC 的形式与指标体系二中的 ERSC 非常相似，只是技术基准不同，因此其解释也相同。重点在于其分解项的经济解释。

（1）SEC：规模效率变化率。

我们首先作如下定义：规模效率 SE（Scale Efficiency）是指由于次优规模（也就是偏离能够产生最大生产率的规模）所导致的生产率差异。

以点 $A(x^t, y^t)$ 为观察点，以 t 期技术为参考技术，则对应的 SE 可度量如下：

$$SE^t(x^t, y^t) = \frac{D_{o|s,s}^t(x^t, y^t)}{D_{o|v,s}^t(x^t, y^t)} \qquad (4-59)$$

式中，分母 $D_{o|v,s}^t(x^t, y^t)$ 反映在观察点处，以 t 期的最佳实践技术为参考的技术效率；$D_{o|s,s}^t(x^t, y^t)$ 反映在观察点处，以 t 期的虚拟锥技术为参考的技术效率。因此，规模效率是指：给定同一观察点（投入产出组合），由于规模报酬的变化所导致的技术效率的变化率。

这里需要区分 SEC 和我们前面曾经介绍的规模报酬效率 ERS。ERS 表达式为：

$$ERS = \frac{D_{o|c,s}^t(x^t, y^t)}{D_{o|v,s}^t(x^t, y^t)} \qquad (4-60)$$

除了"s"技术和"c"技术的区别外，两个表达式完全一样。为什么前者称为 SE 而后者称为 ERS？原因就在于，根据 Balk（2001），$D_{o|s,s}^t(x^t, y^t)$ 不仅包括技术效率而且包括规模效率；而 $D_{o|c,s}^t(x^t, y^t)$ 和 $D_{o|v,s}^t(x^t, y^t)$ 都仅代

表技术效率；因此，$D_{o|s,s}^t(x^t, y^t)$ 和 $D_{o|v,s}^t(x^t, y^t)$ 之比，就意味着规模效率；而 $D_{o|c,s}^t(x^t, y^t)$ 和 $D_{o|v,s}^t(x^t, y^t)$ 之比，则代表了规模报酬变动所导致的效率变化，即 ERS。正如技术效率将一个企业的生产率（即实际产出除以投入水平）与最佳实践边界的潜在生产率（即潜在产出除以投入水平）相比较一样，规模效率将实际规模所获得的最高的（即技术有效的）生产率与最优规模所观察到的最高生产率相比较。

由此，$SEC = \dfrac{D_{o|s,s}^{t+1}(x^{t+1}, y^{t+1}) / D_{o|s,s}^{t+1}(x^{t+1}, y^{t+1})}{D_{o|s,s}^t(x^t, y^t) / D_{o|s,s}^t(x^t, y^t)}$，其实度量的便是从 t 时期移动到 t + 1 时期时，规模效率的变化率。遵循 Zofio（2006），我们也将其称为规模效率变化率 SEC（Scale Efficiency Change）。

具有讽刺意义的是，Lovell（2003）曾指出："所有……分解都抛弃了规模效率变化率概念，我相信该概念已经误导了学者很多年。"

（2）TPOSEC：技术进步导向型规模效率变化率。

$$TPOSEC = \left[\frac{D_{o|s,s}^t(x^t, y^t)/D_{o|v,s}^t(x^t, y^t)}{D_{o|s,s}^{t+1}(x^t, y^t)/D_{o|v,s}^{t+1}(x^t, y^t)} \times \frac{D_{o|s,s}^t(x^{t+1}, y^{t+1})/D_{o|v,s}^t(x^{t+1}, y^{t+1})}{D_{o|s,s}^{t+1}(x^{t+1}, y^{t+1})/D_{o|v,s}^{t+1}(x^{t+1}, y^{t+1})} \right]^{1/2}$$

的含义为：与比较期间企业相关的技术变动所导致的规模效率生产率变动。Zofio 将其称为技术变化的规模偏离（Scale-bias-of technical change），但我们宁可将其称为技术进步导向型规模效率变化率（TPOSEC）。

因为，中括号中第一项的分子，表明的是：以点 $A(x^t, y^t)$ 为观察点，以 t 期技术为参考技术的规模效率；分母表明的是：以点 $A(x^t, y^t)$ 为观察点，以 t + 1 期技术为参考技术的规模效率。这样，第一项的含义为：给定点 A (x^t, y^t)，由于技术从 t 期进步到 t + 1 期，所导致的规模效率的变化率。中括号内第二项的含义为：给定点 $B(x^{t+1}, y^{t+1})$，由于技术从 t 期进步到 t + 1 期，所导致的规模效率的变化率。这样，TPOSEC 是以几何平均的形式来度量由于技术进步所导致的规模效率变化率。

三、联合导向型 Malmqusit 生产率指数法

上述 MPI 都是局部导向型的，更具体的是产出导向型（本书忽略投入导向型）。与之相对的是联合导向型 MPI，也称 Malmquist TFP Index，简记为 MTFPI，有别于上文的 Malmquist 生产率指数 MPI。MTFPI 是麦氏产出数量指数与麦氏投入数量指数的比率。根据 Lovell（2003）的解释，虽然 MTFPI 由 Bjurek 早在 1994 年提出，但其后的学者并未能提供相关的分解。下面将主要引入 Lovell（2003）的分解方法。

首先定义 t 期的产出数量指数如下：

$$Y_{o|v,s}^t(x^t, y^t, y^{t+1}) = \frac{D_{o|v,s}^t(x^t, y^{t+1})}{D_{o|v,s}^t(x^t, y^t)} \tag{4-61}$$

定义 t 期的投入数量指数如下：

$$X_{i|v,s}^t(y^t, x^t, x^{t+1}) = \frac{D_{i|v,s}^t(y^t, x^{t+1})}{D_{i|v,s}^t(y^t, x^t)} \tag{4-62}$$

定义 t 期的 MTFPI 如下：

$$MTFPI_{o,i|v,s}^t = \frac{Y_{o|v,s}^t(x^t, y^t, y^{t+1})}{X_{i|v,s}^t(y^t, x^t, x^{t+1})} \tag{4-63}$$

其中，下标"o"表示产出，"i"表示投入，"v"表示最佳实践技术，一般表现为 VRS；"s"表示强投入处置性，上标"t"表示时期。$MTFPI_{o,i|v,s}^t >=< 1$ 分别对应在 t 期到 t+1 期之间的 TFP 增长、停滞或衰退。

出于分析的方便，我们先不考虑 t 期和 t+1 期指数的几何平均，仅考虑 t 期的指数。

（一）单期 MTFPI 的指标体系

先将 $Y_{o|v,s}^t(x^t, y^t, y^{t+1})$ 分解如下：

$$Y_{o|v,s}^t(x^t, y^t, y^{t+1}) = \underbrace{\frac{D_{o|v,s}^{t+1}(x^{t+1}, y^{t+1})}{D_{o|v,s}^t(x^t, y^t)}}_{\text{记为TEC}_o} \underbrace{\frac{D_{o|v,s}^t(x^{t+1}, y^{t+1})}{D_{o|v,s}^{t+1}(x^{t+1}, y^{t+1})}}_{\text{记为TPEC}_o} \frac{D_{o|v,s}^t(x^t, y^{t+1})}{D_{o|v,s}^t(x^{t+1}, y^{t+1})}$$

$$= TEC_o \times TPEC_o \times \frac{D_o^t(x^t, y^{t+1})}{D_o^t(x^{t+1}, y^{t+1})} \tag{4-64}$$

将上述分解代入 MTFPI，得到：

$$MTFPI_{o,i|v,s}^t = TEC_o \times TPEC_o \times \frac{Y_{o|v,s}^t(x^t, y^t, y^{t+1})/(TEC_o \times TPEC_o)}{X_{i|v,s}^t(y^t, x^t, x^{t+1})}$$

$$= TEC_o \times TPEC_o \times \frac{Y_{o|v,s}^t[x^t, y^t/D_{o|v,s}^t(x^t, y^t), y^{t+1}/D_{o|v,s}^t(x^{t+1}, y^{t+1})]}{X_{i|v,s}^t(y^t, x^t, x^{t+1})}$$

$$= TEC_o \times TPEC_o \times \underbrace{\frac{D_{o|v,s}^t[x^t, y^{t+1}/D_{o|v,s}^t(x^{t+1}, y^{t+1})]}{D_{i|v,s}^t[y^t, x^{t+1}/D_{i|v,s}^t(y^t, x^t)]}}_{\text{记为SEC}}$$

$$= TEC_o \times TPEC_o \times SEC \tag{4-65}$$

TECo 与 MPI 指标体系二中的 TEC 完全相同，因此可分解如下：

$$TEC = \underbrace{\frac{D_{o|v,w}^{t+1}(x^{t+1}, y^{t+1})}{D_{o|v,w}^t(x^t, y^t)}}_{\text{记为PTEC}} \left[\underbrace{\frac{D_{o|v,s}^{t+1}(x^{t+1}, y^{t+1})}{D_{o|v,s}^t(x^t, y^t)} \Big/ \frac{D_{o|v,w}^{t+1}(x^{t+1}, y^{t+1})}{D_{o|v,w}^t(x^t, y^t)}}_{\text{记为IDEC}} \right]$$

$$= PTEC \times IDEC$$

令 $\lambda = \{D_{i|v,s}^t[y^{t+1}/D_{o|v,s}^t(x^{t+1}, y^{t+1}), x^t]\}^{-1}$，这将 λx^t 和 x^{t+1} 放在同一产

出等量线(output isoquant)上。令 $\mu = \{D_{o|v,s}^t[x^{t+1}/D_{i|v,s}^t(y^{t+1}, x^{t+1}), y^t]\}^{-1}$，这将 μy^t 和 y^{t+1} 放在同一投入等量线(input isoquant)上。则和 MPI 的指标体系二中 ERSC 的分解一样，SEC 可以被分解如下：

$$SEC = \underbrace{\frac{D_{o|v,s}^t(x^t, \mu y^t)/D_{o|v,s}^t(x^t, y^t)}{D_{i|v,s}^t(y^t, \lambda x^t)/D_{i|v,s}^t(y^t, x^t)}}_{\text{记为RSEC}} \times \underbrace{\frac{D_{o|v,s}^t(x^t, y^{t+1})}{D_{o|v,s}^t(x^t, \mu y^t)}}_{\text{记为OOSEC}} \times \underbrace{\frac{D_{i|v,s}^t(y^t, \lambda x^t)}{D_{i|v,s}^t(y^t, x^{t+1})}}_{\text{记为IOSEC}}$$

$$= RSEC \times OOSEC \times IOSEC \qquad (4-66)$$

TPEo 采用的是单期的形式，而前文 MPI 的各种分解都是以几何平均的形式进行。但我们可以引入 Fare et al. (1997)的分解，将单期的 TPEo 分解如下：

$$TPE_o = \underbrace{\frac{D_{o|v,s}^t(x^t, y^t)}{D_{o|v,s}^{t+1}(x^t, y^t)}}_{\text{记为TPEB}} \times \underbrace{\left[\frac{D_{o|v,s}^t(x^{t+1}, y^{t+1})}{D_{o|v,s}^{t+1}(x^{t+1}, y^{t+1})}\middle/\frac{D_{o|v,s}^t(x^t, y^t)}{D_{o|v,s}^{t+1}(x^t, y^t)}\right]}_{\text{记为TPEC}} \qquad (4-67)$$

TPEC 还可分解如下：

$$TPEC = \underbrace{\left[\frac{D_o^t(x^{t+1}, y^{t+1})}{D_o^{t+1}(x^{t+1}, y^{t+1})}\middle/\frac{D_o^t(x^{t+1}, y^t)}{D_o^{t+1}(x^{t+1}, y^t)}\right]}_{\text{记为OBTPEC}} \times \underbrace{\left[\frac{D_o^t(x^{t+1}, y^t)}{D_o^{t+1}(x^{t+1}, y^t)}\middle/\frac{D_o^t(x^t, y^t)}{D_o^{t+1}(x^t, y^t)}\right]}_{\text{记为IBTPEC}}$$

$$(4-68)$$

综合上述，我们得到 t 期的 MTFPI 的完整分解式为：

$$MTFPI_{o,i|v,s}^t = TEC \times TPE \times SEC = (PTEC \times IDEC)$$
$$\times (RS\hat{E}C \times OOSEC \times IOSEC) \times (TPEB \times OBTPEC \times IBTPEC)$$

$$(4-69)$$

上述分解项如图 4-10 所示。

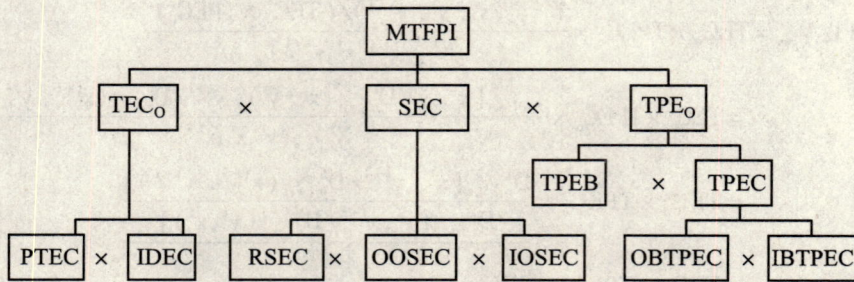

图 4-10　MPI 指标体系二

下面我们对上述分解项进行解释。

1. TECo：技术效率变化率

对 TEC。及其分解因子的解释与 MPI 的完全相同，这里省略。

2. $TPEC_o$：技术进步变化率

对 $TPEC_o$ 及其分解的解释也和 MPI 的一样，只是不是用两期几何平均数的形式。

3. SEC：规模效率变化率

值得重点分析的是 SEC。

式 4 - 65 第一个等式表明，SEC 是一个经过技术效率变化和技术变化修正过的产出数量指数和一个投入数量指数的比率；第二个等式表明构成 SEC 的产出数量指数如何使用产出移动到 S' 的表面；第三个等式表明，SEC 识别了 t 期技术上的规模变动对生产率变动的贡献，即规模效率变动率。

但这点并非那么明显，为此我们需要详细分析。首先假设 $M = N = 1$。如果 $M = 1$，$D_{o|v,s}^t(x, y) = y/f^t(x)$，其中 $f^t(x)$ 是生产边界。如果 $N = 1$，$D_{i|v,s}^t(y, x) = x/g^t(y)$，其中 $g^t(y)$ 是要素投入所要求的边界。代入 SEC 表达式，得到：

$$SEC = \frac{D_{o|v,s}^t[x^t, y^{t+1}/D_{o|v,s}^t(x^{t+1}, y^{t+1})]}{D_{i|v,s}^t[y^t, x^{t+1}/D_{i|v,s}^t(y^t, x^t)]} = \frac{D_{o|v,s}^t[x^t, f^t(x^{t+1})]}{D_{i|v,s}^t[y^t, x^{t+1}g^t(y^t)/x^t]}$$

$$= \frac{f^t(x^{t+1})/f^t(x^t)}{x^{t+1}/x^t} = \frac{f^t(x^{t+1})/x^{t+1}}{f^t(x^t)/x^t} \tag{4-70}$$

以 t 期最佳实践技术为参考技术，则分子表示点 x^{t+1} 所对应的最佳实践点 $(x^{t+1}, f^t(x^{t+1}))$ 的斜率，该斜率表明该点的规模效率；而分母表示点 x^t 所对应的最佳实践点 $(x^t, f^t(x^t))$ 的斜率，该斜率表明该点的规模效率。因此，两斜率的比率，表明了给定 t 期技术不变，当从点 $(x^t, f^t(x^t))$ 移动到点 $(x^{t+1}, f^t(x^{t+1}))$ 所产生的规模效率变化率。

因此，当 $M = N = 1$ 时，t 期的 MTFPI 可以分解为技术效率变化率、技术进步效率变化率（在 (x_{t+1}, y_{t+1}) 处评估）、规模效率变化率（在 t 期技术上评估）。

当 $M > 1$ 或 $N > 1$ 时，Lovell（2003）将其重命名为活动效应（Activity Effect）或容量效应（Volume Effect）。此时 SEC 被分解为下面三项。

（1）RSEC：径向规模效率变化率。RSEC 称为径向规模效率变化率，RSEC >=< 1 分别对应 TFP 因为投入和产出的径向扩张而得到提高、不变或下降。

（2）OOSEC：产出导向型规模效率变化率。OOSEC 被称为产出导向型规模效率变化率。它将技术和投入保持在 t 期水平，从而比较了等量刻度的 y^t 和 y^{t+1}。OOSEC >=< 1 分别对应 TFP 因为产出变化而得到提高、不变或下降。

（3）IOSEC：投入导向型规模效率变化率。IOSEC 被称为投入导向型规模效率变化率，它将技术和产出固定在 t 期水平，从而比较了等量刻度的 x^t 和 x^{t+1}。IOSEC $>=<1$ 分别对应 TFP 因为投入变化而得到提高、不变或阻碍。

（二）几何平均 MTFPI 的指标体系

上述 MTFPI 的分解仅关注单期的，事实上，我们也可以仿照前面的方法将关于以两期几何平均数来表达的 MTFPI 的分解及其指标体系。但这里从略。

四、对上述投资效率指标体系的评价

在上述指标体系中，究竟那种指标体系更为合理呢？面对这些不同的分解，我们确实一时难以做出充分的评价。或许我们可以模仿 Lovell（2003）从简洁性和信息量的角度来进行权衡，如果某种分解过于简洁，则必然牺牲了信息量；而如果增加信息量，则牺牲了简洁性，并且可能难以准确的区分这些信息。例如在第二种指标体系中，关于技术进步效率的分解因子 OBTPEC、IBTPEC 很难与规模报酬效率变化率中的 OOERSC 和 IOERSC 相区别。但作为理论探讨，我们还是把这些分解进行了详细解释。

另外，参数方法与非参数方法之间也并非完全独立。Lovell（2003）的工作为我们显示了二者之间的某种一致性。他将我们在随机前沿生产函数法介绍的分析方法用到了 MPI 的分解中，并以此作为判断 MPI 分解是否合理的基准。假设潜在的生产技术是表现充分良好（sufficiently well behaved）从而可保证 $D_o(x, y, t)$ 对于产出 y 而言为非递减的、正一阶齐次的、凸的，对于投入 x 而言是非递增，对于 (x, y, t) 而言是联合连续的。以标量 u 来表示相对于最佳实践的产出导向型技术无效率，满足 $u = [D_o(x, y, t)]^{-1} \geq 1$。这意味着 u 其实就是我们在定义距离函数时表达式中的 θ 的倒数，由于 θ 度量技术效率，因此 u 意味着技术无效率。由距离函数对产出的正一阶齐次性，有：

$$D_o(x, y, t)u = D_o(x, uy, t) = 1 \qquad (4-71-1)$$

两边取对数，得到：

$$\ln D_o(x, y, t) + \ln u = 0 \qquad (4-71-2)$$

两边对 t 求导，得到：

$$\sum_{n=1}^{N} \frac{\partial \ln D_o(x, y, t)}{\partial \ln x_n} \frac{\partial \ln x_n}{\partial t} + \sum_{m=1}^{M} \frac{\partial \ln D_o(x, y, t)}{\partial \ln y_m} \frac{\partial \ln y_m}{\partial t}$$

$$+ \frac{\partial \ln D_o(x, y, t)}{\partial t} + \frac{\partial \ln u}{\partial t} = 0 \qquad (4-72)$$

令 $\varepsilon_m = \dfrac{\partial \ln D_o(x, y, t)}{\partial \ln y_m} \geqslant 0$,[①] 将其称为产出的规模弹性；令 $\varepsilon_M = \displaystyle\sum_{m=1}^{M}$

$\dfrac{\partial \ln D_o(x, y, t)}{\partial \ln y_m}$ ，称其为总产出的距离弹性；令 $\varepsilon_n = \dfrac{\partial \ln D_o(x, y, t)}{\partial \ln y_n} \leqslant 0$ ，

称其为投入 x_n 的规模弹性；令 $\varepsilon_N = \displaystyle\sum_{n=1}^{N} \varepsilon_n \leqslant 0$,[②] 称其为总投入的距离弹性。

令 $\text{TPEC} = -\dfrac{\partial \ln D_o(x, y, t)}{\partial t}$ ， $\text{TEC} = -\dfrac{\partial \ln u}{\partial t}$ ，则上式转换成：

$$\underbrace{\sum_{m=1}^{M} \varepsilon_m \frac{\partial \ln y_m}{\partial t} - \sum_{n=1}^{N} \frac{\varepsilon_n}{\varepsilon_N} \frac{\partial \ln x_n}{\partial t}}_{\text{记为 PC}} = \underbrace{\left[(-\varepsilon_N - 1) \sum_{n=1}^{N} \frac{\varepsilon_n}{\varepsilon_N} \frac{\partial \ln x_n}{\partial t} \right]}_{\text{记为 SEC}}$$

$$+ \underbrace{\left[-\frac{\partial \ln D_o(x, y, t)}{\partial t} \right]}_{\text{记为 TPEC}} + \underbrace{\left[-\frac{\partial \ln u}{\partial t} \right]}_{\text{记为 TEC}} = \text{SEC} + \text{TPEC} + \text{TEC} \quad (4-73)$$

在上式中，PC 度量生产率变动。它有三个来源：SEC，度量规模经济变动（Scale Economies Change）， ε_N 为总投入的规模弹性；TPEC，度量技术进步效率变动（Technical Progress Efficiency Change）；TEC，度量技术效率变动（Technical Efficiency Change）。这三个来源的定义都相对于最佳实践生产技术 $D_o(x, y, t) \leqslant 1$ 。

式 4-72 中的生产率变化分解是定义在连续时间基础上的。但 MPI 的分析则往往是离散时间，因此有必要将式 4-72 转化为离散时间形式。Lovell（2003）将连续时间和离散时间进行了对比。此时，式 4-72 的离散时间形式如下：

$$\underbrace{\Delta \ln Y - \Delta \ln X}_{\text{记为 PC}} = \underbrace{\left\{ \frac{1}{2} \sum_n \left[(\varepsilon^{t+1} - 1)\left(\frac{\varepsilon_n}{\varepsilon}\right)^{t+1} + (\varepsilon^t - 1)\left(\frac{\varepsilon_n}{\varepsilon}\right)^t \right] (\ln x_n^{t+1} - \ln x_n^t) \right\}}_{\text{记为 SEC}}$$

$$+ \underbrace{\left\{ -\frac{1}{2}\left[\frac{\partial \ln D_o^{t+1}(x, y)}{\partial t} + \frac{\partial \ln D_o^t(x, y)}{\partial t} \right] \right\}}_{\text{记为 TPEC}}$$

---

① Lovell（2003）认为 $\displaystyle\sum_{n=1}^{M} \varepsilon_m = 1$ ，但我们认为这可能不成立。除非令 $\varepsilon_M = \displaystyle\sum_{m=1}^{M} \varepsilon_m$ ，那么 $\displaystyle\sum_{m=1}^{M} \dfrac{\varepsilon_m}{\varepsilon_M} = 1$ 才成立。

② Lovell（2003）如此定义： $\varepsilon = -\displaystyle\sum_{n=1}^{N} \varepsilon_n \geqslant 0$ 。但我们认为这是个错误。因为这会导致他文中的 G_X 的符号为负，从而其 $G_Y - G_X$ 表示产出增长率与投入增长率之和而不是之差，从而也就不能度量生产率变化。另外，他的公式（1）的右边第一项为 $(\varepsilon - 1) G_X$ ，但应该是 $(-\varepsilon - 1) G_X$ ，否则公式（1）不保持恒等。

$$+ \underbrace{[\ln D_o^{t+1}(x, y) - \ln D_o^t(x, y)]}_{\text{记为TEC}} \qquad (4-74)$$

其中，$\Delta \ln Y = \dfrac{1}{2} \sum_m \left[(\varepsilon_m^{t+1} + \varepsilon_m^t)(\ln y_m^{t+1} - \ln y_m^t) \right]$

$\varepsilon_m^s = \dfrac{\partial \ln D_o^s(x, y)}{\partial \ln y_m}$，$m = 1, 2, \cdots, M$，$s = t, t+1$，有 $\sum_m \varepsilon_m^s = 1$

$\Delta \ln X = \dfrac{1}{2} \sum_n \left[\left(\dfrac{\varepsilon_n}{\varepsilon}\right)^{t+1} + \left(\dfrac{\varepsilon_n}{\varepsilon}\right)^t \right](\ln x_n^{t+1} - \ln x_n^t)$

$\varepsilon_n^s = \dfrac{\partial \ln D_o^s(x, y)}{\partial \ln x_n}$，$n = 1, \cdots, N$，$s = t, t+1$

$\varepsilon^s = -\sum_n \varepsilon_n^s$，$s = t, t+1$

在这个离散时间形式中，生产率变化 PC 被分解为如下来源：SEC，度量规模经济变动；TPEC，度量技术进步效率变动；TEC，度量技术效率变动。

上述方法为参数方法和非参数方法之间的统一提供了某种思路。但如果联系到上文对 MPI 的深入分解，我们可以认为这种方法并不能完全获得也不能全部解释 MPI 的各个分解因子。

就我们的理解，从目前国内外的研究现状来看，MPI 研究存在如下不足：（1）国内学者侧重于经验实证，而对指标体系的经济学解释不足，对指标分解的合理性解释不足。例如，郑京海、刘小玄和 Bigsten（2002）[1] 仅根据 Fare 等人的原始做法进行了两因素分解；颜鹏飞和王兵（2004）[2] 虽然进行了六因素分解（类似于我们的指标体系一），但这种方法被 Lovell（2003）所批判。孙巍（2000）[3] 及其系列研究对 MPI 有较为深入的理论研究，但未能提供更为深刻的经济解释。（2）对不同的技术比较基准重视不够。正如我们在上文所看到的，在指标分解中至少存在三种技术：CRS 技术（也叫基准技术）、VRS（也叫最佳实践技术）、SVC（即支撑虚拟锥技术）。技术基准的不同导致了不同的分解和经济解释。（3）放弃了配置效率。在随机边界生产函数法中，我们曾考虑过资源配置效率。在 Fare（1957）的最初研究中，经济效率划分为技术效率和配置效率。但在 MPI 的多个分解体系中，配置效率始

---

[1] 郑京海、刘小玄、Bigsten：《1980 ~ 1994 年期间中国国有企业的效率、技术进步和最佳实践》，载于《经济学（季刊）》，2002 年 4 月，Vol. 1，No. 3，第 521 ~ 540 页。

[2] 颜鹏飞和王兵：《技术效率、技术进步与生产率增长：基于 DEA 的实证分析》，载于《经济研究》，2004 年第 12 期。

[3] 孙巍著：《生产资源配置效率——生产前沿面理论及其应用》，社会科学出版社 2000 年版。

终得不到考虑。国内学者胡宜朝和雷明①曾经试图加入配置效率，但加入后如何与上述分解相结合，仍是个值得探讨的问题。（4）多数学者的研究侧重于局部导向型 MPI，而对 MTFPI 的研究则相对较少。Lovell（2003）将 MPI 比 MTFPI 更为流行的原因归结为五点：一是 MPI 被提出已经超过 10 年；二是它被与 Tornqvist 生产率指数、Fisher 生产率指数联系在一起；三是它被分解为不同的生产率变化的来源；四是已有至少两种软件包支持 MPI 的分解和计算。但他同时指出："MTFPI 还需继续探讨，它应该比过去更值得我们去关注"。五是国内外的学者基于自己的不同理解，可能对同一指标有不同的命名和不同的解释，这给疏通他们的观点带来了麻烦。尽管我们尽量保持指标命名和经济解释上的逻辑一致性，但一些地方我们仍然把握不准，而且我们猜测还有更加合理而统一的分解。

另外，尽管我们相信上述探讨已经将迄今为止关于 MPI 分解的大部分指标囊括其中，但遗憾的是我们尚未能给出各个指标的经验估算。这其实源于我们的方法论，在没有给出令人信服的理论解释之前，我们不拟进行经验实证。

第三节　投资效益指标体系

可以看到，上面所提出的投资效率指标体系和目前公司财务学中与投资相关的指标体系颇为不同。事实上，正如我们曾经指出的，投资绩效可以划分为侧重于过程的投资效率方面的绩效，以及侧重于结果的投资效益方面的绩效，并且由于过程决定结果，投资效率往往决定了投资效益。我们还指出，传统的财务学理论由于以费雪企业为基础，将企业抽象为一系列的现金流，仅关注作为结果的现金流，而不关注这个现金流的产生过程，因此传统财务学理论偏重于投资效益评价。在我们关于投资效率的文献综述中，我们曾经将传统财务学的投资决策指标和宏观投资效率理论放在一起。但现在我们可以对二者加以区分了：宏观投资效率理论关于企业 TFPG 的分解理论其实是度量企业投资效率，而财务学的投资决策等指标则度量的是投资效益。

本节将对企业投资效益评价指标进行介绍。尽管公司财务学教科书已经

---

① 胡宜朝和雷明："技术经济效率、投资回报率与生产率增长——中国省区水平上的生产率变动成因实证分析"，http://www.econ.shufe.edu.cn/ces/paper/ces_pdf/2/2-1.pdf。

对此有了大量介绍，但既然我们第三章（尤其是第三节）给出了不同的理论基础，因此我们也试图逻辑一致的重新解释投资效益评价指标。

一、对利润表的重新解读

为了向我国的现行会计准则靠拢，也为了能够获取会计报表数据的支持，我们尽量按照会计术语对上文的思想进行解释。我们将企业所发生的一切资产的减少，均称为支出（Expenditure）。从资产负债表的角度，资产的减少可能导致如下三种情形：（1）一项资产的减少导致另一项资产的增加，而企业资产总额保持不变；特别的，如果资产减少表现为向另一项资产的形态转换，而价值量保持相等，不影响所有者权益，则这种支出称为成本（Cost），更具体地说是另一项资产的成本；（2）一项资产的减少导致一项负债的减少，我们将这种支出称为负债性支出 EFL（Expenditure for Liability）；（3）一项资产的减少导致所有者权益的减少，称这种支出为权益性支出 EFE（Expenditure for Equity）。从利润表的角度，一项资产的减少可能导致收入的增加；特别的，如果该项支出旨在直接或间接的获取营业收入，则称该项支出称为费用（Expense），此时资产的减少导致费用的增加，而费用的增加必导致所有者权益的减少。

尽管我们指出经济学不区分投资和经营活动，但会计学则倾向于将企业的活动划分为融资、投资和经营。由此，企业的支出也可以相应的划分为融资支出 EFF（Expenditure for Financing）、投资支出 EFI（Expenditure for Investment）和经营支出 EFO（Expenditure for Operation）。

先看融资支出。一般的，融资方式只有两种：负债融资和权益融资。负债融资需要偿还本金 D 和支付付息 Int，由此所形成的支出，称为负债性支出。其中，偿还本金导致一项资产减少的同时一项负债也减少，不影响所有者权益。因此，该支出既不是成本也不是费用；但利息则作为负债融资需要付出的代价，属于费用，俗称利息费用，因此，我国会计学将其纳入财务费用的范围中。权益融资需要支付股利，有时还涉及股票回购，这些支出通称为权益性支出。其中，股利属于分配性支出，因此既非成本也非费用①，我们只能将其称为股利支出（有人将其称为利润分配支出）。股票回购导致一项资产减少的同时所有者权益也减少，但这既非上述定义的成本也非费用②。为了

---

① 成本和费用都排除了利润分配的情形。
② 由于并非旨在获得收入，因此不是费用；倒是类似于资产形态转换从而属于成本，但该支出又直接导致所有者权益减少，因此也不属于成本。

区别于股利支出，我们将股利之外的所有权益性支出通称为其他权益性支出，记为 OEFE。不管是负债融资还是权益融资，在融资过程中所发生的支出，如股票发行支出、债券发行支出、各项金融机构手续费等，根据费用的定义，这种支出都属于费用，我们将其称为融资费用。这里需要强调一点，我们的融资费用（记为 FE）与我国会计学中的财务费用（记为 FE′以区别于 FE）非常接近（二者都可译为 Financial Expense），但 FE 不包括利息而 FE′则包括。在融资之后，除了上述 EFL 和 EFE，根据我们本章第三节的逻辑，企业家、股东和债权人之间将存在治理行为，由此所产生的支出，我们将其称为治理费用 GE，例如董事会经费。

根据上述逻辑，我们有：

$$FE′ = FE + Inv \tag{4 - 75}$$

再看投资支出。由于投资旨在获得长期资产，因此该支出全部转化为成本，即我们在前文中一直使用的投资成本 I。

最后看经营支出。由于我们考虑的是为交易而生产的企业，再根据前文的逻辑，主要的经营活动包括三种：生产、销售、管理。因此，经营支出也就再划分为三部分：生产支出 EFM（Expenditure for Manufacture）、销售支出 EFS（Expenditure for Sale）和管理支出 EFA（Expenditure for Administration）。

由于生产支出旨在获得产品，因此该支出全部转化为成本，即产品生产成本 CPM（Cost of Product Manufacture）（也称生产成本：Cost of Manufacture，或产品成本：Cost of Product）。该成本首先划分为直接成本 DC（Direct Cost）和间接成本 IDC（Indirect Cost），其中，直接成本是可以直接计入产品的成本，包括直接材料 DM（Direct Material）、直接人工 DL（Direct Labor）、其他直接成本 ODC（Other Direct Cost），这在现行成本会计中可以通过合并基本生产成本（Base Cost of Manufacture）和辅助生产成本（Auxiliary Cost of Manufacture）中的直接材料、直接人工和其他直接成本而得到；间接成本是指不能直接计入、只能根据某种分配标准计入产品的成本，这也可以通过合并基本生产成本和辅助生产成本中的间接成本（如制造成本 Manufacturing Overhead）[①] 而得到。

销售支出是在产品销售过程中所耗费的资产，目的在于获取产品销售收入，因此其支出全部转化为费用，在我国会计学中称为营业费用 OE（Operat-

---

① 我国现行会计将 Manufacturing Overhead 译为制造费用，从而有如下逻辑：费用按照产品归集则得到产品成本，即成本是对象化的费用。但由于这些资产的耗费的目的都在于获得产品，而非收入；这些资产的耗费只是改变了资产的价值形态，并未导致所有权权益的改变，因此将这种资产耗费称为成本更为合适。至于 Overhead 一词，这只是翻译问题，不应该因为翻译而导致中文的逻辑混乱。

ing Expense）。

管理支出旨在对企业整个经营过程进行组织，并非为了某种资产，而是为了最终的收入，因此该支出全部转化为费用，我们将其称为管理费用 GAE（General and Administrative Expense）。这里需要强调一点。这里的管理费用（记为 GAE）与我国会计学中的管理费用（记为 GAE'）非常接近，但由于我国会计学目前不区分治理与管理，从而将上文中属于融资支出的治理费用也放在管理费用中。但正如我们在本章第三节所强调的，治理和管理是相对独立的，因此有必要将 GE 分离出 GAE'，因此有如下关系：

$$GAE' = GAE + GE \qquad (4-76)$$

不太明显的是所得税 IT（Income Tax）支出。根据现行的现金流量表，该支出属于经营活动现金流，因此我们将其划归经营费用。

这样，我们得到如图 4-11 所示的基于融资、投资和经营活动的收入-支出-利润流程图。

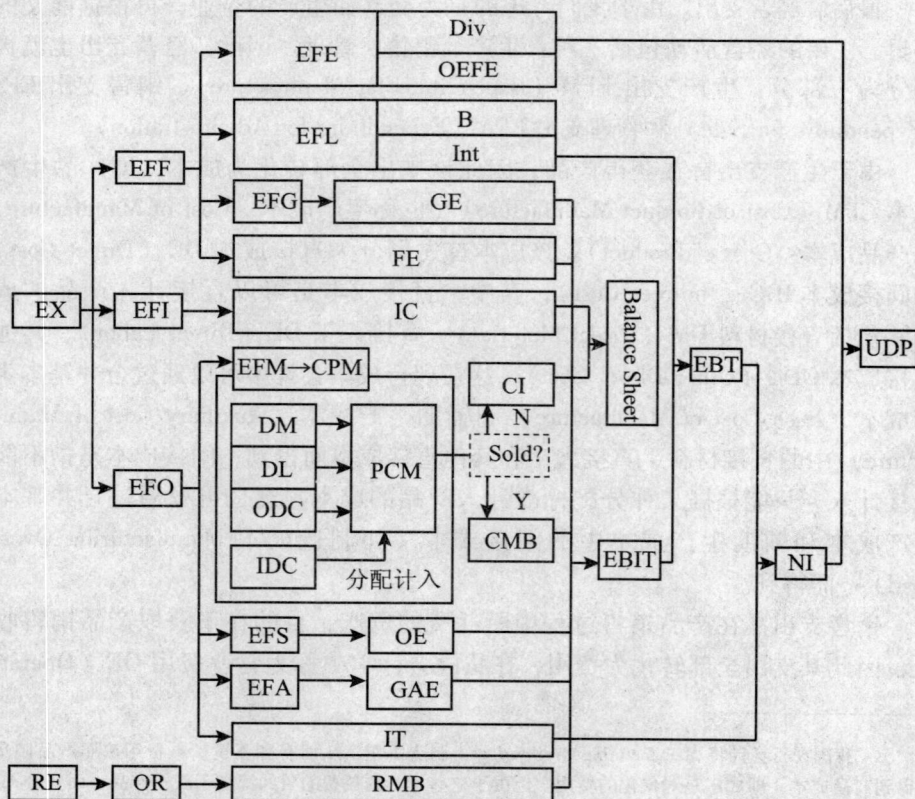

图 4-11　收入-支出-利润流程

由图 4 – 11，我们得到企业的息税前利润 EBIT、税前利润 EBT、净利润 NI、未分配利润 UDP（Undistributied Profit）分别为：

$$EBIT = OR - [(GE + FE) + (CMB + OE + GAE)] \qquad (4-77)$$

$$EBT = EBIT - Int \qquad (4-78)$$

$$NI = EBT - IT \qquad (4-79)$$

$$UDP = NI - Div \qquad (4-80)$$

在式（4 – 3）两边都加上工资总额 w，则我们将得到：

$$CS = EBIT + w = OR - [(GE + FE) + (CMB + OE + GAE) - w] \qquad (4-81)$$

这个指标是在所有企业联合体成员获得分配之前的那个量。由于这个量是联合体成员共同创造的，我们将其称为联合剩余 CS（Coalition Surplus）[1]。联合剩余应该越大越好。这里的一个形象比喻是蛋糕：生产蛋糕是企业目标，也是企业联合体成员的共同目标；每个人从中切割的份额，是个人目标；假设蛋糕越大个人分得的份额越大，那么所有个人都一致同意蛋糕越大越好。此时，企业的目标便转化为蛋糕最大化，这点独立于所有个人的目标并与个人目标相容。

对照我国的现行利润表（见表 4 – 1），此时，EBT 变为：

$$EBT = OR - (CMB + OE + GAE' + FE) \qquad (4-82)$$

由于 GAE' = GAE + GE，我们便在图 4 – 1 所示的内容与我国现行利润表之间取得了在数据上的对应关系，如表 4 – 1 所示。

表 4 – 1　　　　　　　　　企业利润表内容及相关变量

利润表内容	变量符号	利润表内容	变量符号
一、主营业务收入	RMB	营业外收入	0
减：销售折让	0	减：营业外支出	0
主营业务成本	CMB	以前年度损益调整	
主营业务税金及附加	0	四、利润总额	EBT
二、主营业务利润	IMB	减：所得税（Income Tax）	IT
加：其他业务利润	0	五、净利润（Net Income）	NI
减：存货跌价损失	0	加：以前年度未分配利润	0
营业费用	OE	六、可供分配利润	NI
管理费用	GAE'	减：提取法定公积金	0
财务费用	FE	提取法定公益金	0
三、营业利润（Operating Income）	OI	七、可供股东分配的利润	NI
加：投资收益	0	减：股利分配	Div
补贴收入	0	八、未分配利润	UDP

---

① 正因如此，联合剩余有时也可以称为薪息税前收入。

假设企业家初始融资额为 F，其中，向债权人借入 D，利率为 r；企业家自有权益为 W_{01}，所占股权比例为 $\lambda_{IE} = \dfrac{W_{01}}{F - D}$；向外部股东融资 EE，所占股权比例假设为 $\lambda_{EE} = \dfrac{EE}{F - D}$；当期投资成本为 I，工资总额（包括企业家的工资）为 w，非工资短期资产为 SNA，经营收益为 $OR = P \times Q$。

首先考虑简单的单期情形。此时，联合剩余为：

$$CS = OR - I - SNA \tag{4-83}$$

按照我国现行会计准则，该剩余的分配顺序为：工资、利息、税收、优先股利、普通股利。从 CS 中扣除掉工资 w，正是财务学中的息税前收入 EBIT，即：

$$EBIT = CS - w \tag{4-84}$$

从 EBIT 中扣除债权人的利息 $Int = Dr$ 和本金 D，得到税前收入 EBT：

$$EBT = EBIT - D - Int = EBIT - D(1 + r) \tag{4-85}$$

从 EBT 中扣除所得税 IT（Income Tax）（在前文我们一直假设为零，但这里不妨放弃这一假设），得到净收入 NI（Net Income）：

$$NI = EBT - Tax \tag{4-86}$$

但恰在 NI 的分配上，我们的逻辑和主流理论稍有不同。

按照主流理论，企业由外部股东控制，企业家仅作为受雇的管理者行事，尽管企业家也拥有内部权益，但这只是使得企业家具有内在激励而已。外部股东将作为最终索取者，我们将其所得称为外部股东剩余 ESS（External Shareholder's Surplus），有：

$$ESS = NI - \lambda_{IE}NI = \lambda_{EE}NI \tag{4-87}$$

由于先验的认为企业家服务于外部股东的利益，因此企业家的目标便是：maxESS。这正是我们曾经指出的英国传统的剩余模式（即第一种剩余模式）。

如果最终索取者并非外部股东，而是企业家，尽管 NI 由外部股东和企业家按照股份比例分配，外部股东所得为：$y_{EE} = \lambda_{EE}NI$，剩下的部分，我们将其称为企业家剩余 ES，从而有：

$$ES = NI - \lambda_{EE}NI = \lambda_{IE}NI \tag{4-88}$$

企业家出于自身利益最大化，其目标将是：maxES。这正是我们曾经指出的法国传统的剩余模式（即第二种剩余模式）。

但如果企业是公司制，则公司是独立法人，此时最终的剩余索取者既非资本家也非企业家，而是公司法人；而且，NI 中仅有一部分发放为股利，剩下的部分，称为未分配利润 UDP，UDP 与盈余公积构成留存收益（Retained Earning），留存收益、资本公积、股本一起构成权益的账面价值，列示在资产负债表上。我们以 UDP 来表示公司剩余，即：

$$CS = NI - Div \qquad (4-89)$$

但是，除了已分配的股利，任何股东不能对企业资产提出个人主张。此时，企业剩余表现为未分配利润 UDP。不过，虽然企业家对 UDP 的权利不能表现为一种私人财产权，但是通过企业这层"面纱"，他可间接的达到对 UDP 的控制。

二、对现金流量表的重新解读

上述基于本文的思想对利润表进行了重新解读，接着我们将重新解读现金流量表。企业现金流分为经营活动现金流、投资活动现金流与融资活动现金流，各项目所涉及的变量及其内容，如表 4-2 所示。

表 4-2 企业现金流量表及相关变量

变量内容	变量	变量内容	变量
现金流入	CF_{in}	现金流出	CF_{out}
经营活动现金流入	CFO^{in}	经营活动现金流出	CFO^{out}
销售商品、提供劳务收到的现金	RMB	购买商品、接受劳务支付的现金	S_{out}
		支付给职工以及为职工支付的现金	w
收到的税费返还	0	支付的各项税费	Tax
收到的其他与经营活动有关的现金	0	支付的其他与经营活动有关的现金	$OCFO_{out}$
投资活动现金流入	CFI^{in}	投资活动现金流出	CFI^{out}
收回投资所收到的现金	0	投资所支付的现金	0
取得投资收益所收到的现金	0		
处置固定资产、无形资产和其他长期资产而收到的现金净额	0	购建固定资产、无形资产和其他长期资产所支付的现金	I
收到的其他与投资活动有关的现金	0	支付的其他与投资活动有关的现金	0
融资活动现金流入	CFF^{in}	融资活动现金流出	CFF^{out}
吸收投资所收到的现金	E_{in}；E_{ex}	分配股利、利润和偿付利息所支付的现金	Div、Int
取得借款所收到的现金	D	偿还债务所支付的现金	0
收到的其他与筹资活动有关的现金	0	支付的其他与筹资活动有关的现金	FE；GE
净现金流 $NCF = CF_{in} - CF_{out} = 0$			

我们分多期讨论现金流的情况。假设负债为 n 期，每期期末偿还利息 Int，在 n 期期末还本 D。同时，为了持续经营，企业家每期计提长期实物资产的折旧额为 Dep，无形资产每年摊销（Amortization）额为 Amo。

（一）第 0 期的现金流

我们从第 0 期开始分析。此时尚未经营，$NCFO_0 = 0$。但投资活动和融资活动均已发生，并且 $NCFI_0 = -I_0$，$CFF_0^{in} = E_{in} + E_{ex} + D$，$CFF_0^{out} = -FE$，$NCFF_0^{in} = E_{in} + E_{ex} + D - FE$。

将这些现金流对象化，分别分配给债权人现金流 CF^D、外部股东现金流 CF^{Eex}、企业家兼内部股东现金流 CF^{Ein}、公司法人现金流 CF^{CP}，则结果如下：$CF_0^D = -D$；$CF_0^{Eex} = -E_{ex}$；$CF_0^{Ein} = -E_{in}$；$CF_0^{CP} = E_{in} + E_{ex} + D - FE - I_0$。

（二）第 1 期的现金流

在第 1 期末，第一轮经营结束，根据现行会计准则的间接法，我们可以在净利润基础上调整不涉及现金的收入、费用等项目来间接计算经营活动的现金流。则根据本文的逻辑，第 1 期的 $NCFO_1$ 的计算公式如下：

$$NCFO_1 = NI_1 + FE + Int + GE + Dep + Amo$$
$$= OR - CMB - OE - GAE - Tax + (Dep + Amo) \qquad (4-90)$$

对该式的说明如下：FE_1、Int 和 GE 属于融资支出，但在计算 NI 时已被扣除；长期实物资产的折旧 Dep 和无形资产的摊销 Amo 要么计入 CMB（此时长期资产用于生产活动），要么计入 OE（此时长期资产用于销售活动），要么计入 AGE（此时长期资产用于管理活动）。但这些项目事实上都不发生现金流出，因此应该加回到净利润 NI_1 中。由于我们区分融资费用和负债性支出 Int，区分管理费用和治理费用，因此，我们的 $NCFO_1$ 具有不同的形式。

假设 i 期的总投资（包含折旧 Dep）为 I_i（当 $I_i = Dep_i$ 时，净投资 = 0，企业投资没有增长），则第 1 期末投资活动的净现金流为：

$$NCFI_1 = CFI_{in} - CFI_{out} = -I_1 \qquad (4-91)$$

我们假设以后不再发生融资活动，从而 $FE_i = 0(i>0)$；但每期将发生固定的治理费用 GE 和固定的利息支出 Int；同时，第 i 期支付的现金股利为 Div_i。从而第 1 期末的融资现金流为：

$$NCFF_1 = CFF_{in} - CFF_{out} = -(Div_1 + Int + GE) \qquad (4-92)$$

将上述现金流对象化到 CF^D、CF^{Eex}、CF^{Ein}、CF^{CP} 上，则：

$$CF_1^D = Int(1 - T_c) \qquad (4-93)$$

$$CF_1^{Eex} = \lambda_{ex} \times Div_1 \qquad (4-94)$$

$$CF_1^{Ein} = \lambda_{in} \times Div_1 \qquad (4-95)$$

$$CF_1^{CP} = NCFO_1 - Int - Div_1 - GE - I_1 \qquad (4-96)$$

这里需要注意的是，企业的经营现金流入可能只有一部分用于发放现金股利 Div1，剩下的部分为未分配现金流（如未分配利润）。未分配现金流虽然增加股东的账面价值，但是由于投资者财产权与法人财产权相分离，股东并不能获得这部分现金流，只获得 Div，除非 NCFO 在扣除（Int + Div_1 + GE + I_1）后全部发放作股利。否则，公司法人将获得一部分现金流，即 $CF_1^{CP} > 0$。这点不同于传统财务学。由于传统财务学遵从的是英国传统的剩余模式，因此它对外部股东和企业家不加区分，对企业家与公司法人也不加区分，也不考虑 GE，因此股东全部获得 NCFO 在扣除（Int + I_1）之后的剩余，并且将这视为股东获得的股利。例如在 Copeland、Weston 和 Shastri（2005）[1] 所著的经典教科书中，作者便强调："这里的股利应该从广义上来理解，除了我们通常所指的现金股利外，还包括资本利得、对股东的资产剥离、清算或破产中的支付、股票回购、股东诉讼所获的奖赏、源于并购的支付等。"然而，这种处理是不对的。由于公司法人的人格独立，法人财产权和投资者财产权相分离，未发放为股利的现金属于公司的财产，股东不能占有该财产，从而不能将 NCFO 在扣除（Int + I_1）之后的全部剩余视为股东的财富。股东仅获得股利，而剩余的部分现金流即 NCFO 在扣除（Int + Div_1 + GE + I_1）则归公司法人所有。

（三）第 2 期至第 n−1 期的现金流

从第 2 期至第 n−1 期的现金流和第 1 期相似，对于任意该期间的第 i 期，对象化后的现金流如下：

$$CF_i^D = Int(1 - T_c) \qquad (4-97)$$

$$CF_i^{Eex} = \lambda_{ex} \times Div_i \qquad (4-98)$$

$$CF_i^{Ein} = \lambda_{in} \times Div_i \qquad (4-99)$$

$$CF_i^{CP} = NCFO_i - Int - Div_i - GE - I_i \qquad (4-100)$$

（四）第 n 期的现金流

在第 n 期，公司还本付息，对象化后的现金流为：

$$CF_i^D = Int(1 - T_c) + D \qquad (4-101)$$

$$CF_i^{Eex} = \lambda_{ex} \times Div_i \qquad (4-102)$$

$$CF_i^{Ein} = \lambda_{in} \times Div_i \qquad (4-103)$$

$$CF_i^{CP} = NCFO_i - Int - D - Div_i - GE - I_i \qquad (4-104)$$

---

① Copeland, T. E., J. F. Weston, and K. Shastri. 2005. *Financial Theory and Corporation Policy*. Fourth Edition. Pearson Addison Wesley. P. 22.

（五）第 n+1 期及其后的现金流

从第 n+1 期起，企业不再支付利息，债权人不再起作用。对于 n 期后的任意第 i 期，对象化后的现金流如下：

$$CF_i^{Eex} = \lambda_{ex} \times Div_i \qquad (4-105)$$

$$CF_i^{Ein} = \lambda_{in} \times Div_i \qquad (4-106)$$

$$CF_i^{CP} = NCFO_i - Div_i - GE - I_i \qquad (4-107)$$

我们可将上述现金流量总结如表 4-3 所示。

表 4-3　　　　　　　　　企业现金流量

	0 期	1 期	…	n 期	n+1 期	…
NCFO		$NCFO_1$		$NCFO_n$	$NCFO_{n+1}$	
NCFI	$-I_0$	$-I_1$	…	$-I_0$	$-I_0$	…
NCFF	$E_{in} + E_{ex} + D - FE$	$-Int$ $-Div1$ $-GE$	…	$-Int - D$ $-Divn$ $-GE$	$-Div_1$ $-GE$	…
NCF	$E_{in} + E_{ex} + D - FE - I_0$	$NCFO_1$ $-Int - Div_1$ $-GE - I_1$		$NCFO_n - D$ $-Int - Div_n$ $-GE - I_n$	$NCFO_{n+1}$ $-Div_1 - GE$ $-I_{1n+1}$	
CF^D	$-D$	Int	…	$Int + D$	0	…
CF^{Eex}	$-E_{ex}$	$\lambda_{ex} Div_1$	…	$\lambda_{ex} Div_n$	$\lambda_{ex} Div_{n+1}$	…
CF^{Ein}	$-E_{in}$	$\lambda_{in} Div_1$	…	$\lambda_{in} Div_n$	$\lambda_{in} Div_{n+1}$	…
CF^{CP}	$E_{in} + E_{ex} + D - FE - I_0$	$NCFO_1$ $-Int - Div_1$ $-GE - I_1$		$NCFO_n - D$ $-Int - Div_n$ $-GE - I_n$	$NCFO_{n+1}$ $-Div_{n+1} - GE$ $-I_{n+1}$	

三、对公司定价模型的重新解读

完成了对现金流量表的重新解读，我们再对在投资效益评价中占据重要地位的诸多公司定价模型进行重新解读。

（一）FCF 模型及其缺陷

先看 FCF 法。所谓自由现金流，是指企业经营现金流扣除投资现金流之后可以分配给股东和债权人的那部分现金流。用表 4-3 的现金流来表示，则 t 时期的自由现金流 FCF_t 如下计算：

$$FCF_t = NCFO_t - NCFI_t \qquad (4-108)$$

考虑如下情形：假设企业投资只有 0 时期的初始投资 I0，从 1 期开始，各期的息税前收益为 $EBIT_t$，所得税率为 T_c，息前税后收益 $EBIAT_t = EBIAT_t \times$

$(1-Tc)$。各期末的经营现金流按照如下间接法调整得到：NCFOt = EBIATt + Dept。由于各期末没有投资发生，因此 FCFt = NCFOt = EBIATt + Dept。传统公司财务学认为，0 时期的企业价值等于 FCF 的折现，折现率为 WACC，即：

$$V_0 = \sum_{t=1}^{\infty} \frac{FCF_t}{(1+WACC)^t} = \sum_{t=1}^{\infty} \frac{EBIAT_t + Dep_t}{(1+WACC)^t} \qquad (4-109)$$

然而，FCF 方法意味着：经营现金流扣除掉投资所需之后，剩余部分全部由股东和债权人所得。这点显然没有考虑负债和权益的期限结构的差异：负债有期限，而权益无期限。即便认为各期数据将因为负债的改变而改变，FCF 也将存在如下问题：它将股东、企业家和企业三者合一。这正是我们曾经批判过的。而且，由于 FCF 的分析视角是投资者，即股东和债权人，因此它存在我们在融资成本的理论基础中所指出的诸多矛盾。

（二）NPV 模型及其缺陷

再看 NPV 法。若企业打算投资某项目，投资成本只有 0 时期的初始投资 I0，假设所需投资通过权益和负债混合融资，其中负债融资额为 P，权益融资额为 S = I0 - P。从 1 期开始，每期的息税前收益为 EBIT，所得税率为 Tc。有两种方法计算 NPV。

方法 1：认为 NPV 属于股东和债权人共同所有，此时只需要将相当于无杠杆公司的现金流按照 WACC 进行折现即可，即现金流不考虑融资效应，但折现率则需要用经过融资效应调整之后的 WACC。由于 0 时期之后各期无投资发生，各期现金流入只有经营现金流。各期末的经营现金流按照如下间接法调整得到：NCFOt = EBIATt + Dept。因此，NPV 为：

$$NPV = -I_0 + \sum_{t=1}^{\infty} \frac{EBIAT_t + Dep_t}{(1+WACC)^t} \qquad (4-110)$$

上式右边第二项其实就是 $V_0 = \sum_{t=1}^{\infty} \frac{FCF_t}{(1+WACC)^t}$。因此，我们可以得到企业价值的另一表达式：

$$V_0 = I_0 + NPV \qquad (4-111)$$

方法 2：将债权人因素排除出去，仅以股东作为分析目标，考虑股东的现金流，并以权益资本成本来折现。这意味着：在 0 时期，股东的现金流出只有 S = I0 - P，在以后各期中，股东所获得的现金流入 CFE 为经营现金流扣除掉债权人的利息支出 Int（各期都一样），并且在未来支付负债本金 P。CFE 如下计算：

$$CFE = NCFOt - Int = EBIATt + Dept - Int$$

假设杠杆公司的权益资本成本为 K_{EL}。则此时的 NPV 如下计算为：

$$NPV = -(I_0 - P) + \sum_{t=1}^{\infty} \frac{EBIAT_t + Dep_t - Int}{(1 + K_{EL})^t} - \lim_{t \to \infty} \frac{P}{(1 + K_{EL})^t}$$

$$= -I_0 + \sum_{t=1}^{\infty} \frac{EBIAT_t + Dep_t}{(1 + K_{EL})^t} + \left[P - \sum_{t=1}^{\infty} \frac{Int}{(1 + K_{EL})^t} - \lim_{t \to \infty} \frac{P}{(1 + K_{EL})^t} \right]$$

$$(4-112)$$

上式第三项为负债融资的 NPV。如果负债市场是均衡的,那么该项趋向于零。于是,在 0 时期,基于股东角度的 NPV 为:

$$NPV = -I_0 + \sum_{t=1}^{\infty} \frac{EBIAT_t + Dep_t}{(1 + K_{EL})^t} \qquad (4-113)$$

这和方法 1 的结果极为类似,唯一的不同在于折现率:方法 1 用 WACC,而方法 2 用 KEL。但是,方法 2 相对于方法 1 的相对于 FCF 的进步之处在于,它仅以股东作为分析目标,不再将股东和债权人合在一起。

(三) EVA 模型及其缺陷

最后,我们看 EVA 法。EVA 的理论基础其实是经济学界、会计学界早已提出的剩余收益 RI(Resedual Income) 理论 (王泰昌和刘嘉雯,2000)。[①] 定义 RI 如下:

$$RI_t = NI_t - (K_{EL} \times BVE_{t-1}) \qquad (4-114)$$

K_{EL} 为权益资本成本,假设固定不变;BVE 为权益账面价值。根据会计准则,各期的权益账面价值具有如下关系:

$$BVE_t = BVE_{t-1} + NI_t - Div_t \qquad (4-115)$$

NI_t 为会计净利润;Div_t 为支付给股东的股利。因此,$NI_t - Div_t$ 其实就是 t 期的留存收益,这部分留存收益将增加权益的账面价值。这点是符合利润表和资产负债表规定的。

根据财务学股利折现模型,企业权益的市场价值 MVE_t(Market Value of Equity) 等于未来股利流 Div_{t+i} 的折现:

$$MVE_t = \sum_{i=1}^{\infty} \frac{Div_{t+i}}{(1 + K_{EL})^i} \qquad (4-116)$$

将式 (4-114)、式 (4-115) 分别代入式 (4-116),得到:

$$MVE_t = \sum_{i=1}^{\infty} \frac{(1 + K_{EL})BVE_{t+i-1} + RI_{t+i} - BVE_{t+i}}{(1 + K_{EL})^i} = \sum_{i=1}^{\infty} \frac{RI_{t+i}}{(1 + K_{EL})^i}$$

---

① 王泰昌和刘嘉雯:《经济附加价值(EVA)的意义与价值》,载于《中华管理评论》,2000 年,第 3 卷第 4 期。

$$+ \left[BVE_t - \frac{BVE_{t+1}}{(1+K_{EL})} + \frac{BVE_{t+1}}{(1+K_{EL})} - \frac{BVE_{t+2}}{(1+K_{EL})^2} + \frac{BVE_{t+2}}{(1+K_{EL})^2} \right.$$

$$\left. - \cdots - \lim_{i \to \infty} \frac{BVE_{t+i}}{(1+K_{EL})^i} \right]$$

$$= BVE_t + \sum_{i=1}^{\infty} \frac{RI_{t+i}}{(1+K_{EL})^i} \tag{4-117}$$

该式表明：权益的市场价值等于账面价值加上剩余收益的折现。

受到剩余收益思想的启发，Stern 根据会计数据对 BE、RI、K_{EL} 均进行了调整。他将净收益 NI 首先替换为息前税后收益 EBIAT，经过会计调整，重新命名为税后净营业利润 NOPAT（Net Operational Profit after Tax）；将权益资本成本替换为 WACC；将权益账面价值 BVE 替换为企业账面价值 BV；将调整后的 RI 称为 EVA。这样，与上述剩余收益模型相似，我们将得到如下关系：

$$EVA_t = NOPAT_t - WACC \times BV_{t-1} = EBIAT_t - WACC \times BV_{t-1} \tag{4-118}$$

$$BV_t = BV_{t-1} + EBIAT_t - Int - Div_t \tag{4-119}$$

$$MV_t = \sum_{i=1}^{\infty} \frac{Int + Div_{t+i}}{(1+WACC)^i} \tag{4-120}$$

将式（4-118）、式（4-119）代入式（4-120），得到：

$$MV_t = \sum_{i=1}^{\infty} \frac{(1+WACC)BV_{t-1+i} + EVA_{t+i} - BV_{t+i}}{(1+WACC)^i} = \sum_{i=1}^{\infty} \frac{EVA_{t+i}}{(1+WACC)^i}$$

$$+ \left[BV_t - \frac{BV_{t+1}}{(1+WACC)} + \frac{BV_{t+1}}{(1+WACC)} - \frac{BV_{t+2}}{(1+WACC)^2} \right.$$

$$\left. + \frac{BV_{t+2}}{(1+WACC)^2} - \cdots - \lim_{i \to \infty} \frac{BV_{t+i}}{(1+WACC)^i} \right]$$

$$= BV_t + \sum_{i=1}^{\infty} \frac{EVA_{t+i}}{(1+K_{EL})^i} \tag{4-121}$$

定义市场增加值 MVA 如下：

$$MVA_t = MV_t - BV_t = \sum_{\tau=1}^{\infty} \frac{EVA_{t+i}}{(1+WACC)^i} \tag{4-122}$$

在我们看来，上述 EVA 法至少存在如下缺陷：

（1）将账面价值与市场价值相混淆。EVA 的最初思想是 RI 思想，而 RI 思想旨在根据企业的账面价值和未来剩余收益来表示公司财务学中一系列现金流的价值现值的思想。但 WACC 一般是按照市场价值加权的，而 EVA 法在计算过程中暗中用 BV 代替市场价值。除非 WACC 也是用账面价值加权，否则根据市场价值计算的 WACC 将与根据账面价值计算的 WACC 存在差异，由此所计算的股东和债权人的资本成本也将存在差异。

（2）由于公司为独立法人，因此我们应该以公司剩余的最大化，从而应该将股东和债权人的资本成本扣除掉。EVA 的计算确实扣除了股东和债权人的资本成本，二者体现在 $BV_{t-1} \times WACC$ 中。在此意义上，EVA 是对的。但是，EVA 中的税后营业收益在扣除了负债和权益的资本成本之后，用 WACC 进行折现。如果用 WACC 折现是正确的，那么说明税后营业收益属于股东和债权人共同所有，但这又显然不正确，至少债权人不再拥有任何主张，按照我们的解释，这部分甚至不属于股东，而是属于公司法人，用 WACC 折现并不恰当。在此意义上，EVA 是错的。

（3）EVA 方法认为 EVA 由股东获得，从而 EVA 大于零，则表明股东不仅获得机会成本的补偿，而且还获得超额收益。但其实股东仅获得股利（不考虑股票交易所获得的资本利得）。事实上，这种剩余模式与我们的第二种剩余模式非常相似，只是将第二种模式的企业家换成了股东。

（四）FCF 与 NPV 等价吗

在讨论 NPV 时，我们可以看到 FCF 与根据方法 1 计算的 NPV 是等价的，二者有如下关系：

$$NPV = -I_0 + \sum_{t=1}^{\infty} \frac{EBIAT_t + Dep_t}{(1+WACC)^t} = -I_0 + \sum_{t=1}^{\infty} \frac{FCF_t}{(1+WACC)^t} \quad (4-123)$$

但对于根据方法 2 计算的 NPV，这种等价性不适用。

（五）FCF 与 EVA 等价吗

有的学者认为 FCF 与 EVA 方法等价，所计算出来的企业价值相等，其推导过程如下：

$$V_1 = I_0 + MVA$$

$$= I_0 + \sum_{t=1}^{\infty} \frac{EVA_t}{(1+WACC)^t}$$

$$= I_0 + \sum_{t=1}^{\infty} \frac{NOPAT_t - I_{t-1} \times WACC}{(1+WACC)^t}$$

$$= \sum_{t=1}^{\infty} \frac{NOPAT_t}{(1+WACC)^t} + I_0 - \sum_{t=1}^{\infty} \frac{I_{t-1} \times (1+WACC) - I_{t-1}}{(1+WACC)^t}$$

$$= \sum_{t=1}^{\infty} \frac{NOPAT_t}{(1+WACC)^t} + I_0 - \sum_{t=1}^{\infty} \frac{I_{t-1}}{(1+WACC)^{t-1}} + \sum_{t=1}^{\infty} \frac{I_{t-1}}{(1+WACC)^t}$$

$$= \sum_{t=1}^{\infty} \frac{NOPAT_t}{(1+WACC)^t} - \sum_{t=1}^{\infty} \frac{I_t}{(1+WACC)^t} + \sum_{t=1}^{\infty} \frac{I_{t-1}}{(1+WACC)^t}$$

$$= \sum_{t=1}^{\infty} \frac{NOPAT_t - (I_t - I_{t-1})}{(1 + WACC)^t}$$

$$= \sum_{t=1}^{\infty} \frac{FCF_t}{(1 + WACC)^t} \tag{4-124}$$

但 FCF 的思想是：FCF 归股东和债权人所有，二者所要求的联合收益率为 WACC，从而根据 WACC 进行折现。而 EVA 的思想则是：EVA 排除掉了股东股利和债权人利息，由此剩下来的部分其实既不属于股东也不属于债权人，而是属于公司法人。因此，FCF 考虑的是股东和债权人的所得，而 EVA 考虑的是公司法人的所得，这两部分所得应该是替代关系，怎么会相等呢？

让我们仔细推敲上述推导过程。

第一个等式已经不对，正确的应该是 $V_1 = BV_0 + MVA$，其中 V_0 是指由过去投资所形成的所有资产的账面价值。BV_0 与 I_0 的区别和联系在于：在会计学中，投资 I 仅指长期资产的购建、处置等，投资 I 的价值将构成 BV_0 的来源之一，但 BV_0 不仅包括长期资产，而且包括短期资产，从而 $BV_0 > I_0$。

由于第一个等式的错误，后面的等式跟着错误。例如第三个等式将 EVA 表达为：$EVA = NOPAT - I_0 \times WACC$，但由于 I_0 并非所有的价值，因此 $I_0 \times WACC$ 并不代表资本成本的绝对数。如果说 $EVA = NOPAT - BV_0 \times WACC$ 还勉强成立的话，那么，$EVA = NOPAT - I_0 \times WACC$ 则难以成立。我们能否将 I_0 换成 V_0 呢？如果替换，那么倒数第二个等式将成为：$\sum_{t=1}^{\infty} \frac{NOPAT_t - (BV_t - BV_{t-1})}{(1 + WACC)^t}$，但此时我们无法过渡到自由现金流。因为，$FCF_t = NCFO_t - NCFI_t$，但 $NOPAT_t - (BV_t - BV_{t-1}) \neq NOPAT_t - (I_t - I_{t-1}) = NCFO_t - NCFI_t$。

另外，按照 FCF 的定义，应该是经营现金流 NCFO 与投资现金流之差，但上述用 NOPAT 代替 NCFO，这也不对，因为 $NCFO = NOPAT + Dep$。我们还可以从 EVA 的推导过程来判断。如果二者等价，则根据式 4-119 必然有 $FCF = Int + Div$。但是，FCF 的初始定义所包含的数量要大于 $Int + Div$，因为 FCF 包括了不发放作股利的剩余利润，即留存收益。

因此，FCF 与 EVA 的等价性并不成立。道理就在于，根据我们的逻辑，FCF 考虑的是股东和债权人的价值，而 EVA 考虑的是公司法人的价值，根据 FCF 计算的价值将大于根据 EVA 计算的价值。

（六）NPV 与 EVA 等价吗

还有的学者认为 NPV 与 EVA 方法等价。例如，王泰昌和刘嘉雯（2000）[①]

---

① 王泰昌和刘嘉雯：《经济附加价值（EVA）的意义与价值》，载于《中华管理评论》，2000 年，第 3 卷第 4 期。

证明如下：

记 I_0 为初始投资，NPV 根据方法 1 即式（4 – 37）计算。

I_0 满足：

$$I_0 = \sum_{t=1}^{n} \frac{BV_{t-1} \times WACC + Dep_t}{(1 + WACC)^t} \qquad (4 – 125)$$

将上式代入 NPV 公式，得到：

$$NPV = \sum_{t=1}^{n} \frac{EBIT_t(1 - T_c) - BV_{t-1} \times WACC}{(1 + WACC)^t} = \sum_{t=1}^{n} \frac{EVA_t}{(1 + WACC)^t} = MVA$$

$$(4 – 126)$$

然而，根据我们的逻辑，NPV 计算的是企业家、股东、企业三者合一条件下的现金流，而 EVA 仅考虑公司法人的所得，NPV 应该大于 MVA 才对，怎么会相等呢？

我们需要仔细推敲上述推导。关键在于初始投资的表达式。但遗憾的是，我们无法从财务学的角度来理解王泰昌和刘嘉雯（2000）为什么如此表达。不过，根据我们的逻辑，NPV 考虑的是企业家、股东、企业三者合一条件下的现金流，而 EVA 仅考虑公司法人的所得，NPV 将大于 MVA，二者不可能相等。

四、投资效益指标体系的构建

上文对投资效益的三种重要度量方法进行了重新解读，我们看到：FCF、NPV、EVA 都没有注意到公司法人的独立人格，从而没有注意到股东其实无法获得属于公司法人的财产。为了克服这点缺陷，下面将基于公司法人的角度构建投资效益指标体系。

（一）基于会计利润的修正杜邦指标体系

在不考虑现值情况下，目前较完善的投资效益指标体系当属杜邦指标体系。但由于杜邦站在股东的角度考虑问题，从而权益收益率成为终极目标。如果我们站在公司法人的角度，杜邦体系如何修正呢？我们首先给出如下结果（见图 4 – 12）。

图 4 – 12 中，除了几个变量没有介绍过之外，其他变量都在对利润表的重新解读中进行过解释。没有介绍过的变量如下：S：销售收入；OI（Other Income）：其他收益，例如营业外利润、投资收益；LA（Long-term Assets）：长期资产；CA（Current Assets）：流动资产；Inv（Inventory）：存货；AR（Account Receivable）：应收账款；SI（Short-term Investments）：短期投资；OCA：其他流动资产。

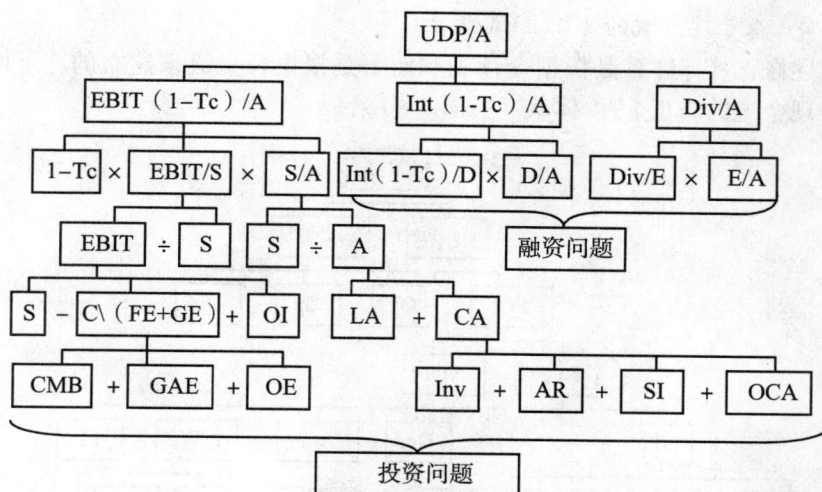

图 4-12 修正杜邦指标体系

下面，我们对上述指标进行详细解释。

UDP/A：法人资产利润率。由于我们立足于公司法人，因此，法人所获得利润其实只有未分配利润 UDP。又由于法人获得 UDP 是以投入全部的资产 A 作为代价的，因此 UDP/A 度量了公司法人的资产利润率。由于 UDP = (EBIT - Int)(1 - Tc) - Div，因此 UDP/A 可拆分为三项：UDP/A = EBIT(1 - Tc)/A - Int(1 - Tc)/A - Div/A。

EBIT(1 - Tc)/A：联合资产利润率。这里的分子是息前税后收益，是债权人、股东、公司法人联合获得的。

Int(1 - Tc)/A：税后利息占资产的比例。

Div/A：股利占资产的比例。

Int(1 - Tc)/D：债权人的税后利率。这点有别于债权人的实际利率 Int/D。之所以如此，是因为我们立足于公司法人，而公司法人虽然对债权人支付 Int，但由于利息的税蔽作用，实际支付只有 Int(1 - Tc)，法人获得税蔽的价值为 Int × Tc。

Div/E：股东的股利收益率。股东投入 E，每期获得 Div，从而该指标便度量了股东的股利收益率。这点有别于从股票买卖中获得的资本收益率。

D/A、E/A 分别为负债比率、权益比率。

EBIT/S：销售利润率。其解释和分解与原杜邦体系相似，这里不做过多介绍。但需要强调的是，在扣除的成本 C 方面，我们的 C 不包括财务费用 FE 和治理费用 GE，原因见我们对利润表的重新解读。

（二）基于现金流的修正 EVA 体系

上述修正杜邦体系是根据会计利润而不是根据现金流来建立的。下面提供基于现金流的修正 EVA 体系（见图 4－13）。

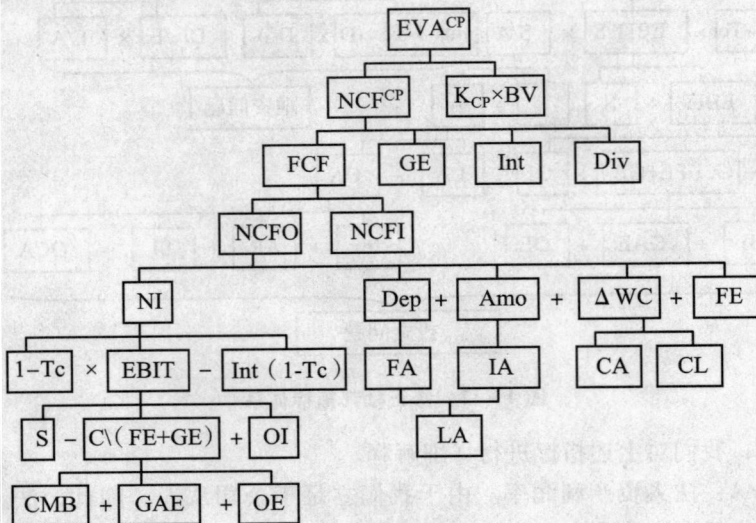

图 4－13　修正 EVA 指标体系

图 4－13 中，大部分变量均已在对利润表和现金流量表的重新解读中解释过。尚未解释过的变量有如下：EVA^{CP}：公司法人所获得的 EVA；NCF^{CP}：公司法人获得的净现金流；K_{CP}：适用于公司法人的资本成本；Amo：无形资产摊销（Amotization）；IA：无形资产（Intangible Assets）。

在图 4－13 中，我们的首要考虑指标是 EVA^{CP}。该指标等于 NCF^{CP} 与 $K_{CP} \times BV$ 之差。其含义与 Stern 的 EVA 的含义一样：公司法人所获得的现金流，只有超过其资本成本，才能说实现了价值增值。问题是：适用于公司法人的 K_{CP} 如何确定？这个问题不好回答，因此我们暂时搁下。与 EVA^{CP} 相似的是股东的 EVA^{E}，如下计算：$EVA^{E} = Div - K_{EL} \times BVE$，即股东所获得现金股利减去其投资的机会成本，该机会成本等于 $K_{EL} \times BVE$。

NCF^{CP} 的计算在对现金流量表的重新解读中进行过介绍。这一现金流既不属于债权人也不属于股东，因此独立于债权人的利息和股东的股利，并由公司法人所有。该指标与利息 Int、股利 Div、治理费用 GE 一起构成自由现金流 FCF。

剩下的指标均容易理解，这里不再赘述。上述修正 EVA 体系的一个优点在于：它将 EVA、FCF、NPV 统一在了一起，同时将会计利润与现金流统一在了一起。有点遗憾的是，在上述指标体系中，投资绩效与融资问题混合在一起，无法像修正杜邦体系一样将二者明显的区分开来。

第四节　上述指标体系的适用对象

上述指标体系存在两个缺点：第一，它们一般是针对整体企业而言的，但投资绩效并不仅仅在企业层面上使用，例如它还可在项目、资产层面上使用；第二，基于投资过程的效率指标体系还处于理论探讨阶段，较为抽象，在实际中运用不多，企业实践从投资过程的角度提出了一些更为简单实用的指标。

对于第一点，我们有必要对企业投资的完整内容进行说明。根据经济学理论，企业投资是指短期资产或长期资产的增减变动。但需要说明的是：当我们说投资的时候，我们并不必然意味着企业的扩张；相反，根据投资的定义，长期资产的增加固然意味着投资，而长期资产的减少也意味着投资；即便长期资产不变，对长期资产的折旧同样属于投资。为此，我们可以从资产变动的角度，将企业投资类型划分为三类：资产增加型、资产不变型、资产减少型。

另外，一般而言，企业在过去进行初始项目投资时，该项目将构成一个事业部（Business）。从现在的角度，我们可将它称为旧事业部。在旧事业部范围内，如果企业家购买新的长期资产如固定资产，这固然属于投资活动；而如果旧事业保持不变，企业家引入新的事业，从而需要投入新的长期资产，这当然也属于投资活动，但显然的是，引入新事业的投资和旧事业范围中的投资应该有着明显的不同。为此，我们需要根据事业部变动情况将投资类型划分为：增加新事业型、旧事业不变型、减少旧事业型。如果企业增加新事业，这可以称为多元化经营，此时，新事业与旧事业之间具有三种关系：新事业与旧事业之间具有关联性，并且新事业的引进导致旧事业的规模得以扩张，称为正相关多元化；但如果新事业的引进导致旧事业规模的减小，则称为负相关多元化；如果新事业与旧事业之间无关联性，称为无关多元化。

这样，我们将根据资产变动情况和事业变动情况划分的投资类型进行组合，得到如下投资类型，如表4-4所示。

表 4 - 4 企业投资类型

事业变动		资产变动		
		资产增加	资产不变	资产减少
旧事业	增加新事业 正相关多元化	例如，在彩电事业部基础上引进显示器事业部	×	×
	增加新事业 无关多元化	例如，在彩电事业部基础上引进电动车事业部	×	×
	增加新事业 负相关多元化	例如，在彩电事业部基础上引进显示器事业部，但收缩彩电事业部	×	例如，在彩电事业部基础上引进显示器事业部，同时收缩彩电事业部，此时彩电事业部的投资是收缩的
	旧事业不变	例如，购买新的固定资产如电脑；购买专利技术；扩建某个工厂等	例如，固定资产的维护、更新等	例如，固定资产出售；砍掉某个工厂等
	减少旧事业	×	×	例如，旧事业组合包括彩电事业部和显示器事业部，现在砍掉彩电事业部，保留显示器

在表 4 - 4 所示的投资类型中，有一些类型是不可能的，我们以"×"来表示。

如果企业的投资是增加一个事业部（或项目）并且这个事业部（或项目）是独立核算的，那么前三节的指标体系是适用的。但因为关于投资效率的指标过于理论化，因此实际中用得较少。实际中经常使用到的评价指标，将在第五章进行解释。

如果深入到一个项目的内部，考虑各个投资资产的绩效，则前三节的指标体系不适用。此时适用的评价指标将在第六章进行解释。

而当站在一个企业整体的角度时，我们需要将前三节的指标体系进行明细化和可操作化。这方面的应用将在第七章进行解释。

第五章 基于投资项目进程的
绩效评价

在第四章对投资绩效评价理论基础和评价体系进行探讨的基础上,本章将从投资项目进程着手,具体讨论对投资项目的绩效评价。

第一节 投资项目进程评价概述

一、投资项目的含义与特征

（一）投资和项目

投资是以预期的经济或社会效益为目的的资金（包括可折算为资金的各种资源）投入行为和过程。投资的经济主体（投资主体或投资者）可以是政府、企业或个人。企业进行的投资,通常以项目的形式出现。

项目通常指在规定时间和预算范围内,按照一定的质量要求实现预定目标的一项一次性任务。美国项目管理学会（Project Management Institute,PMI）对项目的定义是:项目是一种被承办的旨在创造某种特殊产品或服务的临时性努力。英国项目管理协会（Association of Project Management,APM）定义项目是为了在规定的时间、费用和性能参数下满足特定目标而由一个人或组织所进行的具有规定开始和结束日期、相互协调的独特活动集合。该定义被国际标准化组织（International Standard Organization）采用（ISO 10006）。联合国工业发展组织在《工业项目评估手册》中的表述为:"一个项目是对一项投资的一个提案,用来创建、扩建或发展某些工厂企业,以便在一定周期内增加货物的生产或社会的服务。"并指出从项目评价的角度出发,"一个项目就是一个投资的单位,它可以从技术上、经济上区别于其他各项投资。"

（二）投资项目的含义

从项目评价的角度出发,投资项目是指投入一定资源的、能够单独计算和考核其投入和产出（收益和成本），以便于进行分析和评价的独立计划、规划或方案。通常，投资项目可由更小的若干子项目组成。

大多数直接投资都是需要兴工动料的建设项目。建设项目一般包括新建项目和改建（或技术改造）、扩建项目、迁建、恢复（修复）项目等。其按规模，可分为大、中、小型项目；按投资建设的用途，可分为生产性建设项目和非生产性建设项目。投资项目的资金来源通常包括国家预算拨款、国家拨改贷、银行贷款、企业联合投资、企业自筹和利用外资等。

（三）投资项目的特征

（1）目的性。项目为实现组织的特定目标服务，包括满足预定的产品特性、使用功能、质量、技术标准等方面的要求，满足项目时间和成本的要求。

（2）制约性。任何项目都有各种限制条件，这既包括资金、人力资源和其他资源的限制，也包括自然环境条件、社会条件限制和法律制约。

（3）一次性。项目有始有终，有自己的开始与结束日期和项目时间长短的限制。因而任何项目都有一个独立的管理过程，其计划、控制和组织都是一次性的。

（4）不确定性。项目具有的独特性和一次性使其不确定性远高于日常经营。

（5）开放性。项目的完成要跨越企业内部各职能部门的界限，同时也要协调与外部相关部门的关系。

（6）系统性和复杂性。

二、投资项目评价的必要性

改革开放以来，我国实施以经济建设为中心的现代化发展战略，在取得很大成绩的同时，也存在着不可忽视的失误和教训。根据国家统计局综合司课题组（2005），我国的投资率（即资本形成占支出法国内生产总值的比率）自 1998 年来在高位上持续提高，至 2004 年已达 43.9%。与前一年相比，2003 年、2004 年和 2005 年全社会固定资产投资分别增长 26.7%、25.8% 和 25.7%，投资过热状况持续存在[①]。与投资持续增长相伴随的是，我国固定资产投资效果系数（每百元固定资产投资的年纯收入）呈现下降趋势（见表 5-1），反映我国的投资决策与管理存在问题。

---

① 数据来源：2003 年、2004 年、2005 年的《中华人民共和国国民经济和社会发展统计公报》。

表 5-1　　　　　　　　　　我国固定资产投资效果比较

年　份	1985	1995	1999	2000
投资效果系数	70.1	37.2	11.6	27.5

资料来源：李京文：《重大工程项目技术经济论证的新发展》，中国工程院工程科技论坛《重大工程项目管理模式研讨论文集》2001 年。

随着我国市场经济体制的建立和完善，及企业投融资体制改革的不断深入，我国开始全面推行投资决策责任制，特别是投资风险的约束机制。《国务院关于投资体制改革的决定》规定，对于政府投资项目实行审批制，对于企业不使用政府投资建设的项目，一律不再实行审批制，区别不同情况实行核准制和备案制，以贯彻"谁投资、谁决策、谁收益、谁承担风险"的基本原则，落实企业投资自主权。

投资决策权的下放，增强了企业投资决策的谨慎程度，也使项目评价与决策日益受到广泛关注。2006 年 7 月 3 日国家发展改革委员会和建设部以发改委（2006）1325 号文印发《建设项目经济评价方法与参数》（第三版），要求在建设项目的经济评价工作中使用。该《方法与参数》借鉴了世界银行、亚洲开发银行和英国财政部等机构发布的《经济评价指导手册》和研究成果，表明了市场经济条件下，经济评价工作仍是必要的，并且项目前期工作中的一项重要内容。

三、投资项目的进程评价

（一）投资项目的进程划分

投资项目通常都需经历一个由产生、发展到终结的循序过程，即生命周期。根据联合国工业发展组织所编《工业项目可行性研究手册》和世界银行的有关规定，一个投资项目的发展周期可分为投资前、投资执行和生产运行三个主要时期，每个时期又包括若干工作阶段（见表 5-2）。

项目评价为项目决策提供支持，在项目的生命周期中每个阶段都有不同的项目决策任务，这些项目决策任务以给定的约束条件和评价数据为基础，通过分析给出不同项目阶段所需的项目决策支持信息。把项目评价与项目生命周期相结合，对投资项目的评价也应分阶段来实施，分别进行事前（投资前时期）评价、事中（投资执行时期）评价和事后（生产运行时期）评价。随着项目的进展，项目的不同阶段会有完全不同的项目评价工作，其使用的基础数据、所处条件不同、评价对象与内容以及所采用的评价方法等都有所不同。

表 5 – 2 投资项目进程及各阶段评价重点

投资前时期				投资执行时期					生产运行时期			
机会研究	可行性研究	项目评估	投资决策	合同谈判签约	工程设计	施工安装	试运行	竣工验收	生产经营	项目后评估	…	项目废弃
● 机会评价 ● 必要性评价 ● 可行性评价 ● 立项决策				● 实施状况评价 ● 实施进度评价 ● 环境变化评价 ● 未来发展预测					● 运营管理评价 ● 绩效评价 ● 前期评价的再评价 ● 项目持续发展评价			

资料来源：戚安邦、李金海：《项目论证与评估》，机械工业出版社 2004 年版。

（二）投资项目按进程评价的程序

确立评价目的、目标和评价的参照系统、获取评价信息、形成价值判断，是评价问题的一般性过程。对投资项目的评价，无论是在事前、事中还是事后阶段，评价的程序基本相同，如图 5 – 1 所示。

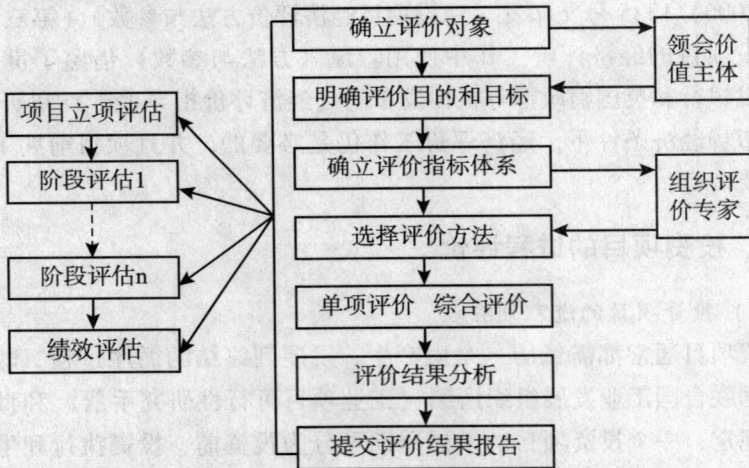

图 5 – 1 项目评价流程

然而，在不同的项目评价阶段，由于项目评价目的、所使用基础数据、所处条件和评价对象的差异，各阶段评价的重点和方法也有所差异。投资项目各阶段评价的重点如下：

1. 事前评价

事前评价（立项评价）是在具有很多假设前提条件下，使用预测数据对于项目的可行性和各阶段备选方案所作的前期机会评估、可行性研究评价和项目立项评价可行性研究；目的是为项目决策提供依据，降低投资风险，提

高投资项目选择的成功率。

2. 事中评价

事中评价（实施评价）是在相对比较确定的情况下，使用预测和实际数据针对项目实施情况对整个项目所作的评价；目的是为项目的执行反馈信息，评价实施过程中的环境条件变化将对实施方案的影响，对实施方案进行及时调整、变更或中止。

3. 事后评价

事后评价（绩效评价）是在项目投入使用后使用项目实际数据和一定的观测数据，用项目的实际成果和效益来分析评价项目的决策、管理和实施，总结经验、教训，为投资者和决策者服务，为新项目的决策提供较为可靠的依据。

相关研究显示，项目评价实践中对事前、中、后评价的重视程度不一。约95%以上的项目进行前期评价；50%以上的项目进行中期评价；40%的项目进行后期评价。同时，理论与方法研究的文献也不均衡。60%左右的文献涉及前期项目的选择、资源分配、投资动机等领域；20%左右的文献集中在项目的绩效、接收鉴定、验收等方面；10%左右的文献涉及项目的进展评价、中止决策等方面；另有10%涉及项目评价综述等其他领域①。

本章后面各节的内容将集中于事前、事中和事后评价的主要内容和方法。

第二节　投资项目的事前评价

事前评价是指项目立项之前所进行的评价，主要是对项目的必要性和项目备选方案的技术、经济、运行条件和社会与环境影响等方面所进行的评价，目的是为了减少甚至避免盲目和错误项目投资决策。

一、事前评价、可行性研究与项目决策

（一）项目事前评价与可行性研究

可行性研究是在投资决策前，对拟建项目进行全面技术经济分析的科学方法和工作程序。它通过一系列调查研究，在分析市场、技术和项目资源条件的基础上，进行项目的财务评价、经济评价和社会评价，论证项目在技术

---

① 杨列勋：《研究与开发项目评估及应用》，科学出版社2002年版。

上的先进性与适用性；经济上的合理性和盈利性；对社会发展目标的作用及其与社会的相互适应性，从而为投资决策提供可靠依据。可行性研究通常包括机会研究、初步可行性研究、可行性研究和项目评估（评审）决策四个阶段。可行性研究是投资项目管理程序的重要组成部分，也是投资项目决策科学化的必要步骤和手段。

根据原国家计委1983年2月颁发的《关于建设项目进行可行性研究管理办法》，与联合国工业发展组织所规定的内容相似，我国工业建设项目可行性研究一般包括十项内容：（1）总论；（2）所需资源、原材料、燃料、动力及其他外购件的供应条件；（3）所需资源、原材料、燃料、动力及其他外购件的供应条件；（4）建厂条件和厂址方案；（5）工程技术设计方案；（6）环境保护与劳动安全；（7）企业组织、机构设置、劳动定员配备方案、人员培训的规模和费用；（8）项目实施计划进度；（9）投资项目评价（技术经济论证）；（10）项目的综合评价及建议。

可见，投资项目事前评价是可行性研究的核心，它在可行性研究完成了前八项工作、提供了大量数据的基础上进行。投资项目事前评价包括从财务、经济和社会三个层次的不同角度对项目效果进行分析评价（包括不确定性分析），使项目整体得以优化。

（二）项目评价与项目决策

项目决策是指按照一定的程序、方法和标准，对项目规模、投资与收益、工期与质量、技术与运行条件、项目的环境影响等方面所做的调查、研究、分析、判断和选择。它是项目生命周期中的首要环节，涉及到项目目标决定、项目可行性分析和项目最优方案选择等一系列工作。要对诸如项目提案、项目选择、项目必要性、技术可行性、经济合理性和运行条件等重大问题做出判断和决定。项目评价是对项目备选方案进行的论证和评估，是项目决策的前提，项目决策是在项目评价的基础上所得到的结果。

反过来，不断深入的项目评估都是以项目的前期决策为前提条件的。如在项目立项以后开展的项目详细可行性研究都必须以项目立项这一前期的项目决策结果为前提。项目评估是项目决策方案的分析论证，在评估的基础上，决策方案进一步优化设计，完善深化，然后再在更高的层次上进行评价论证。

成功的项目投资决策是项目决策和项目评估循环往复，不断深化的结果。项目评估和项目决策之间的关系，如图5-2所示。

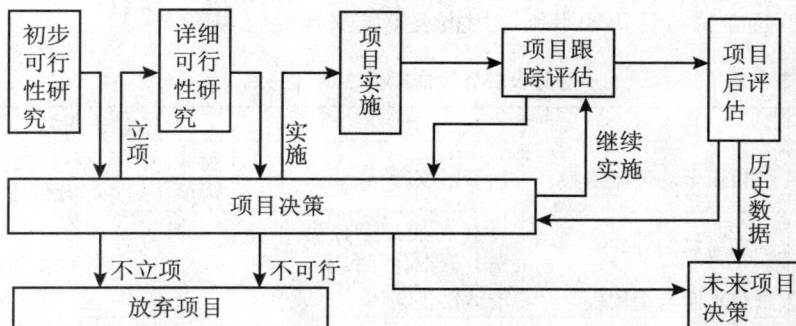

图 5 – 2　项目评估和项目决策之间的关系

资料来源：戚安邦、李金海：《项目论证与评估》，北京机械工业出版社，2004 年版。

二、投资项目的事前经济评价

对于投资项目各种经济特性的分析和评价，可以从财务评价和国民经济评价两方面来进行，统称为投资项目的经济评价。

（一）投资项目的事前财务评价

投资项目的事前财务评价是从项目或企业财务角度，计算项目的经济效果评价指标，分析项目的财务盈利能力、清偿能力、生存能力、利润和分配状况等；对投资项目的可行性进行论证；并通过多个方案间的比选，以企业盈利最大为目标，推荐出最优方案。其中从项目的角度，以具体的技术改造项目为评价对象，对费用、效益的计量范围仅限于项目本身。适用于关系简单，费用、效益容易分离的技术改造项目。其中从企业的角度，则是从企业全局出发，通过比较一个企业改造和不改造两个不同方案，以经济效益变化来评价项目的经济效益。企业评价法既考虑了项目自身的效益，又考虑了它给企业其他部分带来的相关效益。适用于生产系统复杂，效益、费用不好分离的技术改造项目。

1. 评价方法的选取

（1）现金流量分析方法。是以项目作为一个独立系统，反映项目在建设期与生产经营期间内各年流入和流出的现金活动，即工程项目寿命期内各年现金流入与现金流出的数量。对项目目标市场的有效需求分析是项目经济评价的重要组成部分，现金流入与现金流出的估算有很强的行业特性，各行业应针对本行业特点进行估算。

（2）财务报表分析方法。是根据工程项目的具体财务条件及国家有关财税制度和条例规定，把工程项目在建设期内的全部投资和投产后的经营费用与收益，逐年进行计算和平衡，用报表格式来反映（见表5-3）。

表5-3 　　　　　　　　　 财务报表与评估指标之间的关系

	基本报表	静态指标	动态指标
盈利能力分析	项目投资现金流量表	投资回收期	财务内部收益率、财务净现值、财务净现值率
	利润与利润分配表	投资利润率、投资利税率、资本金利润率	
清偿能力分析	资金来源与运用表	借款偿还期	
	资产负债表、财务计划现金流量表	流动比率、速动比率、偿债备付率、利息备付率	
不确定性分析	盈亏平衡分析	平衡点生产能力利用率、平衡点产量	
	敏感性分析		财务内部收益率财务净现值
	概率分析		净现值期望值，净现值大于或等于零的累计概率
其他分析		其他静态指标（价值或实物指标）	

2. 现金流量评价法的应用

根据是否考虑货币资金时间价值，财务效益的现金流量评价法又可分为静态分析和动态分析两类。

（1）静态分析。静态分析是一种不计算资金时间价值的简易分析法。其计算现金流量时，通常只选取一个典型年份（通常为工程项目达到设计生产能力的正常生产年份）的净现金流量或平均值（不是折现值），而不反映项目整个寿命期间的现金流量。

衡量财务效果的可选静态指标主要包括：

①投资利润率。指项目达到设计生产能力后的一个正常年份的利润总额与项目总投资的比率，考察项目单位投资的盈利能力。对生产期内各年的利润总额变化幅度较大的项目，比率的分子采用生产期年平均利润总额。其计算公式为：

$$投资利润率 = \frac{年利润总额或年平均利润总额}{项目总投资} \times 100\%$$

计算得到的投资利润率可与行业平均投资利润率相比，以判别项目单位投资能力是否达到本行业平均水平。

类似的指标包括投资利税率，即项目达到设计生产能力后的一个正常年份的年利税总额（或项目生产期内的年平均利税总额）与项目总投资的比率。

资本金利润率，即项目达到设计生产能力后的一个正常年份的年利润总额（或项目生产期内的年平均利润总额）与资本金的比率。

用这些指标来判断项目的投资财务效益，计算简便、易于理解，但它对那些年收益额在各个年度变化幅度较大的项目进行计算时，则比较难以选择具有代表性的正常生产年度，因而它们多用于项目的初选阶段。

②投资回收期。指以项目的现金流量抵偿全部投资（包括建设投资和流动资金投资）所需的时间，反映项目财务上投资回收能力。投资回收期自建设开始年算起，其计算公式为：

$$\sum_{t=0}^{P_t} (CI - CO)_t = 0$$

其中，CI 为现金流入；CO 为现金流出；$(CI - CO)_t$ 为第 t 年的净现金流量（NCF）。P_t 为净现金流量累计为零的年限。

对于各年净收益不等的项目，可根据项目现金流量表计算投资回收期：

$$T_P = T + \frac{\text{第 T 年的累计净现金流量的绝对值}}{\text{第 T+1 年的净现金流量}}$$

其中，T 表示项目各年累计净现金流量最后一个负值的年份。

（2）动态分析。动态分析考虑资金的时间价值、机会成本、边际效益和投入产出效果，根据资金占用时间长短，按照一定的折现率计算资金的实际价值。动态分析计算项目整个寿命期内的总收益，如实反映资金实际运行情况和项目寿命期的经济活动和经济效益，能正确地对项目财务做出符合实际的评估。

衡量财务效果的可选动态指标主要包括：

①净现值。指按行业的基准收益率或设定折现率，将项目计算期内各年净现金流量折现到项目建设期初的现值之和。

$$FNPV = \sum_{t=0}^{n} (CI - CO)_t (1 + i)^{-t}$$

其中，n 为项目的寿命期；CI 为现金流入；CO 为现金流出；$(CI - CO)_t$ 为第 t 年的净现金流量（NCF），i 为项目的基准折现率。

在 FNPV 作为绝对效果评价指标，即用于判断项目或方案是否可行时，当 FNPV≥0，则项目或方案可行；否则予以否决。在 FNPV 作为相对效果评价指标，即用于多方案必选时，当 FNPV≥0，以 FNPV 大者为优；或在投资小的方案可行（FNPV≥0）的情况下，通过考察两方案的增量现金流的经济可行性，来判断两方案的优劣。

②内部收益率。指项目在计算期内各年净现金流量累计等于零时的折现率。

$$NPV = \sum_{t=0}^{n} (CI - CO)_t (1 + FIRR)^{-t} = 0$$

式中 FIRR 为财务内部收益率，其他符号的意义同上。当项目的内部收益率与按资本的机会成本所确定的折现率（或基准收益率）相等时，该项目达到了允许的盈利水平；如果内部收益率大于该折现率，说明项目的盈利能力较高。

③动态投资回收期。是指按照给定的基准折现率，用项目的净收益现值将总投资现值回收所需的时间。

$$\sum_{t=0}^{P_t} (CI - CO)_t (P/F, i, t) = 0$$

其中，CI 为现金流入；CO 为现金流出；$(CI - CO)_t$ 为第 t 年的净现金流量（NCF）；P_t 为累计净现金流量为零的年限，就是项目的投资回收期。

对于各年净收益不等的项目，也可根据项目现金流量表计算投资回收期：

$$T_P = T + \frac{第\ T\ 年的累计净现金流量的绝对值}{第\ T+1\ 年的净现金流量}$$

其中，T 表示项目各年累计净现金流量现值最后一个负值的年份。

3. 评价指标的比较选取

静态评价指标使用简单，但因不考虑货币时间价值，具有明显的缺陷。投资回收期应用普遍，但其不考虑项目投资回收期后的现金流量情况。

净现值和内部收益率构成动态评价的主要指标，动态投资回收期是衍生指标。相对于内部收益率，净现值是确定条件下投资项目评价标准中更合理的指标。这是因为，每个项目只有一个净现值，而项目的内部收益率可能不唯一。对于互斥项目，运用净现值和内部收益率可能得到相反的结论。对互斥项目进行比较时，应选出使企业价值最大化的项目。而内部收益率偏向选择投资小、收益也比较小的项目，这与企业价值最大化的目标相悖。

4. 战略投资项目评价中对实物期权的考虑

对具有高风险、不确定性环境下的战略投资项目，在进行投资决策时，除进行传统的财务评价以外，还要考虑投资项目的实物期权价值。因为投资项目在实施之前，都有推迟或提前、扩大或缩减投资规模的选择权，根据期权理论，这种选择权本身就是有价值的。

实物期权是关于价值评估和战略性决策的重要思想方法，它是战略决策和金融分析相结合的框架模型。风险项目潜在的投资机会可视为另一种期权形式—实物期权（Real Options）。一个投资方案其产生的现金流量所创造的利润，来自于目前所拥有资产的使用，再加上一个对未来投资机会的选择①（Myers，1997）。实物期权指项目投资者在投资过程中所用的一系列非金融性选择权②。企业的投资机会就相当于期权持有者拥有的买方期权，投资相当于执行期权，企业一旦投资，企业的投资机会具有的价值就丧失了，转化为投资的成本，称之为机会成本。投资项目的期权特征主要体现在两方面：（1）投资者对投资项目不仅在当前具有决策权，而且在投资项目建设后，投资者仍有权根据投资项目的实际情况作出决策，即投资者对投资项目具有一种未来决策权。（2）投资项目通常涉及技术风险、金融风险、市场风险、自然风险和社会风险等众多风险因素，因而投资项目的价值具有波动性。

实物期权对具有高风险、不确定性环境下的项目投资决策提供了一种切实可行的评价工具。根据实物期权理论，一个项目的投资价值应为项目净现值、灵活性价值和战略价值之和。

其中，投资项目的净现值容易获得，而期权的价值则需要利用期权方法确定，实物期权定价的基本思想是通过与金融期权的对称关系，在金融市场上找到相应的孪生证券，通过二项公式与 Black-Scholes③ 模型予以解决。在确定期权价值后得到项目的投资价值，投资者可据此做出科学的决策。

（1）灵活性价值——灵活性期权。灵活性期权使得公司得以在未来调整投资计划，对项目或投资决策中包含的灵活性因素价值进行挖掘，帮助决策者识别和管理风险，并选择最佳的投资时机，从而更好地评估投资项目和管理项目。灵活性期权包括延迟期权、转换期权、规模变更期权、弃置期权。

延迟期权（Option to defer）：指赋予公司推迟一段时间对项目进行投资的权利，通常是受到专利或许可证保护的项目。延迟期权使得决策者在推迟的时间里可以观察市场的变化，选择对本身企业最有利的时机执行某一投资方案或放弃投资。决策者延迟投资相当于获得一个等待期权的价值（The value of the option to wait）。执行此投资方案也就牺牲了这个等待期权，其损失部分就是此投资方案的机会成本。

转换期权（Option to switch）：当未来市场需求或产品价格改变时，企业可利用相同的生产要素，选择生产对企业最有利的产品，或投入不同的要素来维持生产特定的产品。指决策者可根据未来市场需求变化，来决定最有利

---

① Myers S. C. Determinants of Corporate Borrowing. Journal of Financial Economics，1977，5.

② Amram M.，Kulatilakas N. Reol. Options：Managing Strategic Investment in an Uncertainty World. Harward Business School Press 1998.

③ F. Black，M. Scholes. The Pricing of options and Corporate Liabilities. Journal of Political Economy，1973：Vol. 81。

的投入与产出，也就是决策者拥有转换期权。

规模变更期权（Option to alter operating scale）：包括扩张、收缩和暂时中止期权，主要指在项目已经开始运作后，根据市场情况和期望的差异，决策者可以进一步扩大投资、加速对资源的利用或通过缩减生产规模的办法来减少损失，甚至暂停生产或对资源的利用。

弃置期权（Option to abandon）：当市场情况持续恶化或企业生产出现其他原因导致当前投资计划出现巨额亏损，决策者可以根据未来投资计划的现金流量大小与放弃目前投资计划的价值来考虑是否要结束此投资计划。弃置期权相当于美式看跌期权，可以将项目出售的价值作为执行价格，项目本身的现值为标的物的市场价格。

（2）战略价值——复合性期权。投资项目的战略价值可用复合性期权（Compound Option）来分析，它赋予企业提高未来生产能力或竞争力的机会或可能性，其价值通常体现在企业一系列后续投资机会的价值基础上，即依赖于它所能生产的新的选择机会的价值。它包括延续性投资期权和成长性期权。

延续性投资期权（Time-to-build Option），企业的投资是一种连续性和阶段性的投资，企业在每一阶段的投资，决定了下一期是否继续投资，这种决策的弹性可以视为企业每一期的投资取得了下一次的投资机会，即延续性投资期权。

成长性期权（Growth Option），企业较早投入的计划，不仅可以获得宝贵的学习经验，也可视为未来投资计划的基础投入，这种计划的关联关系就如同是计划与计划间的复合式期权，即成长性期权。许多公司拥有成长机会的资产，可被视为买方期权[1]（Myers，1977）。

（二）投资项目的事前国民经济评价

通常情况下项目都需进行财务评价，但对于大中型投资项目，尤其是有关国计民生的、投资额巨大的项目，不仅要求从微观（项目或企业）角度，而且应当从国家整体角度考察项目，计算、分析项目需要国民经济付出的代价，以及项目对国民经济的净贡献，从而评价项目的经济合理性，即进行国民经济效益评价。

1. 评价方法

（1）"费用—效益"分析方法。国民经济评价通常采用"费用—效益"分析方法，即费用与效益比较的理论方法，寻求以最小的投入（费用）获取最大的产出（效益）。该方法把每一经济行为对社会的全部影响和效果（社会

---

[1] Myers S. C. Determinants of Corporate Borrowing. Journal of Financial Economics，1977，5.

资源消耗和社会贡献）折算为用货币单位表示的费用和效益，通过项目发生的费用和效益的对比，按净效益对项目的经济性做出评价。

实际分析过程中，项目的费用和效益由项目投入资源的影子价格和产出物的数量计算。考虑项目实施和影响的长期性及对项目占用资源所付代价的衡量，应采用体现资金时间价值的经济动态净贡献指标——"经济净现值ENPV"，作为对项目经济可行性的最终评价依据。

可采用"有无对比"方法识别项目的费用和效益，采取影子价格理论方法估算各项费用和效益，采用现金流量分析方法，使用报表分析，采用内部收益率、净现值等经济盈利性指标进行定量的经济效益分析。

（2）"费用—效果"分析方法。"费用—效果"分析方法适用于费用和效益都可以用货币单位定量的项目。社会公益性质的项目由于其特殊性，其效益主要以很难量化社会效益的形式体现，如某治理污染投资项目改善了周围环境质量，提高了居民的健康水平，减少了医疗和社会保险费用，提高了劳动生产率等等，产生了很好的环境效益，并间接地产生了经济效益。对这样的多个项目方案进行比选，可用一个简单的指标"费用—效果比率"进行。此时的效益是用非货币单位度量的。当项目评价要考虑多个结果的时候，分析人员要评价每个结果对单一目标的重要性，对重要性的评价通常是根据一个或者多个信息来源（包括专家意见、项目关系人、各利益集团的看法等）推导出来的主观判断，然后把这些主观判断转换成权重、对这些结果进行加权，得出单一的综合度量指标"加权的费用—效果比率"。

2. 国民经济评价参数

国民经济评价中需要使用国民经济评价参数。正确理解和使用这些参数，是正确计算费用、效益和评估指标以及方案优化必选的前提条件。国民经济评价参数分为两类：

一类是通用参数。包括影子工资、影子汇率和社会折现率等，由专门机构组织测算和发布。指项目的国民经济评估中为计算费用和效益，衡量技术经济指标而使用的一些参数。它反映最佳的资源分配，国家的宏观经济目标，政府的价值判断和在一定时期的经济政策。原则上，通用参数对所有部门、地区和工程项目都是一致的。

（1）影子价格。反映项目投入物和产出物真实国民经济效益和费用。是商品或生产要素可用量的任一边际变化对国家基本目标——国民收入增长的贡献值。由国家的经济增长目标和资源可用量的边际变化赖以产生的经济环境决定。依据国民经济评估的定价原则测定，反映市场供求关系、资源稀缺程度和资源合理配置的要求。

（2）影子工资。国民经济评价中，用影子工资度量劳动力费用，并计入经营费用。影子工资是指拟建项目使用劳动力，社会为此付出的代价，它由两部分组成：一是劳动力的机会成本，即由于项目的建设而使其他部门流失劳动力的边际产出；二是因劳动力就业或转移所增加的社会资源消耗，如交通运输费用、城市管理费用和安家补偿费等。

影子工资常以财务评价中的工资及福利费为基础，乘一个换算系数，即变换为影子工资。

（3）社会折现率。是国民经济评价的重要通用参数，用作项目经济内部收益率的判别标准，同时也用以计算经济净现值的折现率。是用以衡量资金时间价值的重要参数，代表资金占用所获得的最低动态收益率。

另一类是各种货物、服务、土地、自然资源等的影子价格，需要由项目评估人员根据项目具体情况自行测算。社会折现率根据国民经济发展多种因素综合测定，由专门机构测算发布。适当的社会折现率可以促使资源的合理分配，引导资金投向对国民经济净贡献大的工程项目。原则上，选取的社会折现率应能使投资资金的供需基本平衡。

（4）影子汇率。指能正确反映外汇真实价值的汇率，即外汇的影子价格。影子汇率影响工程项目决策中的进出口抉择，间接影响项目的经济合理性。国民经济评价中，影子汇率通过影子汇率换算系数计算，影子汇率换算系数是影子汇率与国家外汇牌价的比值。

3. 国民经济评价指标

（1）经济内部收益率。反映项目对国民经济的相对净贡献，指项目在计算期内各年经济净效益流量的现值累计等于零时的折现率。其表达式为：

$$\sum_{t=0}^{n}(B-C)_t(1+EIRR)^{-t}=0$$

其中，B 为效益流量；C 为费用流量；$(B-C)_t$ 为第 t 年的净效益流量，n 为计算期。

经济内部收益率显示项目占用资金所能获得的动态收益率。项目经济内部收益率等于或大于社会折现率时，表明项目对国民经济的净贡献达到或超过了预定的要求，项目可以考虑接受；或者与目标经济收益率（最低预期资本回收率、资本机会成本）进行比较，大于等于目标经济收益率就判断项目是可以考虑接受的。

（2）经济净现值。反映项目对国民经济净贡献的绝对值，用社会折现率将项目计算期内各年的净效益流量折算到建设期初的现值之和。其表达式为：

$$ENPV = \sum_{t=0}^{n} (B - C)_t (1 + i)^{-t}$$

式中，i 为社会折现率。

经济净现值等于或大于零表示国家为拟建项目付出代价后，可以得到符合社会折现率的社会盈余，或除了得到符合社会折现率的社会盈余外，还可以得到以现值计算的超额社会盈余，这时就认为项目是可以考虑接受的。

（三）财务评价和国民经济评价比较

财务评价和国民经济评价的主要区别，如表 5 – 4 所示。

表 5 – 4   财务评价和国民经济评价的区别

对比内容	财务评价	国民经济评价
评价范围	企业角度	国民经济角度
采用价格	市场价格	影子价格
现金流量	财务现金流量	经济现金流量
折现率	财务折现率	经济折现率
静态评价指标	投资回收期、借款偿还期、投资利润率、投资利税率、资本金利润率、财务比率等	投资收益率、资金产出率等
动态评价指标	投资回收期、借款偿还期、财务净现值（FNPV）、财务内部收益率（FIRR）	经济净现值（ENPV）、经济内部收益率（EIRR）、经济外汇净现值

由于存在着上述区别，项目财务评价和国民经济评价的结果可能不一致。如何处理两者之间关系，应遵循以下原则：（1）当两者都可行时，项目可行；（2）当两者都不可行时，项目不可行；（3）当财务评价可行，而国民经济评价不可行时，应以国家利益为重，判项目不可行；（4）当财务评价不可行（达不到应有的、投资者可接受的收益率），而国民经济评价可行时，尤其是促进国家或产业技术进步的好项目，应考虑到企业是独立的经营单位，企业和投资者是投资经济效果的直接承担者，不能一味追求国家和社会利益、置企业生存发展于不顾。此时应通过对项目"再设计"，或寻找经济调节的方式和幅度，向国家提出给予经济优惠政策、措施建议，使项目（企业）具有财务上的生存能力和好的发展前景，以取得微观和宏观投资效果、企业与国家、社会利益的统一。

三、项目环境效益评价

对项目环境影响不仅需要从总体上把握影响程度的大小，编制环境影响报告时还要进行环境影响的经济损益分析，计算实施项目带来的具体损益数量。实践中常见的是环境影响的效益—费用评价方法。

效益是从环境质量的效用，从它们满足人类需要的能力，以及得到的好处角度进行衡量；费用从环境质量遭到污染并进行治理，恢复到污染前状态所需花费多少进行衡量。

效益分析可采用直接法和替代法。直接法又可采用市场价值法、人力资本法。替代法可采用资产价值法、工资差额法。市场价值法利用因环境质量变化而引起的产品产量和利润的变化来评价环境质量变化的经济效果。人力资本法评价环境质量变化对人类健康造成的直接经济损失和间接经济损失。资产价值法利用替代或相应产品的价格，来估计无价格的环境商品或劳务，进而估计环境效益。工资差额法是利用质量环境不同条件下工人工资的差异来估计环境质量变化造成经济损失或带来的经济效益。

费用分析可采用防护费用法、恢复费用法。防护费用法是生产者和消费者愿意承担防护费用时，所显示出环境质量效益的隐含价值。恢复费用法是将恢复环境质量或生产性资产的初始状态所需费用作为估计环境效益损失最低期望值。

四、项目社会效益分析

系统地分析、评价项目为实现国家和地方的各项社会发展目标所做贡献和影响，以及项目与社会的相互适应性的一种系统的调查、研究、分析和评价方法。通常社会评价的重点是当地人民受益型项目，以及对项目所在地社区和人民影响大的项目、易引起社会动荡的项目。

五、项目不确定性（风险）分析

项目事前评价所采用的数据大部分都来自估算和预测，具有一定的不确定性；未来实际发生的情况可能与事先的估算、预测有较大出入。为提高经济评价的准确度和可信度，为投资决策提供客观、科学的依据，需要对投资方案做不确定性分析。项目风险是在项目全过程中不期望发生事件的客观不确定性，是所有影响项目目标实现的不确定因素集合。

项目风险评价包括风险识别和风险分析两方面内容。

（一）风险识别

风险识别包括确定风险的来源、分析风险产生的条件，描述其风险特征和确定哪些风险会对本项目产生影响，对风险进行分类。投资项目的风险通常包括以下几个方面。

1. R&D 风险

理论基础合理性、人才资源、信息资源、R&D 条件。

2. 技术风险

技术成熟性、技术适用性、技术配套性、技术生命周期。

3. 生产风险

生产设备水平、生产人员构成、能源原材料供应。

4. 市场风险

市场前景、产品竞争力、潜在竞争者影响、营销能力。

5. 管理风险

管理者素质和经验、企业组织合理性、决策的科学化、项目管理机制。

6. 环境风险

国家产业政策影响、宏观环境变化、自然环境。

（二）风险分析

量化风险的可能性、后果以及危害的大小，包括定性分析和定量分析。

风险定性分析的主要任务是确定风险发生的可能性及其后果的严重性。要按风险对项目目标可能的影响对风险进行排序，明确特定风险的重要程度从而指导风险应对计划的制定，帮助人们修正项目计划中经常出现的偏差。风险定性分析的框架，如表 5-5 所示。

表 5-5　　　　　　　　　风险定性分析的框架

输入：定性分析依据	处理：工具与技术	输出：定性分析成果
风险管理规划	定性评估	项目总体风险等级
风险识别的成果	矩阵图分析	主要风险清单
项目进展状况	风险发展趋势评价	进一步分析计划表
项目类型	假设检验	
数据的精确性和可靠性	数据精确度评估	
概率范围和影响程度		

风险定量分析则是量化风险的出现概率及其影响，确定该风险的社会、经济意义以及处理的费用/效益分析。其目标是量化分析每一风险的概率及其对项目目标造成的后果，也分析项目总体风险的程度。风险定量分析的框架，如表 5-6 所示。

风险定量分析的常用方法有：

1. 敏感性分析

分析多敏感因素单独或多个变化时对未来收益率的影响。即在项目确定性分析的基础上，进一步分析、预测项目主要不确定因素的变化对项目内部

表 5 – 6 风险定量分析的框架

输入：定量分析依据	处理：工具与技术	输出：定量分析成果
风险管理规划	概率分布法：历史资料法、专家打分法、理论分布法	量化风险序列清单
风险及其条件排序	外推方法：前推法、后推法、旁推法	项目的概率分析结果
进一步分析计划表	敏感性分析法	完成时间和成本目标的概率
历史资料	决策树分析法	所需的应急资源
专家评判结果	模拟法	
其他计划成果	层次分析（AHP 法）	

收益率、净现值等各种评价指标的影响，从中找出敏感因素，从而确定评价指标对该因素的敏感程度以及项目对其变化的承受能力。

2. 盈亏平衡分析

主要用于经营性项目的评估，是通过盈亏平衡点分析项目成本与收益之间平衡关系的一种方法。也称量本利分析，用于判断项目对市场需求变化的适应能力。

3. 风险分析

在项目评估中，预测各种不确定因素和风险因素对未来收益的影响。计算未来风险期望值 E 和反映风险大小的方差 D，并选择最优方案的一种方法。

第三节 投资项目的事中评价

投资项目的事中评价是在项目实施过程中对项目的实施和项目整体情况所作的评价，也可称为项目跟踪评价、中间评价和实施评价（On-going Evaluation）。

事中评价包括监督和评价两个方面："监督"是指对项目的实施情况、资源使用情况以及与项目实施中的各种变化和尤其引起的各种环境的变化等方面的信息收集；"评价"是指对照项目计划与设计，对项目实际实施情况以及随着项目实施而造成的各种变化的全面评价。对项目实施"监督"可以为项目业主和项目资金提供者及时地提供项目实施的反馈信息，使他们及时地了解项目实施的进展情况以及项目实施过程中出现的问题。对于项目实施进行

"评价"是为了及早发现问题和尽早调整项目的实施，确保项目实施能够实现预期目标，并为项目实施过程中的各种决策提供支持和服务。

一、事中评价的主要内容

投资项目事中评价的主要内容包括评价项目评估和设计的质量、评价项目在建设过程中的重大变更（如项目产出品市场发生变化、概算调整、重大方案变化、主要政策变化等）及对项目效益的作用和影响、诊断项目发生的重大困难和问题、寻求政策和出路等、预测项目未来发展，对于项目必要性的再评价和对于项目可行性的再评价。

投资项目的事中评价往往侧重于项目层次上的问题，主要是将投资项目的实际实施情况与投资计划或可行性研究进行比较，发现项目执行过程中的差异，及时进行反馈、控制和纠正。因而事中评价的内容和方法与事后评价基本相同。

但是由于投资项目事中评价的时点是在投资项目进行中，事中评价的结果要为投资项目是否继续进行提供依据，因而，与事后评价不同的是，事中评价时需要特殊考虑投资项目是否存在恶性增资的可能。

二、投资项目恶性增资的含义与识别[①]

恶性增资是一种普遍存在的投资陷阱，是常见的决策错误（Mann，1996）。企业的投资项目尤其是战略投资项目，投资额巨大，发生恶性增资的概率较大；而且发生恶性增资后，损失额也较大，对企业的影响严重。

Brockner（1992）给出的恶性增资情境是"当面对以前资源配置的负面反馈信息、实验目标不确定性时，而做出的是否继续坚持的重复决策（不是独立决策）"。更具体地，"在所有恶性增资情境中，决策者为达到某个目的而投入资源—金钱、时间，甚至自我身份。然而，在投入之后决策者发现自己处于尴尬的境地。就是说，他们收到负面的反馈信息，表明他们至少目前还没有实现目标，而且，他们并不能确定额外的投资是否会使他们达到目标。事实上，是因为实现目标的不确定性使决策者将他们额外投入的资源既视作投资也视为成本。如果实现了目标，这些资源支出就是投资；如果没有实现目标，投资就被视为成本。而且决策者能够选择是坚持还是放弃以前投资。总之，恶性增资情境包括了以下几个要素：面对以前投资负面信息时的重复决

---

① 本节中有关恶性增资的内容借鉴了本课题组成员刘超的博士论文（2004 年）"资本预算项目恶性增资研究：理论框架与预警模型"。

策，实现目标的不确定性，以及是否继续坚持的选择"①。

投资项目的恶性增资通常是指企业在投资决策过程中，面对处于失败的项目，由于存在前期资本投入，有明确的信息表明项目是失败的或即将失败，且所有的信息都表明项目未来成功的可能性很小，决策者仍不理性地继续投入额外资源，以期获得成功的现象。决策者做出投资项目恶性增资决策的主要原因是由于沉没成本的存在，投入的后续资源是资金。

我们认为，投资项目的恶性增资通常包括以下要素：（1）存在前期的投资决策，即恶性增资是一个决策的后续决策；（2）前期投资的结果是失败的；（3）未来成功可能性小；或者存在高度不确定性；（4）决策者面对放弃和继续两个选择，但选择了继续投资。

如何识别投资项目的恶性增资，可根据决策的期望结果和实际结果两个维度，将一个决策分为四种情况，即两种正确决策和两种错误决策，如图5-3所示。

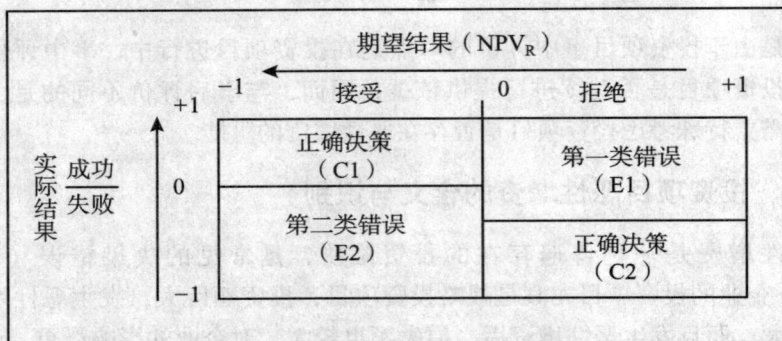

图5-3　恶性增资概念—投资结果矩阵

资料来源：根据 Wilson and Zhang. Entrapment and Escalating Commitment in investment Decision Making: A Review. British Accounting Review, 1997, 29, pp. 277-305 修改整理。

图5-3中阴影部分为恶性增资决策，即根据期望结果判断，应该拒绝或放弃投资，但决策者仍然做出接受的决策。它包括从实际结果来看投资是成功的和失败的两种情况（C1和E2）。

这里用到的判断准则是经过实物期权价值调整后的 NPV_R 值，要考虑投资期权的价值。这样在决策时点上，根据当时已知的全部信息计算得到的项目 $NPV_R < 0$，但决策者仍然接受项目进行投资，即恶性增资。从实际结果看，恶性增资决策既可能是正确的（图5-3中C1），也可能是错误的，但在决策时

---

① Brockner, J. The Escalation of Commitment to a Failing Course of Action: Toward Theoretical Progress. *Academy of Management Review*, 1992, 17 (1), pp. 39-61.

点上，决策是错误的，是违背经济理性的。

三、投资项目恶性增资的原因分析

投资项目的恶性增资为何会发生？研究人员从恶性增资驱动因素（Drivers）角度进行了分析。恶性增资的驱动因素是指那些直接导致决策者做出恶性增资决策的因素（Factors）。正是由于这些驱动因素的存在，决策者才会表现出恶性增资倾向。在实践中，当存在这些驱动因素时，投资项目恶性增资的可能性大大增强，需要密切关注。

Staw 和 Ross 最早进行恶性增资驱动因素的研究，将众多的驱动因素分为项目因素、心理因素、社会因素和结构因素四类（Staw & Ross，1986，1987，1993；Staw & Fox，1977[①]）。Chow 等按照他们的框架，将驱动因素整理为四大类 16 项，如表 5 - 7 所示。

表 5 - 7　　　　　　　　现有文献对恶性增资驱动因素的总结

原因分类	具体驱动因素
组织原因	1. 决策者是失败项目的发起人 2. 失败项目是由个别管理者而非整个团队发起 3. 管理者对他们发起的项目负有责任 4. 对经营者的评价是以他们的实际业绩为基础，而并非决策的过程 5. 只有负责这个项目的管理者知道失败项目的未来预期业绩不佳 6. 负责该项目的管理者可以通过隐瞒或拖延有关失败项目的信息以使其不为人知而获益
与项目有关的原因	7. 失败项目在组织内部获得了强有力的政治支持 8. 失败项目与企业的竞争战略紧密相关 9. 失败项目与企业的长远目标紧密相关，而不是长远目标外围的细枝末节 10. 失败项目的最初预测过分乐观，而非比较现实 11. 项目失败似乎出于企业的内因而不是外因 12. 项目失败的原因是稳定的（可能在将来重复发生），而非不稳定的（在将来不大可能重复发生） 13. 失败项目的状况恶化是缓慢的，而不是迅速的
心理原因	14. 失败项目由具备较强竞争力的管理者、而不是缺乏竞争力的管理者负责 15. 负责失败项目的管理者对自己影响项目前途能力的估计比其实际具备的高
外部环境	16. 失败项目是否从组织外部得到有力的政治支持

资料来源：Chow, C. W., Vidya, N. A., & Fleenor, C. P., Exploring the Extensivess, Effects, and Causes of Remedies for Escalation in Chinese Business Enterprises. *China Accounting and Finance Review*, 2000, 2（1），pp. 21 - 33.

---

① Staw, B. M. and Fox, F., Escalation: Some Determinants of Commitment to a Previously Chosen Course of Action. *Human Relation*, 1977, 30, pp. 431 - 450.

Keil（2003）等总结了容易导致恶性增资的项目管理方面的因素，如表5-8所示。

表5-8 导致恶性增资的项目管理方面的因素

变量	项目描述
项目规划	项目团队没有设置足够的项目里程碑（如完成的最后期限）
	项目团队没有足够详细的计划活动，即为达到项目目标而必须完成的活动
项目确定	项目团队没能决定什么是用户需要的，因为用户没有参与系统分析与设计
	用户需求被错误定义
项目评估	项目规模、项目完成时间、项目复杂性、项目时间表或项目范围从一开始就被低估了
管理控制	缺少项目进度安排，因为项目进度没有与项目计划比较
	在项目进展中，项目领导没有对明显风险因素进行监控
	因为没有常规检查而缺少项目进展记录
	项目高级主管没有密切监控项目
	当项目脱轨时，没有足够的控制机制使决策者做出将项目引入正轨的决策
	高层管理没有对项目是否保持正常运转进行控制

资料来源：Keil, M., Rai, A., Mann, J. and Zhang, G. P. Why software projects escalate：The importance of project management constructs. IEEE Transactions on Engineering Management, 2003, 50 (3)：pp. 251-261.

除了上述驱动因素外，结合我国的国情，林毅夫等（2003a，2003b）[1] 证明，国有企业中普遍存在着预算软约束，且预算软约束助长了恶性增资。此外，来自政府或政府官员的影响是企业所受到的最大的外部压力。地方政府的许多目标是靠企业来实现的，比如就业和官员的政绩工程，这些也都是企业战略投资项目恶性增资的外部驱动因素。刘超（2004）总结了投资项目恶性增资的影响因素，如表5-9所示。

表5-9 对恶性增资驱动因素的具体描述

因素名称	描述
沉没成本效应	决策者强调："已经投入了那么多钱，我们已经没有后路可退，只有继续下去"；或者"我已经在这个项目上投入了这么多，我会不遗余力地坚持至项目成功为止。现在放弃项目是巨大的浪费"
决策责任	决策者发起了初始投资
	决策者与项目密切的关系，以致人们认为该项目就是决策者的事情

---

[1] 林毅夫、刘明兴、章奇：《政策性负担与企业的预算软约束来自中国的实证研究》，北京大学中国经济研究中心论文讨论稿，2003年；林毅夫、李志斌：《政策性负担、道德风险与预算软约束》，北京大学中国经济研究中心讨论稿，2003年。

因素名称	描　　述
过度自信	决策者始终认为自己是正确的 决策者很少承认错误
直接私人收益	项目决策者可能从项目中得到直接私人收益，如回扣、补贴等 决策者负责项目管理会有其他方面的好处，如在职消费、项目补贴等
声誉考虑	如果当时放弃项目，大家就会认为决策者没有能力，是失败的 如果当时放弃项目，决策者会失去威信，甚至可能失去提升机会
信息不对称	项目没有公开的进度、财务等方面的报告，只有决策者知道这些信息 决策者故意隐瞒了有关项目收益和成本方面的信息
项目预期价值	项目的预期收益巨大
项目完成可能性	决策者认为项目完成的可能性很大
预算软约束	项目预算约束力不强，决策者能够从其他地方找钱来给项目追加投资
外部压力	来自企业外部（如政府官员或竞争对手）的压力或支持促使决策者坚持项目

资料来源：刘超：《资本预算项目恶性增资研究：理论框架与预警模型》，南开大学博士论文，2004 年。

第四节　投资项目的事后评价

投资项目的事后评价在项目周期评价中不可缺少。它通常是在投资项目建成投产并生产运营了一段时期后（所建设施能力和投资的直接经济效益发挥出来时），用项目的实际成果和效益来分析项目的决策、管理和实施，对投资项目的全过程——项目立项决策、建设目标、设计施工、生产运营等进行系统综合分析，对项目实际产生的财务、经济、社会、环境以及持续性等方面的效益和影响进行客观全面的再评价，用以确定项目是否达到预期收益，并为后续新项目的决策提供较为可靠的依据、参考和借鉴。

亚洲开发银行开发出项目绩效审计报告（Project performance audit report，PPAR），指在项目竣工以后一段时期以内所进行的评价（通常生产性行业在竣工以后 2 年左右，基础设施行业在竣工以后 5 年左右，社会基础设施行业可能更长一些）。其目的是检查确定投资项目或活动达到理想效果的程度、总结经验教训，为新项目的宏观导向、政策和管理反馈信息。评价要对项目层次和决策管理层次的问题加以分析和总结。同时，为完善已建项目、调整在建项目和指导待建项目服务。

一、投资项目事后评价的特征

投资项目的事后评价与事前评价主要存在着以下区别：

（一）评价主体不同

事前评价主要由投资主体（企业）组织实施；事后评价则是以投资运行的监督管理机构、单独设立的事后评价权威机构或上级决策机构为主，组织主管部门会同计划、财政、审计、银行、设计、质量、司法等有关部门进行。不同规模和性质的项目，根据项目单位自我评价、行业主管部门评价和国家评价三个层次组织实施，以确保评估的公正性和客观性。

对于大中型项目，项目单位自我的事后评价是独立的事后评价（行业主管部门评价和国家评价）的先行阶段；而对于不需要进行独立事后评价的小型项目，自我的事后评价就是项目管理者总结项目经验和改进工作的主要手段。重要或大型、复杂的项目往往要求进行独立的项目后评价，由独立或相对独立的专业咨询评价机构来完成。

（二）评价的性质不同

事前评价以定量指标为主，侧重于经济效益的评价，评价结论是项目取舍的直接依据。事后评价是投资决策的各种信息反馈，注重经济效益、社会效益和环境影响，对项目实施结果进行鉴定，鉴定结论将间接作用于未来项目的投资决策，以提高未来决策的科学化水平。

（三）评价的依据不同

事前评价的主要依据是国家、行业和部门颁发的政策规定、参数标准，以及历史资料和经验性资料。事后评价则主要依据项目建成投产后的实施资料，将有关各方情况进行对比，检测项目的实际情况与预期目标的差距，分析产生原因和提出改进措施。正确地选择、处理和应用这些数据是后评价方法论的核心。

（四）评价的内容不同

事前评价分析和研究的主要内容是项目建设条件、工程设计方案、项目的实施计划及项目的经济社会效益的评价和预测。事后评价的主要内容除针对上述内容进行再评价外，还要对项目的决策和实施效率等进行评价，以及对项目实际运营状况进行深入地分析。

（五）评价的目的不同

实践调查表明，事前评价属于项目前期工作，是为项目决策服务的。事后评价则是在项目竣工投产后，对项目全过程的建设和运行情况、产生效益进行评价，它为提高组织的项目决策水平服务。因为事后评价时，项目的既有事实无法改变；但这时可运用项目后评价来发现项目前期决策和项目实施中的各种问题和失误。

二、投资项目事后评价的方法

总体而言，投资项目的事后评价应坚持定量和定性相结合，具体的评价方法包括：

（一）对比分析法

1. 前后对比法

将项目实施前与建成后的实际情况进行对比，主要将项目前期可行性研究所预测的建设成果、规划目标、投入产出、效益和影响与建成投产后的实际情况加以比较，找出存在的差别及原因，测定项目的效益和影响。这种比较是进行项目事后评价的基础，用于揭示计划、决策和实施的质量。

2. 有无对比法

将投资项目建设与投产后，在项目所在地区内产生的实际效果和影响，与如果该项目不存在，该地区可能的情况进行对比分析。

有无对比法多用于项目的效益评价和影响评价，是后项目评价的一个重要方法论原则。通过项目实施所付出的资源代价与项目实施后产生的效果进行对比得出的项目好坏。方法论的关键是要求投入的代价与产出的效果口径一致，即所度量的效果要真正归因于项目，分清项目本身与项目以外因素的影响，以正确评估项目的增量效益和社会机会成本。

有无对比法的难点在于无项目时的可能情况往往无法确切地描述，只能用一些方法去近似地度量（见图 5－4）。理想的做法是在该受益范围外找一个类似的"对照区"（Control Area），进行比较和评价。通常项目后评价的效益和影响评价要分析的数据和结果包括：项目前的情况、项目前预测的效果、项目实际实现的效果、无项目时可能实现的效果、无项目的实际效果等。

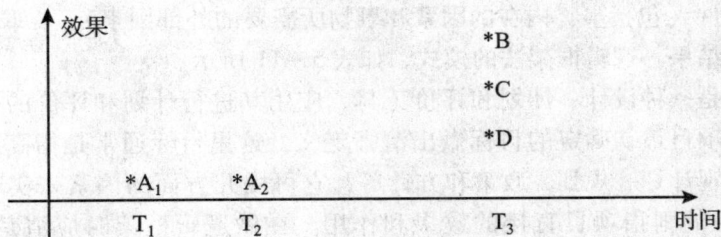

图 5－4 项目有无对比

A₁ － 项目开工；A₂ － 项目完工；B － 项目实际效果；C － 项目前的预测效果；D － 无项目实际效果；T₁ － 项目开工时间；T₂ － 项目完工时间；T₃ － 项目后评价时间

从图 5 – 4 中判断，项目的有无对比不是前后（B/A_1）或实际效果与前预测效果之比（B/C），而是项目实际效果与若无项目实际或可能产生的效果的对比（B/D）。

项目事后评价效益的分析一般应对比项目前后和有无项目的主要指标（见表 5 – 10）。

表 5 – 10   投资项目事后的"有无对比法"评价表

	有项目		无项目
	事前评价预测值	事后评价计算值	假定预测值
项目总投资*			
项目产品成本*			
项目销售收入*			
FIRR（%）			
财务净现值			
建设期（年）			
投资回收期（年）			
资产负债率（%）			
EIRR（%）			
经济净现值			

其中"事前评价预测值"指项目事前评价或可行性研究报告的数据；"事后评价计算值"指以实际发生值为基础，剔除物价因素的影响而得到的数据；"无项目假定预测值"：可取项目前期的有无对比数据，或用"参照区"的数据。

3. 逻辑框架法（Logical framework approach，LFA）

逻辑框架法[①]是项目事后评价进行综合分析时常用的方法，它把事后评价与项目周期相联系，可用于不同层次的管理需要。该方法用于分析和评估项目的目标层次之间的因果关系，事物的因果逻辑是其核心，即"如果"提供了某种条件（包括事物内在的因素和事物所需要的外部因素），"那么"就会产生某种结果。逻辑框架法的模式，如表 5 – 11 所示。

LFA 是一种设计、计划和评价工具，应用其进行计划和评价的一项主要任务是对项目最初确定的目标做出清晰定义。这里目标通常是指高层次的目标，即宏观计划、规划、政策和方针等，它可由几方面的因素来实现（见图5 –5）。目的则指项目直接的效果和作用。在做逻辑框架时应清楚地描述：

---

① LFA 是美国国际开发署（USAID）在 1970 年开发并使用的一种设计、计划和评价工具。目前已有 2/3 的国际组织把 LFA 作为援助项目的计划管理和后评价的主要方法。

（1）清晰并可度量的目标；（2）不同层次的目标和最终目标间的联系；（3）确定项目成功与否的测量指标；（4）项目的主要内容；（5）计划和设计时的主要假设条件；（6）检查项目进度的方法；（7）项目实施中要求的资源投入。

表 5 – 11　　　　　　　　　　　逻辑框架法的模式

层次描述	客观验证指标	验证方法	重要外部条件
宏观目标	目标指标	监测和监督手段及方法	实现目标的主要条件
项目目的	目的指标	监测和监督手段及方法	实现目的的主要条件
项目产出	产出物定量指标	监测和监督手段及方法	实现产出的主要条件
项目投入	投入物定量指标	监测和监督手段及方法	落实投入的主要条件

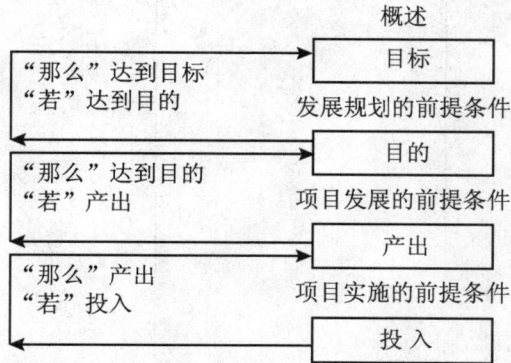

图 5 – 5　垂直逻辑中的因果关系图

4. 成功度分析法

成功度分析也是项目事后评价的综合分析方法之一，主要是对项目实现预期目标的成败程度给出一个定性结论。成功度是对成败程度的衡量标准，通常可分为"完全成功的"、"成功的"、"部分成功的"、"不成功的"和"失败的"这五级。

项目的成功度评价是项目评估专家组对项目后评价结论的集体定性。一个大中型项目一般要对十几个重要的和次重要的综合评估因素进行定性分析，断定各项指标的等级，这些综合评价指标（见表 5 – 12）是英国海外开发署1995 年制定的。在评价具体项目的成功度时，并不一定要测定所有指标，也可重新设定指标。评价人员首先要具体项目的类型和特点，确定表中指标与项目相关的程度，把它们分为"重要"、"次重要"和"不重要"三类，对"不重要"的指标就不用测定。一般的项目实际需要测定的指标约为 7 ~ 10 个。

表 5 – 12　　　　　　项目成功度评价表（英国海外开发署 1995 年制定）

项目实施评价指标	相关重要性	成功度
经济适应性		
扩大生产能力		
管理水平		
对贫困的影响		
人力资源：教育		
健康		
儿童		
环境影响		
对妇女的影响		
社会影响		
制度影响		
技术成功度		
进度控制		
成本控制		
项目辅助条件		
成本效益分析		
财务回报率		
经济回报率		
财务持续性		
机构持续性		
项目的总持续性		
总成功度		

在测定各项指标时，采用打分制，分别用 A、B、C、D 表示。通过将指标重要性分析和单项成功度结论的综合，可得到整个项目的成功度指标，也用 A、B、C、D 表示。

三、投资项目事后评价的内容

项目完成后需对项目投资的经济效果、环境影响以及社会影响等进行再评价。它是根据项目运营后的实际数据资料对财务指标、经济指标、环境参数和社会贡献进行重新计算，同事前评价时的有关预测效果值进行对比，分析偏差原因，以对项目的实际效果做出评价。

有些项目事后评价时点处于项目投产以后，项目的固定资产已经移交，因而在可能的情况下，后评价不仅要分析项目的效益指标，还应分析企业的效益状况。对属于技术改造和扩建工程的项目，分析和评价工程项目对企业整体效益的作用和影响显得更为重要。项目相关的企业效益评价往往是项目事后评价的一项重要工作。

对于基础设施、农林水利、社会事业、高技术等大中型项目，因其影响可能在较长的时间内才显现出来，在投产 5~8 年后的完全发展阶段，侧重分析项目对其周边地区经济、社会和文化环境方面所产生的效益和作用很有必要。

（一）财务效益事后评价

依据事后评价时适用的财税制度和价格体系，从企业角度分析项目的实际财务情况，评价投资使用情况，计算实际达到的财务指标。主要内容包括比较项目原定的预算和资金投入计划与实际发生投资情况：资金到位的时间和数量是否按贷款协议和原投资计划执行；投资预算的控制；项目资金渠道和贷款条件的变化等；项目财务执行情况；项目的盈利能力和偿债能力分析，财务状况的前景与措施分析等。评估时需考虑财务参数变化和物价上涨因素所带来的影响，分析财务效益实现程度，寻找产生差异的原因。

财务效益评价的主要指标与事前评价阶段选用的指标类似，主要有：

1. 盈利能力分析

主要指标为财务内部收益率（FIRR）和财务净现值（FNPV）。

测算 FIRR 的目的是要用测算结果与项目事前评价的收益率进行对比，并与行业基准收益率或项目贷款利息对比，用以评价项目的效益好坏。分析步骤：（1）收集项目的财务报表或会计账目；（2）收集项目开工以来的物价变化统计资料（包括行业或地区的消费指数、行业产品物价指数等）；（3）用财务报表数据编制项目现金流量表，计算净现金流量；（4）用确定的物价指数对净现金流量进行折算后，得出后评价的 FIRR 和 FNPV。

在项目建设期较长、汇率风险大、物价上涨快的情况下，换算或不换算的差别非常大（最好以行业或当地统计部门公布的物价指数进行折算），可能对项目评价结论会产生质的影响。

这里的关键是基准年（物价指数为 100）的选取，有两种方法：一种是以后评价时点为基准年；另一种是以完工时间为基准年。有些国际金融组织（如亚洲开发银行），其事后评价规定以项目完工时间为计算 FIRR 的基准年。

2. 清偿能力分析

主要指标有负债资产比、流动比率和速动比率。

主要用于鉴别项目是否具有财务上的持续能力。评价者可从项目的利润和利润分配表、资产负债表中获得指标计算所需数据。这里的一项重要工作是按项目的实际偿还能力，根据偿还项目长期借款本金（包括融资租赁的扣除利息后的租赁费）的税后利润、折旧和摊销等数据，计算借款的偿还期。这些数据可根据事后评价时点的实际值并考虑适当的预测确定。

3. 敏感性分析

主要用来评价项目的持续性。后评价时项目的投资额、开工时间和建设期已经确定，因此，敏感性分析主要是对成本和销售收入两个因素的分析，分析方法与事前评价相同。

（二）经济效益事后评价

评估项目对所在地区、行业、部门和国家的宏观经济影响，如对国民经济结构、宏观经济效益和国民经济长远发展的影响。它从国家或地区的整体角度考察项目的费用和效益，采用国际市场价格（少数国家用影子价格、影子汇率、影子工资等）、价格转换系数、实际汇率和贴现率（或社会折现率）等参数，扣除国民经济内部的转移支付与物价上涨因素，对后评价时点以前各年度项目实际发生的效益和费用加以核实和重新预测，计算出主要评价指标经济内部收益率（EIRR），评估项目的实际经济净效益（贡献），与预期目标进行对比，分析项目经济效益的前景和采取的措施，为在宏观上判断项目资源的合理程度提供依据。

项目经济效益事后评价的方法原则上与财务效益事后评价相同。由于经济评价的费用效益取国际市场价格，剔除物价变化影响的指数一般应参照世界银行或国际货币基金组织公布的物价指数。根据项目数据资料提供和搜集的可能性，经济评价的具体方法有：

1. 以财务后评价为基础

在后评价的财务评价的基础上，对数据进行调整，编制经济效益费用流量表。这种方法的好处是资料容易获得，且具有一定的可靠性。分析步骤为：（1）剔除转移支付项目，如建设期发生的投资方向调节税、国内借款利息、进口设备材料的关税；生产运营期的销售税金（增值税）及附加、所得税等；（2）用每年的国际市场价格将主要投入物和产出物的财务价格进行调整，换算成经济评价所需的价格；（3）确定评价的基准年，用国际物价指数剔除通货膨胀的影响；（4）重新计算经济内部收益率 EIRR 和经济净现值 ENPV。

2. 以事前评价的经济评价为基础

这种方法对项目事前评价时的主要投入物和产出物的数据按实际情况做出调整，必要时对评估时所用的参数加以修正，用发生时有效的参数进行计算，得出 EIRR 和 ENPV。

（三）项目环境效益评价

指对照项目事前评价时批准的《环境影响报告书》，重新审查项目环境影响的实际结果，审核项目环境管理的决策、规定、规范、参数的可行性和实际效果。实施环境影响后评价应遵照国家环保法的规定，根据国家和地方环境质量标准和污染物排放标准以及相关产业部门的环保规定。在审核已实施的环评报告和评价环境影响现状的同时，要对未来进行预测。对有可能发生突发性事故的项目，要有环境影响的风险分析。

环境影响效益的事后评价一般包括五部分内容：项目的污染控制、区域的环境质量、自然资源的利用、区域的生态平衡和环境管理能力等。

（四）项目社会效益评价

主要从社会发展角度分析项目对于社会发展目标的贡献和产生效益，包括项目本身和对周边地区社会的有形和无形影响。采用定量与定性分析相结合的方法，以定性分析为主，最后做出综合评估。具体评价内容包括项目对社会文化、教育、卫生的影响，项目对国家部门和地方的技术进步的推动作用和取得的潜在效益，以及项目所选择技术本身的先进性和适用性；对社会就业、扶贫、公平分配的影响；对社区生产与生活、社区与群众的参与、社区机构与经济发展的影响；对居民生活条件和生活质量的影响；对妇女、民族团结、风俗习惯和宗教信仰等的影响。

（五）项目风险和持续性后评价

在许多福利和援助项目中，项目的可持续性被视为判定项目成败的关键之一。投资项目的可持续性指项目投产或经营后，其既定目标是否还可以持续；项目是否可以顺利地持续实施；项目业主是否愿意并可依靠自己的能力持续实现既定目标；项目是否具有可重复性，即是否可在将来以同样的方式建设同类项目。

项目的风险和持续性评价要从政府政策、管理组织和社区群众的参与，财务、技术、社会文化、环境和生态等内外部因素各个方面，评价分析项目在物质、经济和社会等方面的风险，并指出保持项目持续性的条件和要求。核心是对项目能否持续发挥投资效益、持续发挥企业的发挥潜力和进行内涵性改造的前景等进行考察评估，作为判断，提出项目持续发挥效益须具备的内外部条件和需要采取的措施。

第六章　基于投资内容的
　　　　　绩效评价

　　企业自债权人和股东手中取得资金，为的是购置各项资产；而购置各项资产则是为了创造营业收入，也就是将利用各项资产所共同生产出来的产品提供给顾客，取得营业收入；而创造营业收入的目的，自然是为了获取利润，回馈给提供资金的债权人与股东。

　　从静态看，企业投资的结果表现为企业资产负债表左边的资产，资产负债表上的各个资产项目也就可以理解为投资的内容。按照投资项目所涉及的受益时间的长短，可以将投资分为流动资产投资和非流动资产投资①。流动资产投资主要包括现金投资、应收款投资和存货投资；非流动资产投资主要包括长期（对外）投资、固定资产投资、无形资产投资等。本章在简要分析流动资产投资的绩效方法后，重点讨论固定资产投资、R&D 投资和并购投资的绩效。

第一节　流动资产投资绩效评价

一、流动资产投资绩效评价的思路

（一）整体思路

　　从理论上讲，对流动资产的绩效评价也应该评价其成本、收益与风险。但是，流动资产和长期资产存在较大的区别：流动资产投资一般不改变企业

---

　　① 经济学中一般以是否改变企业的生产能力作为划分"短期"与"长期"标准，改变企业生产能力的属于长期，不改变生产能力的属于短期；而会计学中一般以一年或一个营业周期（视孰者为长）作为划分"短期"与"长期"的标准，小于等于一年或一个营业周期的为短期，而长于一年或一个营业周期为长期。我们认为，从投资的角度看，以经济学中的"短期"与"长期"划分标准更为科学，但会计学中划分"短期"与"长期"的标准在实践中更具有可操作性。

的生产能力，其投资的目的主要是充分利用现有的生产能力，保障企业生产经营活动的顺利进行，直接经济效益很难计量；流动资产作为一种投资，不断投入、收回、再投入、再收回……如此循环往复，没有终止的日期，这就使我们难以直接评价其投资回报率。因此，流动资产的管理的目标主要是以最低的成本满足企业生产经营的需要。

（二）流动资产投资政策及其收益—风险评价

流动资产的投资政策可以分为"宽松型"、"紧缩型"和"适中型"三种。"宽松型"流动资产的投资政策是指企业用较多的现金、应收账款和存货来支持一定的销售额；"紧缩型"流动资产的投资政策是指在某一销售额水平下力图使流动资产的各项目降低到最低限度；"适中型"是指介于前两者之间的流动资产的投资政策。

一般来说企业资产的流动性与收益性成反比，流动资产的收益性较弱，而固定资产的收益性较强。

（1）企业如果采用"紧缩型"流动资产的投资政策，企业可以将较多的资本投放在固定资产上，因此资产回报率较高；但是企业保存的存货较少可能会发生停工待料的风险或产品脱销的风险，或者可能因为采用了严格的应收账款信用政策而使销售额下降。因此，"紧缩型"流动资产的投资政策是一种"高收益、高风险"的流动资产投资政策。

（2）企业如果采用"宽松型"流动资产的投资政策，企业较多的资产占用在应收账款、存货等流动资产上，一方面会使得企业的资产回报率较低；另一方面也会因为企业保存了较多的安全存货从而减少了停工待料的风险或产品脱销的风险，或者因为企业实行了较为宽松的信用政策而增加了销售额。因此，"宽松型"流动资产的投资政策是一种"低收益、低风险"的流动资产投资政策。

（3）"适中型"流动资产投资政策是一种折中的流动资产投资政策，可以以适中的风险获得适度的收益。

企业在评价企业流动资产投资政策时，应结合公司所处的行业特征、当时的产品市场和金融市场状况等从回报率与风险两个维度进行评价。

二、现金投资绩效评价

（一）现金管理的目标

企业保存现金主要是为了满足交易性需求、预防性需求和投机性需求。企业持有现金是有代价的，一方面现金是有资本成本的；另一方面企业将大量的资产以收益性较低的现金存在，而不是将其投资到收益性较高的长期资产上，会造成资金闲置或过多用于低收益而带来损失。此外，保存现金还需要发生管理费用。

但是，企业如果不保持足额的现金，又会因不能满足交易性需求、预防性需求和投机性需求而发生损失，这种损失被称为现金短缺损失。具体地说主要有以下损失：（1）企业没有足够的现金购买原材料而造成的停工待料的损失；（2）企业没有足够的现金购买商品物资而丧失购买机会的损失，或者未能按期偿还货款而丧失现金折扣的损失或丧失信誉的损失等。

因此，企业现金投资就是要在资产的流动性和收益性之间做出权衡，使持有现金的总成本最低，实现企业价值的最大化。

（二）最佳现金持有量评价模型

评价现金最佳持有量的标准很多，这里主要介绍成本分析模型、鲍曼模型和米勒—奥尔模型。

1. 成本分析模型

成本分析模型是通过分析持有现金的成本，将持有现金的成本最低时的持有量作为最佳现金持有量。成本分析模型实际上是存货经济批量模型在最佳现金持有量决策中的应用。

持有现金的成本主要有资本成本、管理成本和短缺成本。持有现金的资本成本是企业占用现金的代价，现金的资本成本与现金持有量成正比。企业持有现金还要发生管理费用，如现金管理人员的工资、安全措施等费用。现金的管理成本主要是固定成本，与现金的持有量之间并没有明显的比例关系，是现金持有量决策的非相关成本。短缺成本是指企业未持有足够的现金而不能应付开支所需现金而发生的损失。现金的短缺损失与现金持有量成反比。使上述三项成本之和最小的现金持有量就是最佳现金持有量。

2. 鲍曼模型

鲍曼模型假设：（1）企业在一定时期对现金的需求为已知常数；（2）单位时间现金的使用量是一稳定值；（3）企业需要现金时可以出售证券或向银行借款。

如果用 C 表示最佳现金持有量；用 K 表示持有单位现金的资本成本；用 T 表示企业在一定时期内耗用的现金量；用 F 表示每次进行证券交易或贷款的转换成本。则现金持有总成本可以表示为：

$$现金持有总成本 = 持有现金成本 + 现金交易性成本$$

$$= \frac{C}{2} \times K + \frac{T}{C} \times F$$

现金持有总成本最低的现金持有量为：

$$C = \sqrt{\frac{2F \times T}{K}}$$

3. 米勒—奥尔模型

米勒—奥尔模型是关于在现金流入与现金流出不稳定情况下确定最佳现金持有量的模型。该模型假设每日现金净流量的分布接近正态分布，每日现金净流量是随机变量。米勒—奥尔模型的基本思想是制定一个现金控制区域，定出上限和下限。上限代表现金持有量的最高点，下限代表最低点。当现金持有量达到上限时则将现金转换成有价证券，当现金持有量下降到下限时，则将有价证券转换成现金，以便使企业的现金持有量降至回归线 C，从而使现金持有量经常性地处在两个极限之间。

米勒—奥尔模型可以用图 6－1 来表示。

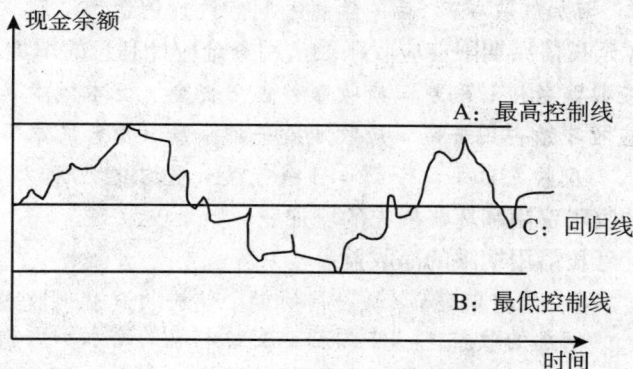

图 6－1　米勒—奥尔模型

如图 6－1 所示，当企业的现金持有量达到最高控制线 A 时，企业将购买证券，以便使企业的现金持有量降至回归线 C；当企业的现金持有量降至最低控制线 B 时，企业将卖出部分证券，使现金余额降至回归线 C。

三、应收账款投资绩效评价

(一) 应收账款投资的意义

应收账款在流动资产中占较大份额。随着市场竞争的加剧，企业为了维持和增加销售，越来越多地采用了赊销这一竞争手段。良好的应收账款管理可以刺激销售，同时将应收账款控制在适当的水平上，不使应收账款占用过多的资金，同时可以有效地防止过量的坏账的发生和减少收款费用。相反，如果企业不能对应收账款进行有效的管理，会使赊销给企业带来的收益小于因此而发生的费用与损失，使赊销变得得不偿失。

（二）应收账款投资绩效评价

1. 信用期限与应收账款投资绩效

信用期限是指企业允许顾客从购货到付款之间的时间间隔。信用期限太短，不能吸引顾客，从而不能达到促销的目的；但是如果信用期限太长，虽然会增加销售额，但由此而来的费用可能会使企业得不偿失。信用期限的确定主要应结合分析如果改变现行信用期限对收入和成本的影响。延长信用期限会增加企业的销售收入，产生有利影响；为此会增加应收账款占用的资金的利息、增加收账费用和坏账损失，产生不利影响。当前者大于后者时可以延长信用期限，否则不能延长信用期限。

（1）计算延长信用期限增加的收益。

$$延长信用期限增加的收益 = 信用期限修改后的销售毛利 - 信用期限修改前的销售毛利$$

（2）计算延长信用期限使应收账款占用资金应计利息的增加。

$$应收账款应计利息 = 应收账款占用资金 \times 资本成本率$$

$$应收账款占用资金 = 应收账款平均余额 \times 销售成本率$$

$$应收账款平均余额 = 日销售额 \times 平均收现期$$

（3）估计收账费用和坏账损失的增加。

（4）估计延长信用期限的净收益。

$$延长信用期限的净收益 = 延长信用期限增加的收益 - \left(延长信用期限使应收账款占用资金应计利息的增加 + 收账费用和坏账损失的增加 \right)$$

（5）结论：如果由于延长信用期限所增加的收入大于所增加的成本，则应放宽信用期限；否则，则应维持现状或考虑是否紧缩信用政策。

2. 现金折扣政策与应收账款投资绩效

现金折扣是企业对在信用期限之前付款的顾客在商品价格上所做的扣减。向顾客提供这种价格上的优惠，主要目的是为了吸引顾客为享受现金折扣而提前付款，缩短企业的平均收账期。此外，现金折扣也能招揽一些视折扣为减价出售的顾客前来购货，借此扩大销售。

企业的现金折扣必须和信用期限政策结合起来考虑。不论是现金折扣还是信用期限，既会给企业增加收益，同时也会给企业增加成本。其决策的程序与方法与前述信用期限的决策一样，只是应同时考虑由现金折扣增加的销售收入、减少应收账款占用资金的利息收益以及所提供现金折扣的折扣损失。

3. 应收账款周转率

应收账款周转率是衡量应收账款管理绩效的重要财务指标之一。应收账款周转率是一个年度指标，反映应收账款周转速度，也就是年度内应收账款转为货币资金的平均次数。

用时间表示的周转速度是应收账款周转天数，也叫平均应收账款回收期或平均收现期，它表示企业从取得应收账款的权利到收回款项，转换为货币资金所需要的时间。该指标说明了年末在外应收账款的期间长度，在实务中通过该项指标结果和公司信用条件的比较，可以看出公司对应收账款的管理效率。例如，如果公司信用条件为 30 天，那么该项指标不应比 30 天超过很多，否则说明公司在收账上存在问题，应当努力使指标天数接近信用条件。

季节性经营、大量采用分期收款或现金方式结算等都可能使本指标结果失实，所以，应结合企业前后期间、行业平均水平进行综合评价。通过货款回收率的指标分析，可以考核企业管理当局货款的回收水平和收账政策，对于有效降低资金占用成本和坏账损失，提升应收账款的管理效率，可以起到较好的检测作用。

四、存货投资的绩效评价

存货也是公司为了创造营业收入、获取利润而进行的投资。存货是企业生产经营过程中储存的供销售或供耗用的物资，包括原材料、低值易耗品、在产品、产成品、修理用备件、商品等。企业的存货一般占流动资产的一半左右。存货管理的绩效，对企业财务状况的影响很大。

（一）影响存货投资绩效的因素

如果企业能在生产时随时购入所需要的材料，或者在需要销售时能立即生产出产品，则不需要保存存货。实际上，企业很难做到。因此，企业总要置备一定数量的存货。其原因主要有：

1. 出自价格的考虑

企业在批量购进商品物资时，往往能享受价格上的优惠。但是过多地采购存货则会增加库存，增加存货占用资金的利息和存货的管理成本。因此，存货管理的一个目的就是确定适当的经济批量，使得存货的持有总成本最低。

2. 保证生产经营的需要

企业一般很难随时购入所需要的材料，或者在需要销售时能立即生产出产品，企业为了防止发生停工待料或停业待货的损失，必须置备适量的存货。因此，存货管理的另一个目标是置备适量的存货，保证生产经营的需要。

3. 存货投资决策的相关成本

存货投资决策的相关成本主要有订货成本、购置成本、持有成本和缺货成本。

（1）订货成本。订货成本是指取得订单的成本，包括差旅费、邮资费、电话电报费、办公费等。订货成本中的一部分与订货次数无关，如常设采购部门的基本开支等，是存货持有量决策的无关成本；另一部分与订货次数成正比，如差旅费、邮资费、电话电报费等，是存货持有量决策的相关成本。企业要降低订货成本，只有大批量采购，减少订货次数。

（2）购置成本。购置成本是指存货的买价，是存货数量和价格的乘积。在不存在批量折扣的条件下，购置成本与存货持有量决策无关。

（3）持有成本。持有成本是指企业为保存存货而发生的成本。持有成本也可以分为固定成本和变动成本。固定成本与库存数量无关，如仓库的折旧费，是存货持有量决策的无关成本。变动成本与存货的库存数量成正比，如存货占用资金的应计利息、存货的保险费、存货陈旧过时的损失等，是存货持有量决策的相关成本。企业要降低持有成本，必须小批量采购，减少储存数量。

（4）缺货成本。缺货成本是指由于存货供应中断而造成的损失。主要包括：材料供应中断造成的停工待料损失；产成品存货或商品存货缺货造成的延迟发货的损失、丧失销售机会的损失以及商誉的损失；生产企业紧急采购代用材料而增加的额外支出。缺货成本与存货的储存数量成反比。

企业存货的最优化，即是上述各项相关成本之和最小。

（二）经济订货量的基本模型

经济订货量是指使存货总成本最低时的订货量。对于订货成本而言，由于每次订货成本是一固定成本，与批量无关，所以每次订货批量越大则每年订货次数越少，从而年订货成本越低。对于持有成本而言，每次订货批量越大则平均库存量就越高，从而年持有成本也就越高。这就是说，年订货成本和年持有成本随订货批量的变化而呈反向变动。因此，要使存货总成本最低，订货批量必须适度。

如果用 Q^* 表示存货的经济订货量；O 表示存货的一次订货成本，且与订货次数成正比；D 表示存货每年耗用量，且为已知数；C 表示该存货的单位持有成本；T_c 为相关总成本。则：

$$T_c = \frac{D}{Q^*} \times O + \frac{Q}{2} \times C$$

当 D、O、C 为常数时，T_c 的大小取决于 Q^*。上式中能满足 T_c 最小的 Q^* 值就是经济订货量。利用微分极值原理，令 T_c 关于 Q^* 的一阶导数等于零，可得出经济订货量的基本模型：

$$Q^* = \sqrt{\frac{2D \times O}{C}}$$

（三）存货周转率

工商企业，尤其是商业企业中存货在流动资产中所占比重较大，因此必须重视存货周转率的分析研究。存货周转率主要衡量企业由购进存货到出售存货的平均速度，也就是由"存货"到"销货成本"的速度。一般情况下，该指标越高，存货转换为现金或应收账款的速度越快，存货占用水平越低。

在计算存货 1 年可以周转几次时，是以销货成本除以平均存货。存货周转率可以直接换算存货周转天数。

在利用存货周转率进行公司存货管理绩效评估，或者不同公司间的绩效比较时，有几点值得注意：（1）一年中 12 月底的存货往往是在全年存货的最低点，因此，即使取期初、期末平均存货，其所计算出来的存货周转率仍可能高估了公司实际上的存货周转能力。（2）不同公司最初进货的时间点可能不同，物价水平如有差异，便很难进行严谨而公允的比较，只能概略性地评估。（3）存货和销货成本息息相关，甚至可说是一体两面。而要掌握存货的周转情形，最好以销货成本来评估，而不是以加了利润后的营业收入，否则将高估存货投资绩效。

第二节　固定资产投资的绩效评价

固定资产投资将会给企业的生产经营活动带来重大的影响，有的影响甚至可达几十年。并且固定资产投资决策，一旦被实施，将很难改变，即使可以改变，其损失也巨大；固定资产投资所需要的资金也很多。因此，固定资产投资决策一旦失误，将会给企业造成重大损失。所以固定资产投资的风险比较大。

一、固定资产投资决策评价方法

固定资产投资决策评价方法可以分为折现的分析评价方法（DCF）和非折现的分析评价方法。折现的分析评价方法包括净现值法、现值指数法和内含报酬率法。非折现的分析评价方法在评价备选的投资方案时，不考虑货币的时间价值，把不同时期的货币看成是等效的，主要有回收期法和会计收益率法。

折现的分析评价方法和非折现的分析评价方法的主要区别在于前者考虑货币的时间价值，计算较为复杂，但是更为科学合理；后者没有考虑货币的时间价值，计算较为简便，但是科学性欠佳。

传统 DCF 方法在进行投资决策分析时的思路是：管理者预先确定投资或不投资某个方案，再分析其各种可能情况下发生的结果，预估可能的净现金流及其发生概率，计算出方案净现值。最后根据净现值的正负决定投资与否。因此，以 NPV 法为代表的 DCF 方法本质上是静态的分析方法。

经济活动中不确定性因素的存在要求投资的决策和实施必须具有灵活性，它直接影响项目价值和企业对项目的管理效用，而这一点在传统投资评价方法中没有体现出来，由著名的期权定价模型衍生的实物期权评价方法正是克服了这一局限性。因此，必须加入一个动态的分析因素——实际选择权，以动态的思路进行评价才能得出最合理有效的决策结果，来指导得出正确的投资决策。实物期权是管理者对投资初始决策在内外环境发生变化时所做出相应的灵活性调整决策的权利。而一般的现金流量预测都假设所有的经营决策都已事先确定，而忽视管理者在未来信息基础上的选择权，从而导致现金流量的低估。

传统的 NPV 方法正是由于忽视了实物期权的存在，使投资方案的价值被低估。因此，将选择权的观念引入战略性投资决策评价方法，将 NPV 法做适当的修正，即将投资方案的总价值视为用 NPV 方法计算的净现值与实物期权总价值之和，可表示为：

$$投资方案价值 = 净现值（NPV）+ 实物期权价值$$

这样，将实物期权的观念融入 NPV 法之中，通过对 NPV 法做进一步的补充来完善战略性投资决策的评价，做出正确的选择。

二、固定资产投资项目后评价

（一）固定资产投资项目后评价的含义与意义

固定资产投资项目后评价一般是指项目投资完成之后所进行的评价。它通过对项目实施过程、结果及其影响进行调查研究和全面系统回顾，与项目决策时确定的目标以及技术、经济、环境、社会指标进行对比，找出差别和变化，分析原因，总结经验，吸取教训，得到启示，提出对策建议，通过信息反馈，改善投资管理和决策，达到提高投资效益的目的。固定资产投资项目后评价是投资项目周期的一个重要阶段，是项目管理的重要内容，是出资人对投资活动进行监管的重要手段，也可以为改善企业经营管理提供帮助。

国务院国有资产监督管理委员会（以下简称国资委）为加强中央企业固定资产投资项目管理，提高企业投资决策水平和投资效益，完善投资决策机制，建立投资项目后评价制度，根据《中华人民共和国公司法》、《企业国有资产监督管理暂行条例》（国务院令第378号）、《国务院关于投资体制改革的决定》（国发〔2004〕20号）以及《国务院办公厅关于印发国务院国有资产监督管理委员会主要职责内设机构和人员编制规定的通知》（国办发〔2003〕28号）赋予国资委的职责，于2005年编制并发布了《中央企业固定资产投资项目后评价工作指南》（国资发规划〔2005〕92号，以下简称《工作指南》）。

《工作指南》所称固定资产投资项目，是指为特定目的而进行投资建设，并含有一定建筑或建筑安装工程，且形成固定资产的建设项目。国资委要求，各中央企业要制订本企业的投资项目后评价年度工作计划，有目的地选取一定数量的投资项目开展后评价工作。要加强投资项目后评价信息和成果的反馈，及时总结经验教训，以实现后评价工作的目的。[①]

按时点划分，固定资产投资项目后评价又可分为项目中间评价和项目事后评价。项目中间评价是指从项目开工到竣工验收前的阶段性评价。项目事后评价是指对已完工项目进行全面系统的评价。

（二）项目后绩效评价内容

1. 项目绩效和影响评价

（1）项目技术评价，主要内容包括：工艺、技术和装备的先进性、适用性、经济性、安全性，建筑工程质量及安全，特别要关注资源、能源合理利用。

（2）项目财务和经济评价，主要内容包括：项目总投资和负债状况；重新测算项目的财务评价指标、经济评价指标、偿债能力等。财务和经济评价应通过投资增量效益的分析，突出项目对企业效益的作用和影响。

（3）项目环境和社会影响评价，主要内容包括：项目污染控制、地区环境生态影响、环境治理与保护；增加就业机会、征地拆迁补偿和移民安置、带动区域经济社会发展、推动产业技术进步等。必要时，应进行项目的利益群体分析。

（4）项目管理评价，主要内容包括：项目实施相关者管理、项目管理体制与机制、项目管理者水平；企业项目管理、投资监管状况、体制机制创新等。

2. 项目目标实现程度和持续能力评价

（1）项目目标实现程度。项目目标实现程度从以下四个方面进行判断：

---

① 王晓欣：《中央企业固定资产投资项目后评价工作指南》，载于《金融时报》，2005年6月4日。

①项目工程（实物）建成，项目的建筑工程完工、设备安装调试完成、装置和设施经过试运行，具备竣工验收条件。

②项目技术和能力，装置、设施和设备的运行达到设计能力和技术指标，产品质量达到国家或企业标准。

③项目经济效益产生，项目财务和经济的预期目标，包括运营（销售）收入、成本、利税、收益率、利息备付率、偿债备付率等基本实现。

④项目影响产生，项目的经济、环境、社会效益目标基本实现，项目对产业布局、技术进步、国民经济、环境生态、社会发展的影响已经产生。

（2）项目持续能力的评价。项目持续能力的评价，主要分析以下因素及条件：

①持续能力的内部因素，包括财务状况、技术水平、污染控制、企业管理体制与激励机制等，核心是产品竞争能力。

②持续能力的外部条件，包括资源、环境、生态、物流条件、政策环境、市场变化及其趋势等。

（三）项目后评价方法

（1）项目后评价方法的基础理论是现代系统工程与反馈控制的管理理论。项目后评价亦应遵循工程咨询的方法与原则。

（2）项目后评价的综合评价方法是逻辑框架法。逻辑框架法是通过投入、产出、直接目的、宏观影响四个层面对项目进行分析和总结的综合评价方法。有关内容参见第五章第四节"投资项目的事后评价"。

（3）项目后评价的主要分析评价方法是对比法，即根据后评价调查得到的项目实际情况，对照项目立项时所确定的直接目标和宏观目标，以及其他指标，找出偏差和变化，分析原因，得出结论和经验教训。项目后评价的对比法包括前后对比、有无对比和横向对比。有关内容参见第五章第四节"投资项目的事后评价"。

①前后对比法是项目实施前后相关指标的对比，用以直接估量项目实施的相对成效。

②有无对比法是指在项目周期内"有项目"（实施项目）相关指标的实际值与"无项目"（不实施项目）相关指标的预测值对比，用以度量项目真实的效益、作用及影响。

③横向对比是同一行业内类似项目相关指标的对比，用以评价企业（项目）的绩效或竞争力。

（四）项目后评价指标框架

（1）构建项目后评价的指标体系，应按照项目逻辑框架构架，从项目的投入、产出、直接目的三个层面出发将各层次的目标进行分解，落实到各项具体指标中。

（2）评价指标包括工程咨询评价常用的各类指标，主要有：工程技术指标、财务和经济指标、环境和社会影响指标、管理效能指标等。不同类型项目后评价应选用不同的重点评价指标。项目后评价通用的参考指标，如表 6 - 1 所示。

表 6 – 1 固定资产项目后评价参考指标

评价内容	方 面	指 标
投资环境	产业技术进步	产品质量提高速度、技术进步周期、高技术产品生命周期、新产品研发周期
	融资环境	资金市场、利率、信贷政策
	项目产出市场环境	市场总容量、目标市场容量、竞争对手成本产出价格、市场周期
	项目投入市场环境	资源量、主要投入供给量、主要投入价格、市场周期
	国际贸易	产出与投入的进出口量、关税税率
工程技术	产出规模	设计能力、实际产出能力
	技术或工艺路线	合理性、可靠性、先进性、适应性、试车成功率
	节能	设计能耗指标、实际耗能指标
	节水	设计用水标准、实际用水指标、水循环使用率、中水使用量
	工期	开工日期、完工日期、计划工期
财务指标	投资费用	总投资、建设投资（土建与设备）、预备费、财务费用、资本金比例
	融资	资金结构、借款利率、资金成本、外资借款融资费用、债务担保
	资金使用	长期借款总额及分年用款计划、长期借款还款计划与实际还款额、短期借款
	市场指标	产品市场价格、目标市场销量
	运营期财务指标	单位产出成本与价格、年均收入、年均利润、年均税金、借款偿还期、利息备付率、偿债备付率、资产负债率
	折现财务盈利指标	财务内部收益率、净现值、财务折现率
	非折现财务盈利指标	投资回收期、总投资报酬率、权益资金净利润率
	企业级指标	资产结构、债务结构、企业竞争力、利润水平、资产增值、企业银行信用等级
	财政指标	流转税、所得税

评价内容	方　面	指　标
环境与生态	环境控制指标及实际达标情况	空气质量标准、水质标准、噪声控制标准、振动控制标准、固体废弃物指标、辐射污染标准、光污染标准、项目实施过程中及项目完工后以上指标的实际值
	生态指标	物种数量、水土保持、植被保护、土壤改良等指标项目前及项目后的实际值
安全生产	安全生产指标	有毒有害气体泄漏标准、易燃易爆物体存放标准、防尘标准、防噪标准、万吨产量死亡率
	消防指标	
	安全生产投资	
假设与风险	假设	因素识别、发生的概率、假设条件的下限
	风险	因素识别、发生的概率、造成不利影响的程度、可容忍风险因素的上限

（3）项目后评价应根据不同情况，对项目立项、项目评估、初步设计、合同签订、开工报告、概算调整、完工投产、竣工验收等项目周期中几个时点的指标值进行比较，特别应分析比较项目立项与完工投产（或竣工验收）两个时点指标值的变化，并分析变化原因。

第三节　R&D 投资的绩效评价

一、R&D 投资绩效评价的意义

20 世纪 90 年代末，我国传统产业中许多产品的总产量已位居世界前列，但"大而不强"的特征表现得非常明显，尤其是产品的技术含量远远落在许多国家的后面。在高新技术领域，我国与先进国家和地区的差距也在逐渐拉大。我国半导体集成电路研制起步较早，但是现在已被抛在了后面。随着世界技术进步和全球经济一体化进程的加快，我国企业正面临着越来越大的研究与开发（R&D）的压力。我国企业不仅在 R&D 方面的投入远远落后于发达国家的水平，而且 R&D 资金使用的效率也较低。目前，我国不少企业的盈利能力并不强，在近期内不可能大幅度增加资金投入以用于 R&D，因此，提高 R&D 的绩效就显得意义重大。

2005 年 10 月，"自主研发创新"作为一项国家战略被明确写入中共中央十六届五中全会的公报中。企业间的竞争更多地表现为企业核心能力的竞争，而 R&D 是企业核心能力的源泉。企业对 R&D 的资本投入在经营成本中的比例越来越高，连续、高效、敏捷、可持续的 R&D 能力成为了企业的生命线。国家科技部长徐冠华回答记者时说："我一生都在做科研，如果在 10 年之前，我会认为科研机构是主体。但是经过这十多年不断地升华认识，特别是接触到中国技术创新的实际之后，我会坚定地说，企业是技术创新的主体，这是坚定不移的。"2001 年我国企业 R&D 投入已占当年全社会 R&D 投入的 60.4%，实际上已经成为我国 R&D 投入的主要力量。

企业传统的绩效评价很少将注意力放在以满足客户需要为导向的 R&D 上，而是将注意力放在生产经营的绩效考评上。我国目前大多数企业仍然没有对 R&D 及其绩效评价给予高度重视，而将精力花在日常的生产经营及其绩效评价上。造成这种状况的原因很多，其主要原因有：（1）过去，企业绝大部分资金花费在生产经营过程中，而不是 R&D 中；（2）过去企业成功的关键是富有效率地生产大量产品。所以，过去企业重日常生产经营、轻 R&D 的绩效评价是和当时的环境一致的。此外，与生产经营过程的投入产出关系相比，R&D 的投入（工资、设备和材料）和产出（创新产品和服务）相关性更弱、更不稳定。相对而言，对生产经营过程的产出率和各种生产率指标进行计量、评价和控制是较为容易的。

对许多类型的企业，特别是计算机行业、通讯行业、电子行业、制药行业、化学工业行业的企业来说，R&D 创造的价值比在生产经营过程中创造的价值更为重要。因此，恰当地评价企业 R&D 的绩效至关重要，是加强对企业 R&D 控制的依据，是进一步推动和指导企业进行 R&D 的前提和基础。

由于 R&D 和企业日常生产经营过程相比具有不同的特点。例如，R&D 通常不可再现，具有开创性的特征，难以采用生产管理中的统计方法和控制手段；R&D 工作的度量往往缺少客观、可定量化的标准；R&D 过程还具有高度不确定性，其投入和产出之间的相关性较弱。因此，对 R&D 进行绩效评价比较困难，企业不能简单地将评价企业日常生产经营绩效的方法应用于评价 R&D 的绩效。

二、相关研究成果

R&D 项目绩效评价理论经历了三个发展阶段：第一个阶段是决策—事件阶段（20 世纪 60 ~ 70 年代），侧重于对项目的产出的测评；第二个阶段是决策—过程阶段（80 ~ 90 年代中期），侧重于对项目的研究过程的控制与评价；第三个阶段是综合评价阶段（90 年代中期后），侧重于对项目的研究效果与战略目标相结合的评价。在这个过程中产生了财务评价、技术审计、综合集成评价等多种评价方法。①

Venkatraman 和 Ramanujam（1990）认为 R&D 项目绩效需要从多个维度进行评价：（1）财务绩效，如资产报酬率（ROA）、投资回报率，这些表示目前的利润。（2）商业绩效，以市场为基础，一方面与增长和份额相关，如销售增长和市场份额；另一方面与企业未来地位相关，如新产品发展和多样化。（3）组织效能，以 R&D 组织管理者为基础，一是与质量相关的部分，如创新产品的质量、R&D 人员的满意度等；另一些与社会责任相关的部分，如环境和社区的责任。Hart 在此基础上总结出企业 R&D 项目绩效的五个维度：（1）当前的利益；（2）增长与份额；（3）未来的位置；（4）质量；（5）社会责任。该指标体系是从战略的角度来考评企业 R&D 项目的绩效，但过分侧重财务性绩效指标，而对非财务性绩效指标不重视，如 R&D 行为、R&D 团队建设等。②

台湾学者卢幸繁、李皇照（1998）指出有关 R&D 项目绩效的衡量指标大致可以分成两类：一是财务性绩效指标，如 R&D 收益率、投资报酬率、营业收入增长率等；另一类为非财务性绩效指标，如组织的稳定性、员工的流动性、员工的满足度、市场地位、利益相关者的满意度等。③

Kerssens-van Drongelen 和 Jan Bilderbeek 等（1999）④ 在就 R&D 项目绩效评价的指标设计以及指标使用频度问题对美国具有代表性的 225 家公司的高层经理或主管进行调查。调查结果表明，在 225 家公司中，50% 的公司设置了"产出"绩效指标，35% 的公司设置了"客户满意"指标，28% 的公司设置了"项目完成速度"指标，22% 的公司设置了"R&D 收益"指标，11% 的公司设置了"市场成功率"、"R&D 预算使用效率"、"产出质量"、"IRR"、"ROI"、"ROR"、"专利"指标。这说明，评价指标的设置基本上应体现 R&D 项目绩效的五个方面：数量、质量、速度、成本和创新性。

Dronggelen 和 Cook（1997）介绍了使用平衡计分卡从财务、顾客、内部

---

① 张晓云、谭静、张铀、李成标：《指标设置与测度方法——工业 R&D 项目绩效评价综述》，载于《科技管理研究》，2004 年第 4 期。

② McMann, P. and Nanni, A. J., IS your company really measuring R&D Performance. Management Accounting, 1994（11）：55 – 59.

③ 沈玉春：《研究与开发效率指标体系刍议》，载于《科技进步与管理研究》，1999 年第 3 期。

④ Inge C. Kerssens-van Drongelen, Jan Bilderbeek, R&D Performance Measurement: More Than Choosing a Set of Metrics. R&D Management, 1999,（1）：35 – 46.

经营、创新和学习角度对 R&D 活动进行评价的方法。[①] Jaana Sandstrom 和 Jou-ko. Toivanen（2001）提出了使用平衡计分卡来管理 R&D 人员的框架。[②]

三、R&D 绩效评价方法

R&D 绩效评价方法主要有主观评价法、文献计量法、投入评价法、多层面评价法和期权评价法。

（一）主观评价法

R&D 活动的特征表现为创新性、无固定框架，因此，依靠上级或 R&D 部门负责人对 R&D 活动和人员进行定性和主观评价，就成为 R&D 绩效评价的主要方法。为了避免主观评价法的人为影响，主观评价法进一步发展为"同行评议法"或者是"匿名评议法"。这种评议方法主要应用在科研成果鉴定和组织的年终考评中。

（二）文献计量法

文献计量法是指用科学出版物的数量和获得专利的数量来评价 R&D 的产出。尽管此种方法得到了广泛的应用，但其存在明显的问题，这种方法不能评价出版物的质量，而只能测定其数量。在许多尖端研究领域对公开出版物有很多限制，同样，某些公司并不让成果申请专利，公司认为没有专利保护更安全。此种方法在评价研发人员的个体产出时有一定的参考价值，但是评价一个 R&D 组织的效率任意性过强。

（三）投入评价法

投入评价法就是利用对 R&D 活动投入的评价，从宏观上与其他方面经费投入做纵向比较。此种方法可以确定 R&D 活动的短期回报水平，但不能确定 R&D 活动的成就的大小。在无法对 R&D 活动进行细节评估时，常常采用这种方法。此种方法主要应用于评价一个国家范围内的 R&D 活动。

（四）多层面评价法

多层面评价法就是对 R&D 经费开支报告、新产品和工艺的纯收入、雇员提供的信息和出版物与专利的详细情况等多方面进行评价。许多企业在评价 R&D 绩效时常常采用这种方法。这种方法的困难之处是不能有效地将数据填入评价表，获取信息需要做大量的工作。

---

① Dronggelen，Inge C. Kerssens-van & Cook，Andrew. Design principles for the development of meas-urement for research and development processes. R&D Management，1997，27（4）：345–357。

② Jaana Sandstrom，Jouko Toivanen. The problem of managing product development engineers：Can the balanced scorecard he an answer? . Production Economic. August，2001.

（五）期权评价法

R&D 投资具有长期性、战略性特征，类似于"看涨期权"：R&D 投资的潜在价值是未来不确定性的函数；少量的、初始的期权投入能够为将来创造新的、更多的投资机会，并且，这种投资机会具有"可选择性"；投资者所面临的下游损失有一个极限值，即 R&D 初始投资。当 R&D 阶段结束之后，研究阶段所固有的不确定性已经基本解决，企业可以通过对结果的评价来决定是否行使这项 R&D 的"期权"。如果结果看来有希望，那么企业就会做进一步的商业化投资，把 R&D 的结果投入生产、推向市场；反之，企业将放弃行使这一期权，这样做的损失只限于获取期权的成本，即初始的 R&D 投资。

四、R&D 绩效评价的实施

（一）明确企业的愿景和战略

耗资几十亿美元的铱星系统因技术"太超前"而严重亏损，王安电脑则是因战略滞后而破产。R&D 研发企业未来的产品，所以应该让 R&D 部门和人员了解企业的愿景和战略。企业的愿景和战略是设计 R&D 绩效评价核心指标的依据。在明确企业的愿景和战略的前提下，以平衡计分卡的财务、顾客、内部流程以及学习和成长四个方面为主要桥梁，将企业的愿景和战略具体化为四个方向上的具体目标。

（二）财务维度指标

对企业而言，其典型的财务目标涉及盈利、增长和股东价值。对 R&D 组织而言，其财务目标可简单地表述为：立项成功、新产品成功、技术领先。立项成功用立项成功数量来衡量；新产品成功用新产品销售额占总销售额比率等指标来衡量；技术领先用单位投入可专利化的数量来衡量。

（三）顾客维度指标

一般企业的价值链由四个相互继起的部分组成：通过市场调研了解客户的需要；研究与开发出新产品；生产新产品并向客户交付；为客户提供售后服务。一般企业的价值链是从了解客户的需要开始的。企业首先调查了解客户显露出来的和潜在的需要，确定客户的偏好、目标产品的价格、市场规模等。这一过程表现出企业价值创造过程的"长波"。企业研究和开发新产品以满足新市场、新客户的需要以及满足原有客户的最新需要，是企业价值创造"长波"过程的继续。相反生产和销售过程只是将现有的产品生产出来并提供给客户，是企业价值创造的"短波"。当今的企业要获得竞争优势，特别是要在国际市场获得竞争力，就必须能够持续不断地研究开发出满足客户需要的最新产品。因此，企业应以满足顾客需要为出发点评价 R&D 的绩效。

R&D 组织的顾客可大致认为有两种类型的顾客：内部顾客与外部顾客。内部顾客是指与 R&D 部门相关的组织中的其他部门（如生产、制造、营销部门等），这些部门与 R&D 部门之间相互支援的配合度直接关系到 R&D 成果的成功。外部顾客是指企业的顾客。无论是内部顾客或外部顾客都关心 R&D 成果的质量、数量、时间和成本。所以平衡计分卡应明确质量、数量、时间和成本所应达到的目标，来满足顾客要求。R&D 组织的顾客目标可描述为：对内、外部顾客需求的 R&D 项目的良好预期，高水平的 R&D 设计，减少 R&D 失败率，等等。

R&D 虽然需要建立在一定的技术平台基础之上，但不一定都需要"高技术"，关键是看是否能满足顾客的需要。例如，海尔集团总裁张瑞敏要求公司上下树立"只有淡季的思想没有淡季的产品"的观念。海尔兼并青岛红星电器厂后，红星厂领导和职工将目光放转到了市场上，开发出了"小小神童"洗衣机，改变了夏季为洗衣机销售淡季的局面。"小小神童"一开始是针对夏季的上海市场而设计的，因为上海人喜欢清洁，每天都要洗衣服，而一般的洗衣机都太大，夏天的衣服比较少，开一下 5 公斤的洗衣机要耗很多水，因此，"小小神童"在上海一上市就很受欢迎，在上海、北京等大城市曾出现供不应求的局面。虽然"小小神童"没有什么技术创新，但由于准确地做了市场定位，满足了顾客需要，因此获得了良好的经济效益和社会效益。东大阿尔派股份有限公司总经理刘积仁教授曾深有体会地指出：技术在市场领域和学术领域是两个截然不同的理念，大学教授看待技术是从纯学术的角度。例如，如何达到国际水平，而不要考虑技术是否能被顾客接受；而从企业的角度看，产品开发是要从顾客的需要出发，为顾客着想，技术开发完全是为顾客着想，符合顾客的利益。

（四）内部流程维度指标

R&D 的管理者必须关注能满足顾客需要的关键的内部经营活动。R&D 的内部流程目标应来自于对顾客满意度有最大影响的业务程序，包括影响 R&D 质量、数量、成本、时间的各种因素。R&D 组织的内部流程目标可以描述为确保 R&D 项目质量，提高 R&D 项目开发效率，提高 R&D 项目的管理水平。

由于 R&D 的过程具有开创性、不可再现性和不确定性等特征，难以以一套固定的方法和手段对其绩效进行评价。尽管许多 R&D 活动具有不确定性，但仍能找到 R&D 的某些模式。然后，企业根据自身 R&D 过程的模式建立绩效评价指标。例如，制药企业新药品的开发需要经过一个系统的、有次序的过程：从筛选大量的化合物开始，然后对有希望的化合物进行更详细的检查，再从实验室测试转为动物实验，从动物实验转为人体实验，还要经过复杂的政府检验和批准过程。针对每一阶段，可以设计相应的业绩评价指标。例如，产出率（能用于下一步骤的化合物的数量除以从前一过程获得的化合物的数量）、周转时间（化合物在这一阶段停留的时间）和成本（在一个阶段里加工化合物花费了多少）。管理人员可以通过建立指标来增加产出和减少 R&D 过程每一阶段的周转时间和成本，提高产品创新过程的绩效。

"时间就是金钱"是广为商人和管理者所恪守的一个信条。加速 R&D、缩短 R&D 时间能够提高企业的营业收入。由此，"基于时间的竞争"就成为指导企业 R&D 活动的一项重要战略，R&D 的速度、新产品进入市场的时间也成了衡量 R&D 绩效的重要标准之一。比竞争者提前进入市场会具有显著的营销优势，并在产品、技术的创新和发展中占据有利地位。但是，速度和时间并不必然转化为财务绩效的提高，有些是急于求成的做法。例如，直接从产品思想过渡到开发阶段；省略预备工作；忽略顾客需求；简单模仿竞争者等，只能是拔苗助长。因此，企业要谨慎地采用"加速战略"，在延长原先创造的产品的生命周期所增加的盈利与产品创新周期延长的负效应所可能减少的盈利之间寻找一个平衡点：进一步缩短产品周期，不仅不提高收入，还会破坏已有的财务绩效。为了避免"加速陷阱"，就需要采用一些具有中性或积极的财务影响的管理技术，在时间与财务绩效之间权衡。为此，国际著名企业惠普公司的工程师们开发了一个被称为"损益平衡时间"的指标来对 R&D 进行考评。损益平衡时间是指从产品开发开始，到产品生产出来并产生利润弥补开发过程初始投资所需要的时间。之所以说损益平衡时间是一个综合的指标，是因为它将 R&D 的三个关键部分有效地融进了一个单一的指标：

（1）有利于加强对 R&D 过程成本的控制。损益平衡时间综合了 R&D 过程的成果（产出）和 R&D 过程的成本（投入），它促使 R&D 更加经济、节约和有效。

（2）损益平衡时间强调 R&D 的获利能力。市场部经理、生产人员和设计工程师一起工作来开发满足客户需要的产品，包括在一个有效的销售渠道以有吸引力的价格和能使企业获利的成本来提供产品。企业获得的利润将用来弥补 R&D 所投入成本。

（3）损益平衡时间指标可以用来衡量时间，在一定程度上反映了产品创新的风险，它促使企业加快速度推出新产品，以便迅速地实现较高的销售收入，来弥补 R&D 投入，减少未来市场的不确定性所带来的风险。

企业应积极寻找 R&D 中存在的问题，并仔细分析产生这些问题的原因，然后进一步完善现有的业绩评价系统，并加强对 R&D 过程的控制。例如，某电子公司对其长时间和高成本的 R&D 过程做了细致分析，终于找到其根源，该公司 R&D 需要经过很长时间才能进入市场的最大原因是：产品不能一次达到设计要求，通常要被重新设计并重新测试好几次，因此，该公司仍将进入市场的时间作为 R&D 过程的关键成果指标，但增加了两个业绩动因指标：①一次设计能完全达到客户对产品性能要求的产品百分比；②在设计交付生产前需要被修改的次数（甚至是细致的修改）。

（五）学习和成长维度

顾客维度和内部流程维度确立了目前和未来组织成功的关键因素，但这些成功的指标是在不断变化的，那么如何才能持续不断地提高和创造 R&D 价值呢？R&D 组织的竞争力就表现为知识的持续创新与学习。因此，我们设定学习与成长的目标为：提高 R&D 人员的士气、提高部门学习氛围，加强组织中长期的竞争力等。

综上所述，R&D 投资绩效评价指标体系，如表 6-2 所示。

表 6-2　　　　　　　　　　　R&D 投资绩效评价指标体系

维度	内容	绩效指标
战略	战略方向的明确性	企业愿景
		战略定位
	战略的执行	执行的速度
		执行的效率
	战略反馈	反馈的及时性
		反馈的真实性
		处理的速度
财务	战略投入	长期重点的投入/总投入
	新产品成功	新产品销售额/总销售额
		产出利润/技术开发费用
		浪费的投资或取消的项目/年
	降低产品成本	（原产品成本－同类新产品成本）×同类新产品产量
投入产出	投标成功率	立项成功数量/立项总数量
	技术领先度	专利注册数量/每单位投入
		科技论文数量/每单位投入
	新产品数	完成的新产品数/年
顾客	内部顾客满意度	内部部门（营销部门、工程部门等）对满意程度的打分
		满足顾客需求的 R&D 项目所占的百分比
	外部顾客的满意度	外部顾客对满意程度的打分
		由新产品带来的新增顾客数量
		顾客保留率
		满足顾客需求的 R&D 项目所占的百分比
	设计的可操作性	生产的时间/生产和解决设计问题的时间
	R&D 失败率	在应用之前终止的项目比重

续表

维度	内容	绩效指标
内部流程	R&D 项目时间跨度	目前的开发时间/参考的开发时间
		项目所用时间/总的 R&D 时间
		新产品研制的时间比计划时间缩短的比例
		损益平衡时间
	及时完成率	实际完成量/计划完成量
	R&D 项目管理规范度	R&D 项目职责的设计
		R&D 人员的选拔和发展
		新产品开发的奖励和认可标准
	R&D 成果的可靠性	重新应用标准设计或成熟技术的比率
		因产品设计造成的返修率
		对项目修改的时间/计划的时间
		一次设计能完全达到客户对产品性能要求的产品百分比
		在设计交付生产前需要被修改的次数
学习与成长	市场化速度	引入新产品频率
		从最初到引入市场的时间
		新产品销售份额
	R&D 人员士气	R&D 人员接受培训时数
		R&D 人员知识增长度
		R&D 人员授权程度
	R&D 人员保留率	核心技术人员流失率
		R&D 人员的总数增长/减少百分比
	合作度	与第三者（其他部门）进行合作的项目所占比例
	学习氛围	先进的项目开发工具或项目管理方法在新项目中的应用比例

第四节 并购投资的绩效评价

一、并购的效应

企业并购的动因就是为了获得并购的正效应。并购的效应很多，也很复杂，并且企业并购的各种效应之间是交互影响的。企业并购的效应主要有：

（一）规模经济

虽然企业规模的大小和盈利的多少之间并没有直接的经济联系，但企业

· 152 ·

的联合往往取得规模经济，重复的设施往往会消除，从而由于联合生产能力的更好利用，能降低经营费用或提高效率。此外，可以实现服务设施，如研究与开发、办公设备、会计、财务、管理资源的共享，也可以达到经营上的节约。并且通过并购来扩大企业的规模比起自己创立一个企业或实行自我积累来扩大企业的规模要快捷得多。企业规模扩大后，企业内分工更细，专业化程度更高，从而大大提高劳动生产率。同时，规模的扩大可使生产要素得到充分的利用，从而降低长期平均成本。追求规模经济是企业横向并购的主要目的。

（二）纵向整体化效益

这是企业纵向并购的主要动因。企业通过纵向并购可以获得对整个生产经营过程尽可能多的控制权，包括向后控制原材料的供应，向前控制产品销售，使生产经营活动的协调和管理更加方便，提高企业的效益。

（三）协同效应

协同效应是指企业并购后产生的利润比单个企业单独经营时所获得的利润之和要大，即产生"1＋1＞2"的效果。由于不同的企业拥有各自的优势，同时又有各自的不足，通过企业并购可以使企业相互取长补短，向对方提供所缺乏的资源。

"效率理论"（Efficiency Theory）认为，现实中存在着管理效率低或者没有充分发挥其经营潜力的企业。如果一家企业有一个高效率的管理队伍，其经营管理能力超过了本身企业的日常管理需要，该企业便可以通过并购一家管理效率低下的企业来使其额外的管理资源得以充分利用。

（四）避税

避税也是企业并购的一个重要的动因。许多国家的税法和会计制度的规定常会使那些具有不同纳税义务的企业仅仅通过并购就可以获利。例如，一个利润丰厚的企业低价购买了一个亏损企业的话，它的利润就可以由两个企业分享，高利润企业的利润要来弥补另一个企业的亏损，这样那部分利润就可以不交纳所得税，从而达到避税的目的。

（五）提高市场占有率

一方面企业通过并购，可以大幅度提高企业的产量，有助于降低企业单位产品的成本，提高企业的市场竞争能力，提高企业产品的市场占有率；另一方面企业市场占有率的提高有利于稳固企业在市场中的地位，可以排挤竞争对手，降低被其他企业并购的危险。企业市场份额的不断扩大，可以使企业获得某种形式的垄断，这种垄断既能带来垄断利润又能保持一定的竞争优势。因此，这方面的原因对并购活动有很强的吸引力。

（六）多样化经营

通过并购其他行业中的企业可以实现多样化经营，降低经营风险。企业经营不同的行业，当某一行业的经营环境发生变化而导致投资失败时，就可以从其他有利行业中得到补偿，有利于降低投资风险，保障企业的安全。多样化经营战略最初是由美国著名的产品—市场专家海格·安索夫（Ansoff H. I）在20世纪50年代提出的。在60~70年代，混合并购和多样化经营战略在欧美风靡一时，1970年美国最大的500家工业公司中有94%从事多样化经营。但进入80年代以后，国际并购浪潮呈现出一个引人注目的新焦点，即大量企业将无关业务剥离出去，使主业更加突出，这是因为多样化经营更可能减少公司的价值。进入80年代以来，我国企业的混合并购也风起云涌，但随后而至的是许多从事多样化经营的企业遇到了前所未有的困难，业绩普遍下降，某些企业甚至因此而破产。

（七）降低交易费用

交易费用经济学认为，交易费用的大小与交易过程的三个方面有关，即资产的专用性、交易不确定性和交易发生的效率。而企业并购尤其是纵向一体化的并购，由于它在一定程度上可免除利用市场的成本，可将企业一定的外部性内部化，还可以避开一定的价格控制，从而大大节约了市场交易费用，成为推动美国第二次并购浪潮的主要动因。

（八）获得专门的资源

一家企业可能为了获得另一家企业的专门的资源而并购这家企业。这些专门的资源可能是有形资产，也可能是无形资产。例如，企业有可能为获得某块黄金宝地而进行并购；也可能为了获得一支训练有素的管理队伍或出色的研究开发人员而将对方企业作为并购的目标。有时甚至为了某位杰出的人才，在重金聘请失败后，不惜血本将其所在企业整个买下。

二、并购风险

企业并购是快速积累资本、占有资源和扩张市场的一种重要途径，但同时并购也充满了各种各样的风险。企业并购是以市场为导向的商业行为，颇为可观的预期效益下潜伏着巨大的风险，而且并购交易的对象是集技术、人才、设备及市场为一体的动态资产，其可变要素给并购交易带来了难以预测的各种风险。

美国闻名全球的咨询公司——麦肯锡公司对1972~1983年间美国和英国两国最大工业企业进行的116项收购进行了研究，以1986年的财务资料为分析依据，结果发现，只有23%的企业收购获得了利润，失败率却达到了60%

以上，另有 16% 的成败未定。美国贝恩公司的调查显示：100 家进行兼并谈判和实现兼并的企业中，有 20% 的企业由于谈判失败而流产，有 56% 的企业虽然成功地达成了并购协议，但在之后的经营中不仅没有创造新价值，反而破坏了原有价值，只有 24% 的企业通过并购创造了新价值。美国另外一家咨询公司——默塞尔管理咨询公司对以往 10 年中美国 200 家大型公司的并购进行了调查，发现合并后的 3 年里有一半以上的合并企业的盈利落到了同行业的后面。1992 年，永道会计与咨询公司对英国公司的并购活动进行了一次调查，调查方式是对英国最大的 100 家公司的高层管理人员进行了深入的访谈，调查范围包括 20 世纪 80 年代末 90 年代初萧条时期英国一些最大的公司进行的金额最少为 1 亿英镑的大型企业并购活动，其中 50 宗并购活动交易金额超过 130 亿英镑。调查结果显示，接受调查的总裁约有 54% 认为并购是失败的。Mark Sirower 在 1997 年调查了发生在 20 世纪 90 年代的 168 宗并购交易，发现 2/3 的并购减少了公司的价值。美国《商业周刊》在 1999 年调查指出：在过去的 35 年里，参加并购活动的公司的股票平均下降了 4 个百分点。2000 年美国《财富》杂志的调查也发现 3/4 的公司通过并购活动产生的并购收益不足以弥补其并购成本。而跨国并购作为一种特殊的并购类型，由于地理、文化、制度的差异将存在更为巨大的风险。我国根据外经贸委的统计，截至 2002 年底，累计批准境外投资企业近 7000 家，协议投资金额为 100 亿美元左右，这些资本所投资的项目中有 67% 是投资失败的。

综上所述，企业并购既有正效应，也有负效应。并购绩效如何，关键是看是否达到了预期的整体并购效应，所以企业并购效应是建立并购绩效评价体系的出发点和落脚点。

三、并购绩效的评价方法

衡量企业并购业绩的指标一般有两类：基于市场（股票价格的变化）的评价指标和基于财务业绩的评价指标。

（一）基于市场（股票价格的变化）的评价指标

根据现代财务理论，经理人员决策是以提高股东财富为目标的，所以并购业绩的检验一般以并购前后股票价格的变化来衡量。采用非正常收益法，即将收购公告发布前后某段时间内并购双方股东的实际收益 R 与假定无并购公告影响的那段时间内股东的"正常"收益 E（R）进行对比，得出的非正常收益 AR（abnormal returns）。

Kelly 首创性地运用股票价格变动测量并购绩效，而同时 Ball 和 Brown 在

1968 年运用累计非正常收益率成功地检验了年报的信息含量；随后 Halpern 和 Mandelker 分别于 1973 年、1974 年在他们的通过股价对并购绩效的研究中应用了累计非正常收益率的方法，引入资本资产定价模型，他们把不能被市场变化因素解释的股票价格变化归因于并购的发生。

在此之后，经过众多学者的研究，CAR 方法成为利用公司股票价格来研究并购绩效的一种比较成熟的方法。非正常收益率的计算方法有很多种，比如计算实际收益率与按照市场模型或者资本资产定价模型算出的"正常"收益率之差，或者算出股票的实际收益率与市场指数收益率或某一投资组合平均收益率之差。将每个公司在事件窗口的非正常收益率累计之后，再在样本内进行平均就可得到平均累计非正常收益率。若 CAR 值与 0 相比显著为正，则说明并购事件增加了公司的财富，证实了并购绩效的存在。

非正常收益法在企业并购绩效的实证检验中得到了一定的应用，但它在我国现阶段的适用性还受到了一些因素的制约和影响。非正常收益法首先遇到的一个问题是股票价格能不能反映企业经营状况的好坏。也就是说，股票市场的有效性程度不高。吴世农认为，我国股市信息的完整性、分布均匀性和时效性与发达国家存在较大差距。冯根福、吴林江等（2001）也都认为，以股价变动来衡量企业并购绩效的方法并不适合于我国目前的具体情况。我国近几年股票市场存在绩优股价格低于绩差股的反常表现，绩优不一定"价优"，而绩差也不一定"价差"。从这一点来看，用非正常收益法来研究我国目前的证券市场还存在一定的局限性。此外，我国绝大多数企业是非上市公司，非上市公司股东并不能从股价涨跌中获利或受损。这样，就无法用非正常收益法来评价并购业绩。

（二）基于财务业绩的评价指标

衡量企业并购绩效的另一种方法是会计指标法，即用并购事件前后企业的财务和会计数据来进行比较分析。会计指标法的优势在于能够客观地、连续地反映并购前后公司业绩的变动情况。

在国内外学者对并购绩效的研究中，通常采用每股收益（EPS）作为最基本的衡量企业盈余水平的指标，其他如收益指标、净利润指标以及现金流预测等也都间或地被采用过。王跃堂曾利用净资产收益率作为指标衡量并购前后企业绩效的变化；檀向球、提云淘和强立等曾提出一个资产重组鉴别指标体系，其中的绩效评估体系包括主营业务利润率、总资产利润率、每股收益和净资产收益率。学者们在运用财务会计指标对并购绩效进行衡量时，都综合考虑了企业的盈利能力、偿债能力、发展能力等多方面绩效表现。并购绩效评价指标体系，如表 6-3 所示。

表6－3　　　　　　　　　　　　　并购绩效评价指标体系

评价内容		指标名称
定量指标	盈利能力	主营业务利润率
		净资产收益率
		总资产报酬率
		每股收益
		每元成本费用产出销售收入
	偿债能力	资产负债率
		流动比率
		速动比率
	资产管理能力	应收账款周转率
		存货周转率
		总资产周转率
		优良资产比率
	现金流分析	营运指数
	成长能力	主营业务收入增长率
		市场占有份额增长率
	风险指标	经营杠杆系数
		财务杠杆系数
定性指标	领导班子综合素质	
	基础管理水平	
	行业影响力	
	创新能力	
	销售覆盖区域	
	顾客忠诚度	
	员工学习与发展	

　　基于财务业绩的评价指标不足主要来自于会计指标容易受到上市公司操纵（孙铮等，1999；陈小悦等，2002）。陈晓等（1999）的实证研究则表明，尽管会计利润指标经常会受到操纵，但中国上市公司的报表盈余数字仍然具有很强的信息含量。另外，从较长时期来考察，任何利润操纵手段只能操纵暂时的会计指标，并购事件的实质性影响最终都要暴露到会计报表之中。

　　近年来，政府在不断地加大整顿的力度，积极地规范中介信用机构的行为，对于编制和提供虚假财务数据的中介机构将给予严厉惩处，净化市场环境，促使中介机构和企业自身加强自律。这样，在政府、市场投资者的监督压力之下，上市公司和中介机构将会披露更多的接近真实的财务数据。

　　因此，会计指标法在进行企业并购绩效评价中也得到了普遍的应用。

第七章 企业整体绩效评价

企业是投资项目的有机组合，而不是简单相加。所以适用于投资项目的绩效评价方法并不一定适用于企业整体绩效评价，企业整体绩效评价有自己的理论、标准和方法。本章将从操作的层面上详细介绍企业整体绩效评价的流程和方法。

第一节 企业整体绩效评价的目标

进行企业整体绩效评价首先应该明确什么是企业绩效（评价什么）？企业绩效评价的价值取向是什么（为谁评价）？企业绩效评价的目标是什么（试图达到什么目的）？

一、企业绩效评价的概念

学术界对于企业绩效评价论述存在诸多的观点，这其中主要观点包括：朱治龙（2003）认为：企业绩效评价是指为了实现企业的战略目标，运用特定的指标和标准，采用科学的方法，对企业经营过程及其结果进行的价值判断，以及对企业经营者行为的客观评价。绩效评价不仅是委托人对代理人实施目标激励的有效方法，也是委托人决定代理人激励强度制定激励约束政策的主要依据，绩效评价的科学性与有效性将直接影响企业改革目标的实现，同时也是影响公司价值取向和企业文化建设的重要因素。

从另一个方面看，曹建安、张禾（2003）认为：企业绩效评价是评价主体对企业某些方面的属性及其变化趋势所做出的一种主观判断。一般运用数理统计和运筹学方法，采用特定的指标体系，对照统一的评价标准，按照一定的程序，通过定量定性对比分析，对企业一定经营期间的经营效益和经营者业绩，做出客观、公正和准确的综合判断。企业绩效评价作为企业管理控制系统的一个重要子系统，其评价的内容和结果对企业利益相关者的决策和行为会产生直接或间接的影响。不同类型的企业，在不同的时期其评价的具体内容和方法是动态变化的。财政部统计评价司（2002）认为，企业绩效评价是指运用数理统计和运筹学原理，采用特定的指标体系，对照统一的标准，按照一定的程序，通过定量定性对比分析，对企业一定经营期间的经营效益和经营者业绩做出客观、公正和准确的综合评判。

综上可以看出，企业绩效评价既包含企业一定时期的经营效益的评价，又包含企业一定期间经营与管理的效率的评价；既包含了对企业一定期间经营成果的考察，又包含了对企业经营管理者一定期间经营管理效率的考察。所以，可以认为，企业绩效评价是对照统一的标准，按照一定的程序对一定时期内企业经营管理效果与效率的综合评价。

企业可以通过企业绩效评价和分析，建立基于绩效评价的管理系统，进一步改进企业经营绩效，提高企业的价值。其中，在企业的经营管理变革中，有无采用绩效管理系统对企业有着明显的影响（见表7－1）。因此，许多企业将绩效评价作为企业改进经营业绩的主要起点，引进绩效评价管理系统作为企业提升价值的主要途径。

表7－1　　　　　　　　　绩效管理对企业组织成功的影响

指　标	没有绩效管理系统	有绩效管理系统
全面股东收益（％）	0	7.9
股票收益（％）	4.4	10.2
资产收益（％）	4.6	8.0
投资现金流量收益（％）	4.7	6.6
销售实际增长（％）	1.1	2.2
人均销售（美元）	126100	169900

资料来源：《绩效管理对企业组织成功的影响》（翰威特公司），转引自刘平、张斌：《走出人力资源绩效管理认识的误区》，载于《西安石油学院学报》（社会科学版），第66～69页。

企业整体绩效评价概念建立在一定的经济环境和理论支持下，并且，不同的价值取向会产生不同的企业绩效评价方法。在对企业的绩效改进探索的过程中有着不同的经济和改革理论支持，而我国正处在计划经济向市场经济进行转型的过程中，不同的经济理论和企业理论对企业最终业绩的影响不容忽视。

二、企业绩效评价的价值取向及评价目标

企业绩效评价就是评价者运用一定的技术和方法对企业活动的过程和结果进行的一种价值判断。不同的价值判断标准，会导致不同的绩效评价方法，

也会产生不同的绩效评价结果。

企业的价值取向是指其经营目标的基本取向。作为经济活动的参与单元，企业经营目标的基本取向是实现利益最大化。但随着市场形势和外部环境的变化，企业的经营目标和价值取向也在发生深刻的变化，并且经历了不同的发展阶段，目前，企业主要存在两种不同的价值观："经济价值观"和"社会价值观"。从价值判断的主体上看，这两种价值观又体现了两种不同的价值取向模式：股东价值取向模式和利益相关者价值取向模式。

（一）面向经济目标的股东价值取向

股东价值取向的观点认为，股东创办企业的目的是为了扩大财富，由于他们是企业的所有者，企业应以股东利益为导向，其首要任务是为股东创造价值。这种观点主要由新古典经济学家所倡导，其支持者认为，强调股东最终价值之外的东西将会淡化企业的经营重点，导致低效率的回报和资源浪费，而且也很难对股东的期待给出应有的回报。因此，股东价值取向的企业必然注重利润、收入、股东回报等经济指标的增长，而忽略它们在资源节约、环境保护以及社会贡献方面的责任。因此，企业经营主要对股东负责，追求股东财富最大化。在企业的决策中优先考虑股东的利益，主要结合经济利益的创造来评价管理者业绩和企业绩效，企业绩效评价的三个主要问题"为谁评价？""评价什么？""试图达到什么目的？"便具体化为"为股东评价"、"评价利润"和"目标是股东价值最大化"。所以，在股东价值取向条件下，企业绩效评价模式表现为以"利润"为目标的"股东利益至上"评价模式。

但是，股东价值最大化的观点将企业作为一个孤立的个体看待，没有考虑其与所处社会经济环境中的各个利益相关者协调发展的问题，而企业的核心不仅仅是股东，还应包括其他利益相关者。股东取向的企业价值观把股东以外的利益相关者排斥在企业目标之外，强调企业对股东的经济责任，忽视了其他利益相关者的重要性和企业应该承担的社会责任，因而容易产生局部经济利益倾向和短期经济利益倾向，不符合可持续发展所倡导的经济、社会、生态协调持续发展的观念。容易导致企业过分关注经济利益而忽视其所承担的社会责任。

（二）面向可持续发展的利益相关者价值取向

利益相关者价值取向认为企业的核心不仅仅是股东，还应包括其他利益相关者。任何一个企业都有许多利益相关者，他们都对公司进行了专用性投资并承担由此带来的风险，企业的生存和发展取决于它能否有效地处理与利益相关者的关系，股东只是其中之一。为此，企业经营目标的实现，不能仅仅从企业本身来考察，还必须从企业所从属的更大社会系统所定的规范和目标来考察。所以，利益相关者导向的企业不应只关注股东利益，而且应关注利益相关者的共同利益。企业目标不再是唯一地追求股东财富最大化，而是按照社会价值最大化原则，为利益相关者创造持续发展的价值，实现所有利益相关者价值最大化。在利益相关者价值导向下，企业绩效评价的三个主要问题"为谁评价？""评价什么？""试图达到什么目的？"便具体化为"为利益相关者评价"、"评价利益相关者共同财富"和"目的是社会价值最大化"。因此，在利益相关者价值导向下，企业对所有的利益相关者负责，追求利益相关者利益的最大化和协调化，兼容了时间性、风险性、可持续发展等重要因素，体现了经济利益和社会效益的统一。企业绩效评价模式是一种以"社会价值最大化"为目标的"利益相关者共同利益"评价模式。

企业在进行绩效评价时，应该根据自身的实际情况选择评价的目标和价值取向，并在此基础上选择合适的企业绩效评价方法。

在中国社会主义公有制为主体的经济体制下，中国上市公司绝大多数属于国有控股性质的国情下，中国上市公司更应将追求企业社会价值最大化作为经营目标，并贯彻到经营决策过程中。

第二节　企业绩效评价方法的演进

一、国外企业绩效评价方法演变评述

早期的企业绩效评价可以追溯到 19 世纪，管理者（同时也是投资者）根据各自行业的经营特点建立的用于评价企业内部的生产效率业绩评价指标，主要是一些较为简单的产出指标。但企业绩效评价真正受到广泛关注要到 20 世纪初，特别是 1903 年，杜邦火药公司开始执行"投资报酬率"法来评价企业业绩，以及至今仍广泛应用的"杜邦系统图"的发明。这一时期企业绩效评价的管理和控制是通过内部管理、提高生产率、降低成本来追求利润最大化。随后，随着企业所有权和经营权的进一步分离，企业的投资者和债权人更加关注企业的经营状况和财务状况，客观上使企业绩效评价的研究范围从成本控制扩大到财务绩效评价领域，企业绩效评价进入财务绩效评价阶段。直到 20 世纪 80 年代后期，随着企业理论的变迁和企业经营环境的改变，人们开始考虑非财务指标对企业绩效的影响，逐渐形成了财务指标和非财务指标相结合的企业绩效评价方法。根据企业绩效评价研究的演变过程，企业绩效评价方法主要归结为三种模式：传统的财务模式、修正的财务模式和平衡模式①。

（一）传统的财务模式

早期的财务指标仅仅表现为成本指标，进入 20 世纪后，随着所有权与经营权的进一步分离，财务指标的范围从单一的成本指标扩大到了包括偿债性指标、收益性指标和经营性指标在内的更大范围。企业的目标主要是通过提高生产效率，追求利润最大化。由于单一财务指标难以全面衡量企业业绩并且容易受到操纵，因此，评价时倾向于采取选择一组相互影响的财务指标的做法，其中的典型代表主要有：（1）杜邦公司提出的以投资报酬率为核心的杜邦财务系统；（2）亚历山大·沃尔在《信用晴雨表研究》和《财务报表比率分析》中提出的流动比率、净资产/负债、资产/固定资产、销售成本/存货、销售额/应收账款、销售额/固定资产、销售额/净资产等 7 项指标；（3）20 世纪 80 年代美国管理会计委员会提出的净收益、每股盈余、现金流量、投资报酬率、剩余收益、市场价值、经济收益、调整通货膨胀后的业绩等 8 项指标。由于当时不断通过外部融资扩大生产规模，投资庞大，所以，投资报酬率被认为是最为核心和使用最为频繁的财务指标。根据责、权、利相一致的原则，企业通常被划分为成本中心、投资中心、利润中心等责任中心来进行业绩的评价。财务指标作为企业绩效评价的工具，其优点在于，财务指标主要从会计报表中直接获取数据或根据财务数据进行相关计算。因此，操作性和可考核性强，并且财务数据严格遵循统一的会计准则，具有较强的可比性。但是，由于会计准则的谨慎性原则、权责发生制原则和历史成本原则，使其成为一种保守的评价模式，不利于从战略角度反映企业决策。为保证企业目标的实现，企业还需建立完善的投资决策制度、资金管理制度等相关的财务管理制度。同时，会计操纵行为可能使计算的结果偏离真实情况。并且，以会计利润为基础的财务指标，难以反映企业为投资者创造的真正财富。

（二）修正的财务指标模式

针对传统财务指标难以真实地反映出企业的经济现实与未来价值的缺陷，出现了以股东财富最大化为导向的修正的财务指标模式，它所使用的评价指标主要是经过调整的财务指标，或者根据未来现金流量得到的贴现类指标。价值模式中最有代表性的当属经济增加值 EVA（Economic Value Added）。斯腾思特咨询公司于 1991 年正式提出了 EVA 绩效评价系统。经济增加值是在利

---

① 王化成教授将企业绩效评价模式分为财务模式、价值模式和平衡模式，也有人将企业绩效评价模式分为财务模式和平衡模式。

润的基础上，进一步考虑资本成本，经过一系列调整后的财务指标，用于衡量企业生产经营的增加价值，其目的在于促使公司经营者以股东价值最大化为行为准则，谋求企业战略目标的实现。与传统的利润指标相比，修正的财务模式站在股东的角度来评价企业的业绩，能够有效地将企业战略与日常业务决策与激励机制有机地联系在一起，最终为股东创造财富。EVA 研究的主要贡献在于克服了传统的财务业绩指标在衡量股东财富增加方面的不足和易被操纵的缺陷，并且由于其衍生指标 MVA 在理论上被证明与净现值 NPV 具有恒等性，因而 EVA 的出现实际上是提出了一种模拟价值增长的直接方式，但是修正的财务模式也并非完美无缺，EVA 评价体系强调企业内部的充分放权，不注重过程的评价和控制，并且该模式主要关注股东财富的增加而忽视其他利益相关者的利益。

（三）平衡模式

随着经济环境的深刻变化和企业理论的继续发展，逐渐出现了以社会价值最大化为导向关注利益相关者的平衡绩效评价模式，相对于财务模式和修正的财务模式，平衡模式引入了非财务指标，提供了财务指标和非财务指标相结合的企业绩效评价模式。从深层来看，平衡模式以战略目标为导向，通过指标间的各种平衡关系以及战略指标或关键指标的选取来体现出企业不同利益相关者的期望，从而实现企业价值最大化的目标[①]。从而为企业价值创造过程提供了一个业绩驱动的逻辑联系的简化形式。企业绩效评价的平衡模式中典型的代表有克罗斯和林奇的业绩金字塔、卡普兰和诺顿的平衡记分卡体系、尼利的绩效三棱镜和其他一些基于利益相关者理论的绩效评价体系。其中，尤以平衡记分卡应用最为广泛。平衡记分卡业绩评价体系是 20 世纪 90 年代由美国学者 Robert S. Kaplan 和 David P. Norton 提出。这一评价体系将影响企业最终业绩分解为财务、客户、过程、学习和成长四个因素，强调平衡财务目标、市场经营、内部管理和企业成长四个因素对企业整体竞争力的影响。当然，平衡模式也存在诸多缺陷：一是仅强调少数利益相关者的利益，无法顾及所有的利益相关者的利益；二是各种方法的分析框架所提出的业绩创造逻辑过于简单，无法提供对业绩驱动因子和业绩结果之间因果关系的全面解释；三是非财务指标难以计量，代表不同方向的多个绩效评价指标难以权衡。

---

① 王化成、刘俊勇：《企业业绩评价模式研究》，载于《管理世界》，2004 年第 4 期。

二、国内企业绩效评价方法演变评述

企业理论通常是建立在一定的假设前提和经济背景下，西方国家的企业理论通常暗含建立在完善的市场经济、较充分地市场竞争基础上，我国的政企关系向来就十分密切，正处于计划经济向市场经济的转型时期，在分析国内外企业的绩效理论和引用相应评价方法的同时也应该注意相应的假设和应用前提。

伴随着经济体制的变迁以及国有企业的改革逐步发展变化，我国企业绩效评价的研究探索经历了曲折的发展过程，其理论方法与内容也不断演进。从绩效评价主体来看，我国一直实行以政府为主导的企业绩效评价模式；从绩效评价的内容和指标体系来看，我国的企业绩效评价主要表现为财务模式①。概括而言，我国的企业绩效评价方法主要经历了四个发展阶段。

第一阶段：从新中国成立到 20 世纪 70 年代，以实物产量为核心的企业绩效评价时期。

从新中国成立直到党的十一届三中全会，我国借鉴了前苏联的做法，实行高度集中的计划经济体制，形成了一套以产量和产值为中心的企业绩效评价指标体系。由于国有企业基本没有经营自主权，生产要素、能源原材料价格由国家定价，生产的产品也由国家按计划价格收购和调拨，因此，政府评价企业绩效采用的主要方法是指令性生产计划的完成情况，1975 年国家拟定"工业企业 8 项经济技术考核指标"。这 8 项指标包括产品产量、品种、质量、原材料燃料动力消耗、流动资金、成本、利润和劳动生产率。而考核评价的方法是简单地与计划目标和行业生产技术标准进行对照。

第二阶段：20 世纪 80 年代，以产值和利润为主的绩效评价。

党的十一届三中全会后，对国有企业开始实施放权让利式改革，逐步扩大了企业的经营自主权，收入、利润等开始引入到绩效评价指标中，国家开始注重企业的利润、成本、产值等价值指标的考核，并以企业的利润完成情况决定企业的报酬和激励方式。1982 年国家经委、国家计委等六部委制定了"企业 16 项主要经济效益指标"，这 16 个指标对企业经济效益给予了较全面的反映。但只是简单地进行历史对比并没有客观地反映各企业当前经济效益的真实情况，仍然带有浓厚的计划管理的特征。

第三阶段：20 世纪 90 年代以投资报酬率为核心的企业绩效评价时期。

---

① 温素彬：《基于可持续发展的企业绩效评价理论与方法研究》，南京理工大学博士学位论文，2005 年。

　　进入90年代，随着我国经济管理体制改革进一步深化，我国经济工作重心转移到调整结构和提高经济效益上来以后，企业绩效评价问题成为中国国有企业管理研究与实践的热点，绩效评价更加强化效益指标。1992年，国家计委、国务院生产办和国家统计局提出了6项考核工业企业经济效益的指标，包括产品销售率、资金利税率、成本费用利润率、全员劳动生产率、流动资金周转率、净产值率。这套评价方法在指标设计上全部采用了相对性比率指标，按照重要性程度对每项指标赋予不同的权重，并采用统一标准进行考核，更具有科学性。1995年财政部制定出台了《企业经济效益评价指标体系（试行）》。这套指标体系由销售利润率、总资产报酬率、资本收益率等10项指标组成。1997年，国家统计局会同国家计委、国家经贸委对1992年颁布的工业经济效益评价体系进行了调整，将原来的6项指标调整为总资产贡献率、资本保值增值率等7项指标，并对指标权重进行了重新分配。

　　第四阶段：从20世纪90年代后期至今，综合绩效评价体系时期。

　　随着市场经济体制的逐步完善，我国企业逐渐建立起现代企业制度，企业管理的理论和实践都迫切需要建立符合现代企业制度的中国企业综合绩效评价体系。1999年6月财政部等四部委颁发了《国有资本金绩效评价指标体系》及《国有资本金绩效评价操作细则》，标志着企业评价制度在我国初步建立。操作细则重点评价企业资本效益状况、资产经营状况、偿债能力状况和发展能力状况等内容，包括基本指标、修正指标和专家评议指标三个层次，共计32项指标，初步形成了财务指标与非财务指标相结合的业绩评价指标体系。2002年，财政部等五部委联合印发了《企业绩效评价操作细则（修订）》，将评价体系修订为28项，而且还对评议指标以及各指标权重进行了修正，提高了对企业偿债能力和发展创新能力的评价，使该评价体系更为客观公正，更具有可操作性和适应性。2006年4月7日和9月12日，国资委分别颁布《中央企业综合绩效评价管理暂行办法》和《中央企业综合绩效评价实施细则》，明确规定中央企业绩效评价指标由22个财务绩效定量评价指标、8个管理绩效定性评价指标，共计30个指标组成，国资委将按照优、良、中、低、差五个等级对中央企业进行综合绩效评价，评价结果将成为央企负责人年度和任期考核的重要参考指标，标志着我国企业评价制度日趋成熟。

　　从我国绩效评价方法的演变历程可以看出，随着我国经济体制的改革的深化和企业组织形式的发展，企业绩效评价的方法逐渐从简单到复杂、从单一评价到综合评价。虽然，我国企业绩效评价的方法已经有了较大发展，但是还是难以适应企业管理的飞速发展，特别是进入21世纪以后，企业面临着信息、知识经济时代社会经济技术环境的飞速变化，主要进行事后评价的以财务为主的企业绩效评价方法，难以适应现代企业管理的要求，并且随着经济的全球化和一体化的加强，企业市场深度和广度的拓宽，也要求企业绩效评价能满足各个相关利益者的不同需要，因此，我国企业绩效评价体系需要借鉴、学习和发展西方成熟市场的企业绩效评价方法。

第三节　现代企业绩效评价方法

随着经济环境的变迁、企业理论和实践的发展以及各种计量工具和方法的产生和发展，企业绩效评价无论从理论上还是方法上都得到迅猛发展，并且由于其对企业管理实践的巨大影响，而成为社会各界关心的热点。虽然其研究成果丰硕，但许多方法体系还处于理论研究期，其效果还有待于企业实践的检验。目前，理论上相对比较成熟，在西方发达市场经济市场中各企业使用较为广泛，在我国企业界有待于进一步推广和发展的企业绩效评价方法主要是经济增加值绩效评价方法和平衡记分卡绩效评价方法。本节将详细介绍这两种绩效评价方法，以期达到在我国企业界广泛推广使用的目的。

一、经济增加值

20 世纪 30 年代以来，以企业价值和净现值（Net Present Value，NPV）为基础的企业价值评估理论在金融界日益得到广泛认可和接受。因此，以财务指标为主体的绩效评价体系也开始逐渐向企业价值评估理论靠拢。并成为20 世纪 70 年代以后企业绩效评价研究领域的重点思考问题。并且，由于自20 世纪 70 及 80 年代初，世界范围内资本市场管制放松和科技的飞速发展，使资本流动性极大增强，资本流向那些投资者相信能被高效运用，最能增值的地方，这种价值导向促使"股东价值最大化"成为投资者和职业经理人对价值追求的共同目标。如何找到那些导致财富创造和财富破坏的经济因素，如何找到"最好"的公司和产业就显得极为重要。EVA 作为财务指标正在这一财富发现和公司选择的过程中产生着创新性的变革。

（一）EVA 概述

经济增加值（EVA）是 1982 年由 Stern & Stewart 咨询公司针对收益指标作为单一期间绩效评价指标所存在的缺陷，开发出的注册商标为 EVA 的经济增加值指标，并在 1993 年 9 月的《财富》杂志上完整地把它表述出来。就此，引起了理论界和实务界的广泛注意，EVA 方法迅速得到广泛应用，并取得了极大成功。从那时起，世界上很多著名的公司开始运用该概念的原理与方法来衡量企业的绩效，比如可口可乐、西门子、宝利来、惠普等一些大型跨国公司和知名企业。斯特恩·斯图尔特公司坚持认为，EVA 是基于股东价值创造的管理学说、评价学说，揭示了经济获得成功的主要秘密。因此，EVA 曾被《财富》杂志称为"当今最炙手可热的财务理念"①。与传统的财务指标不同，EVA 考察的是扣除资本成本（包括借入资本成本和权益资本成本）后公司的剩余收益，与股东财富最大化的要求近似相同。

经济利润（或经济增加值，EVA）的历史根源可追溯到古典经济学家提出的"剩余收益"（Residual Income）这一概念。英国著名经济学家阿尔弗雷德·马歇尔于 1890 年为经济利润所给出的定义②：从利润中减去其资本按照当前利率计算的利息之后所剩余的部分可被称为企业所有者的营业或管理盈余（Earnings of Undertaking or Management）。基于马歇尔的陈述，经济利润与会计利润的关键区别在于经济利润是一种剩余收益观，公司的收入不仅要补偿企业经营所产生的经常性生产和营业费用还要为投资者投入的资本提供正常的回报。

经济利润的另一个理论渊源是以公司评价为背景的理论扩展，20 世纪 30 年代，欧文·费希尔在 NPV 和公司期望现金流的折现之间建立了基础性的联系；而莫迪里安尼和米勒证实了某一公司的企业价值和股票价格的主要驱动力是公司投资决策，而不是公司的负债和权益构成的资本结构组合。莫迪里安尼和米勒的论文证明了应把企业的经济模型和 NPV 作为评价投资项目的工具，并且提供了一个理论框架，把 EVA 作为度量绩效的指标和建立激励机制的基础，从而使管理者的行为和股东的需要一致。

经济增加值理论基本上依赖于两个原则性的假设③：（1）一家公司只有所获得的资本回报超过资本的机会成本时才是真正盈利的；（2）只有当公司的管理者为其股东所做投资决策的净现值（NPV）为正值时才会创造财富。

（二）EVA 的基本含义

1. EVA 的定义

经济增加值（EVA）的基本定义可以从不同的角度阐述：从会计的角度，

---

① 孙薇：《财务与非财务相结合的企业绩效评价研究》，南京理工大学硕士论文，2005 年 11 月。

② Alfred Marshell, Principles of Economics, Vol. l（New York；MocMillan &Co, 1890）P. 142.

③ 詹姆斯·L. 格兰特：《经济增加值基础》（第二版），东北财经大学出版社 2005 年版，第 3 页。

EVA 被定义为公司的税后经营利润（Net Operating Profit After Tax，NOPAT）与该公司加权平均资本成本之间的差额。EVA 指标扣除了直接资本成本和权益间接资本成本，全面解释了公司的总资本成本，是所有资本被扣除后的剩余收益。其计算公式为：

$$EVA = 资本收益 - 资本成本$$
$$= 税后净营业利润 - 全部资本成本$$
$$= 税后净营业利润（NOPAT）- 资本投入额 \times$$
$$加权平均资本成本率（WACC）$$

其中：（1）税后净营业利润（NOPAT）不等同于会计报表中净利润，它是根据资产负债表经过调整后得到的。（2）全部资本成本是公司现有资产经济价值的机会成本。（3）资本投入额包括股权资本投入额和债务资本投入额，它是指企业经营实际占用的资本额。（4）加权平均资本率（WACC）= 股权资本比率 × 股权资本成本率 + 债权资本比率 × 债权资本成本率 ×（1 - 所得税税率）。

从财务角度看，EVA 是企业扣除资本成本（Cost on Capital，COC）后的资本收益（Return on Capital，ROC），即公司净营业利润与投资者用该资本投资于其他风险相近有价证券的最低回报相比超出或低于后者的量值，其核心思想是：公司只有在其资本收益超过为获得该收益所投入的资本的全部成本时，才能为股东带来价值。作为衡量企业创造股东财富数量的指标，当 EVA > 0 时，说明企业为股东创造了价值，创造了财富；当 EVA = 0 时，表明企业利润仅满足了股东对投入资本的预期收益；当 EVA < 0 时，则企业不仅没有满足股东预期收益，反而是在蚕食甚至毁灭股东财富。EVA 的核心思想强调：企业资本运营获得的收益至少要能补偿全部资本提供者的风险；权益资本投资获得收益要至少能补偿投资者承担的风险，即股东必须赚取至少等于资本市场上类似风险投资的回报收益率。Peter Drucker 对 EVA 的理论做出如下精确概括：只有企业获得了超出资金成本的收益，我们才能说企业盈利。

无论是从会计还是财务角度，EVA 均体现了古典经济学派的基本的经济学思想：企业对所投入的资金，应该带来最低限度的、具有竞争力的回报。对此，Peter Drucker 曾在《哈佛商业评论》中做过精妙的评价：EVA 不是个新概念，EVA 只不过是对经济学家的"剩余收益"概念的发展，具有可操作性和高度的灵活性。

2. EVA 的本质

Stem Steward 公司将 EVA 价值管理评价体系概括为"4Ms"，即评价指标

（Measurement Index）、管理体系（Management System）、激励制度（Motivation Institution）、理念体系（Mindset System）。①

（1）评价指标（Measurement Index）。EVA 克服了传统企业绩效评价指标的主要缺陷：传统企业绩效评价指标没有扣除权益资本成本，导致资本成本计算不完全，从而不能真正反映企业的盈利能力。另外，依据权责发生制和稳健性原则编制的财务报表往往低估公司的资本和盈利，并且会计数据容易被操纵和失真。因此，以此为基础的传统指标，难以真正反映企业的绩效。EVA 方法站在企业所有者的角度上，可以对传统会计报表所披露的会计信息及其相关指标进行系列调整，考虑了带来企业利润的所有的资本的成本，从而可以更加精确地衡量企业绩效，因此，在任何给定时期内，EVA 是可以更加准确地衡量企业绩效。

（2）管理体系（Management System）。EVA 是个管理信息体系。以 EVA 为基础构建的全面财务管理体系涵盖了企业所有指导营运、制定战略的政策方针、方法过程以及衡量指标。在 EVA 的体系中，管理决策的所有方法：战略规划、资本分配、并购的估价、年度计划的制订等全部囊括在内，从 EVA 的角度看，可以鼓励管理者集中从以下四个方面来提升企业价值，为所有者创造财富：

①提高已有资产收益：即在不增加资本的前提下，通过降低成本、减少纳税等手段提高资产的使用效率来增加收益；

②在资本收益高于资本成本的条件下，增加投资，扩大企业规模；

③在资本收益低于资本成本的条件下，减少投资，减少资产的占用，出售或者逐步放弃该项业务；

④调整企业的资本结构，提升管理公司资本的效率，降低综合资本成本率，实现公司资本成本的最小化。

（3）激励制度（Motivation Institution）。EVA 能够激励经理人为企业所有者着想，使他们从股东角度长远地看待企业的经营，并像企业所有者一样得到报酬。EVA 价值管理体系以 EVA 增加作为激励补偿的基础，采取现金奖励计划和内部杠杆收购计划，对 EVA 的奖金额度随着 EVA 增加不断滚动，上不封顶，同时，还采取储存、分期偿付的额外金额。从而使企业管理者站在所有者的角度，为所有者长远利益发展着想，促使管理者以股东权益最大化为目的进行价值决策，使企业的决策与股东财富一致。

---

① 李帆：《基于战略管理北京下的企业绩效评价研究》，中国地质大学博士学位论文，2006 年5 月。

（4）理念体系（Mindset System）。如果一个公司的 EVA 系统得到全面、完全的执行，EVA 财务管理体系和激励报酬制度将使该企业的企业文化发生深远的变化。EVA 体系自动引导企业管理层与员工沿着为所有者创造价值，使股东价值最大化的统一目标紧密合作，为所有者的最大利益工作。同时，还将"股东价值最大化"这一经营理念分解和传输到企业各个层次，使得管理的决策权适度有效地下放和分散，使得每个员工均有责任为企业创造价值，并相应得到奖励。

（三）EVA 分析框架

根据 EVA 的会计定义：

$$EVA = 资本收益 - 资本成本$$
$$= 税后净营业利润 - 全部资本成本$$
$$= 税后净营业利润（NOPAT） - 资本投入额 \times$$
$$加权平均资本成本率（WACC）$$

显然，经济附加值的计算结果取决于 3 个基本变量：税后净营业利润、资本总额和加权平均资本成本。由于计算公式中的各个变量的数据主要来自会计数据，而 EVA 不受公认会计原则的约束，如果公认会计原则扭曲了资本收益和资本支出，就应做必要的调整，其调整的内容主要包括以下方面：一是对经营利润会计计量结果的调整；二是对投入资本的会计计量结果的调整。另外，资本成本的确定需要参考资本市场的历史数据。由于各国的会计制度和资本市场现状存在差异，经济附加值指标的计算方法也不尽相同。因此，实务中 EVA 的计算较为复杂。下面将分别介绍通过会计调整如何确定税后净营业利润和资本总额以及如何确定加权资本成本。

1. 会计调整

由于根据会计准则编制的财务报表对公司真实情况的反映存在部分失真，在计算经济附加值时需要对某些会计报表科目的处理方法进行调整。EVA 的调整项目，Stem Stewart 公司在最初计算时，确认为 164 项调整问题，但即使是 EVA 的倡导者也承认，没有任何一家公司有必要进行 15 种以上的调整。对于一般的公司，只要采取 5～15 条调整措施即可。

（1）调整的标准。[①] 目前，关于是否应该进行某种会计调整的一个比较统一的标准是：

①这项调整是否基于一个正确的财务理论？

②这项调整是否对激励性薪酬计划中采用的 EVA 衡量标准（如 EVA 增

---

① 兰永：《EVA 在中国上市公司的应用价值研究》，电子科技大学博士论文，2005 年 3 月。

量）产生重大影响？

③这项调整是否显著地提高了 EVA 对回报和市值的诠释能力？

④这项调整是否会对经营决策的制定产生重大影响？

（2）调整的原则和要求。[①] 在实际应用中，作为 EVA 调整事项应注意以下两个方面：一是调整的原则；二是调整的要求。

EVA 调整的基本原则：

①可控性原则：即要调整的项目是公司内部各个层次所能控制的影响；

②重要性原则：即要调整的项目是对 EVA 有重大影响，涉及金额应该较大；如果不调整会严重影响公司绩效的真实情况，导致企业决策失误；

③可获取性原则：即进行的调整所需的有关数据可以获得；

④易理解性原则：即进行调整的项目企业员工从上到下都能够理解；

⑤成本效益原则：即进行调整项目的成本费用与调整的效果比较，调整项目的调整后的效果是否达到预期效果，调整项目的调整成本是否会导致成本增加；

⑥合理性原则：即要调整的项目可否使 EVA 的计算结果对经济现实的反映更加公允、可靠、准确；

⑦有效性原则：即要调整的项目可以有效改变管理层的行为方式，使其站在所有者的角度去考虑企业经营和处理企业经营问题。企业管理人员是否对调整项目的调整过程和实施结果施加影响，导致调整项目的准确性受到影响；

⑧可替代原则：即通过调整欲达到的调整的目的可否采取其他手段来实现。

EVA 调整的要求：

①消除会计稳健性原则的影响。传统会计基于稳健性原则要求，为保障企业债权人权益，从企业结算的角度，以权责发生制为基础，从而忽略了企业所有者的服务，忽视了企业可持续经营与发展的要求，诸如：商誉的摊销、研发费用的一次性核销、资产减值准备的计提，等等。虽然这些会计处理对债权人准确判断企业偿债能力不会产生太大影响，但对企业价值衡量和股东决策往往产生不良影响。EVA 调整的重点是企业资本投入及其收益，包括：一是资本化直接参与现金流贡献费用：如研发费用、培训费用、营销费用等；二是抵消对现金流没有贡献，只影响账面资本的项目：如累计折旧、

---

① 李帆：《基于战略管理北京下的企业绩效评价研究》，中国地质大学博士学位论文，2006 年 5 月。

递延税款；三是调整其他实际投入但由于会计处理要求而没有计入账面价值的资本。

②尽可能多地减少或消除企业管理当局进行盈余操纵的机会。传统会计基于权责发生制要求在收入、费用的确认和配比方面存在诸多人为主观的判断，不可避免地为利润的操纵提供了空间。而 EVA 调整对权责发生制的上述弊端，在强调传统会计核算的融合与弥补的基础上，注重资本的实际营运的目的，真正剔除会计政策选择来调控利润的影响，收入、费用的确认与配比以现金流量为基础加以确定，以真实反映企业资本的绩效，消除管理者玩弄数字游戏、平滑会计利润的机会。

③防止管理人员急功近利、鞭打快牛的短视化的倾向。传统会计中，诸如研发支出、战略性投资、重组损失等事项的会计处理方法往往导致管理人员为满足眼前自己的利益而牺牲股东长远利益。EVA 在兼顾企业的长远发展需求和企业近期经营方略的前提下，从激励管理人员的经营绩效和经营行为出发，实现管理人员的长远利益和短期利益的均衡。

④力求使企业以历史成本计量的资本价值趋近于其现实的经济价值，消除传统会计计量的误差，避免由于历史成本过于偏离经济价值导致企业经营决策的失误。

⑤以成本—效益原则为导引，注重 EVA 调整成本与效益的均衡，做到既有调整后的 EVA 信息的全面性、准确性和有效性，又要防止不计代价调整成本过于高涨的负面效应。这是因为就 EVA 调整而言：一是不同企业的不同类型、不同性质的经济业务，其调整项目存在极大的差异；二是同一企业不同调整项目，其调整难度的差异也较大；三是依据重要性原则，重要程度不等的调整项目，其调整力度不一致。因此，作为 EVA 的调整，应从实际出发，在全面把握、深入了解调整项目的基础上，衡量不同调整项目调整后的影响效果，尽可能多地做到调整效益最大，调整成本最小。

（3）会计调整的模式。斯图尔特就会计调整提供了一个"公认的"模式，该模式是在实际中估计一家公司的 NOPAT 和投入资本所必备的。并且，说明了用于估计 NOPAT 的倒推法（自下至上）和正推法（自上至下）的等效性[①]。

①NOPAT 的会计调整，如表 7 - 2 所示。

---

① 詹姆斯·L 格兰特：《经济增加值基础》（第二版），东北财经大学出版社 2005 年版。

表 7 - 2 　　　　　　　　　　　　NOPAT 的会计调整

A. 倒推法

始于：

　　扣除折旧和摊销的营业利润

加上：

　　经营租赁中隐含的利息费用

　　后进先出法存货跌价准备的增加额

　　累计商誉摊销的增加额

　　坏账准备的增加额

　　资本化研究与开发支出的增加额

等于：

　　调整后的税前营业利润

减去：现金营业税①

等于：NOPAT

B. 正推法

始于：

　　销售额

减去：

　　销货成本

　　销售、一般和管理费用

　　折旧

加上：

　　经营租赁中隐含的利息费用

　　权益准备账户的增加额（见上面内容）

　　其他经营收入

等于：

　　调整后的税前营业利润

减去：现金营业税

等于：NOPAT

　　②资本总额的会计调整。对投入资本总额调整的方法有两种：一种是资产法；另一种是筹资法。这两种方法得到的结果相同，使用这两种方法时必须进行的 EVA 调整如表 7 - 3 所示②。

---

　　① 这里的"现金营业税"，实际上是营业活动的现金税款。现金营业税 = 报告的所得税 - 递延所得税账户增加额 - 非营业收益的税金 + 利息费用税盾 + 经营租赁的隐含利息费用税盾。

　　② 詹姆斯·L. 格兰特：《经济增加值基础》（第二版），东北财经大学出版社 2005 年版。

表 7 - 3	投入资本总额的会计调整

A. 资产法

始于：

  （短期）营业资产净值

加上：

  厂房、场地和设备净值

  无形资产

  其他资产

  后进先出法存货跌价准备

  累计商誉摊销

  坏账准备

  资本化的研究与开发支出

  特殊项目的累计冲销

  经营租赁的现值

等于：

  资本

B. 筹资来源法

始于：

  普通股的账面价值

加上：

  权益等价物：

    优先股

    少数股东权益

    递延所得税

    权益准备账户（参见上面内容）

加上：

  负债和负债等价物：

    带息短期负债

    一年内到期的长期负债

    长期负债

    融资租赁债务

    经营租赁的现值

等于：

  资本

2. 加权资本成本（WACC）的确定

EVA 中资本成本包含权益资本和债务资本，其中权益资本的确定尤为重要。由于债务资本的确定相对比较简单，相关文献较多，这里不再赘述，仅介绍权益资本成本的计算。

（1）权益资本成本计算。计算权益资本成本的方法主要有传统的权益资本成本的确定方法和权益资本成本估算的 EVA 方法。传统的权益资本成本的确定方法主要有：资本资产定价模型（CAPM）、戈登模型（Gordon Growth Model）、套利定价模型（APT）等。权益资本成本估算的 EVA 方法主要有：阿贝特提出的 EVA 风险计分法和格兰特与阿贝特提出的 EVA 因素模型法。

　　因为传统的权益资本成本确定方法在本书的后面章节有详细的介绍，这里不再赘述，主要介绍与 EVA 相关的两种股权成本确定方法。

　　①EVA 风险计分法。在阿贝特模型中，由 EVA 风险增加（或计分）法决定的公司普通股要求的回报率受以下因素影响：a. 无风险利率；b. 市场驱动的最低风险权益的溢酬率；c. 已知的基本因素，如规模和杠杆；d. 公司经济利润的随时间变化的成长性和稳定性。在前三个权益风险定价因素相同的情况下，自身 EVA 增长率稳定（或一贯）的公司，相对于自身经济利润波动较大的公司，其资本成本较低。

　　图 7－1 指出了如何运用阿贝特模型估算要求的权益资本回报率。该图显示该模型以无风险利率和基础权益溢酬率为开端，再加上公司特有的风险溢酬率以反映诸如规模、杠杆等基本因素以及关于公司经济利润波动性的所有指标得到的公司特有风险溢酬率。公司特有的 EVA 波动计分越低，要求的权益资本回报也就越低；相反，EVA 风险计分越高，权益资本成本也就越高。

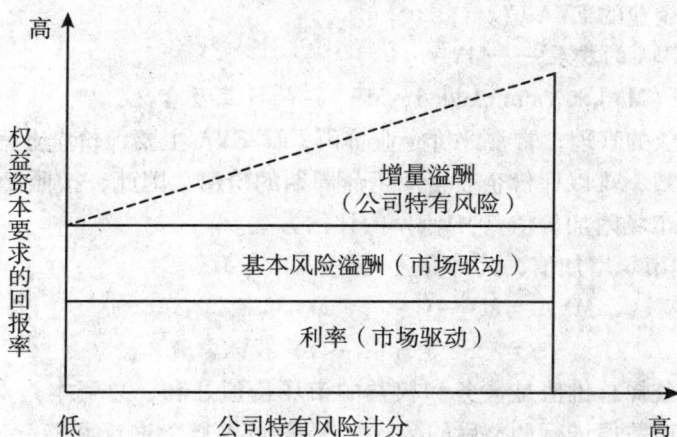

图 7－1　要求的回报率与公司特有风险计分

　　②EVA 因素模型法。EVA 因素模型可以用下式表示（包含了一个系统市场因素和三个系统非市场因素）：

$$R_e = CAPM + b_1 规模 + b_2 NPV/资本 + b_3 SD_{EVA}$$

　　其中，R_e 为普通股预期回报率，CAPM 即为大家熟悉的资本资产定价模型。另外，还有一个传统基本因素——规模（权益资本化额），以及两个基本

EVA 因素——包括 NPV 对资本比率和经济利润的标准差（所有因素相对于参照指数均进行标准化）；在 EVA 因素模型中，b_i 系数代表与之相对应的基本因素的风险溢酬。

因为该模型克服了传统因素模型以会计指标为基础容易被操纵等缺陷，又弥补了 CAPM 模型考虑因素少等缺陷，特别是 NPV 对资本比率是度量公司是否具备（或缺乏）投资于财富创造项目能力的一个指标，即：度量公司实力或适应力的指标。财富创造者的 NPV 对资本比率较高，而财富破坏者则由于没有能力投资于税后资本回报率高于加权平均资本成本的项目，其 NPV 对资本比率较低，甚至为负。此外，模型中还包括经济利润标准差 SD_{EVA}，以考虑公司经济利润的市场调整波动。所以，对于预期回报的估计而言，该模型不仅优于单一因素的 CAPM 模型，也优于以传统基本因素为基础的多因素风险模型。

（2）WACC 的计算。估算出各成分资本成本后，再按照第十章介绍的方法计算出加权资本平均成本率（WACC）。

这样，通过会计调整，计算出税后净营业利润和资本投入额；又通过成本估算方法计算出加权平均资本成本率（WACC）；就可以按照 EVA 的计算公式计算出该企业的 EVA 值。

（四）EVA 的扩展——MVA

1. MVA（Market Value Added，MVA）的计算及含义

基于价值的管理，常常评价企业价值，而 EVA 主要评价企业短期（比如一年）的绩效，难以评价企业整个生命周期的价值，因此，按照 EVA 的思路 Stewart 引入市场附加价值（MVA）的评估方法。

MVA 即市场增加值，其计算公式是：

$$MVA = MV - C$$
$$= 公司总价值 - 公司投入总资本。$$

其中：公司总价值是债务和权益的市场价值之和，总资本是对资产负债表中的总资产数值进行调整后的数，它根据 EVA 概念进行调整。依据上述计算公式可知，（1）MVA > 0，表明企业在经营中为股东创造价值；（2）MVA < 0，表明企业在经营中毁损股东价值。因此，MVA 的变化代表了股东价值的变化，如果企业能持续地增加 MVA，表明企业不断地为股东创造财富。

显然，MVA 是公司管理者在生产经营过程中为投资者创造的额外价值，也是市场对一个公司盈利能力和未来发展潜力的综合评价。MVA 能够评估公司长期业绩，在资本市场上体现公司过去及未来所有资本项目的净现值。

2. EVA 与 MVA 的关系

MVA 代表一家公司从创立起始，投资者投入资本和以市价出售企业所回报的现金差额，它反映的是企业开办以来经营活动总的效果。而 EVA 是集中对企业或某部门某年的经营业绩做出符合实际的评价，EVA 考察的是企业一年中的营运利润是否足以抵偿机会成本，即营运利润是否能抵偿该资本投资到风险相同的其他项目中去而期望得到的回报，EVA 是提升 MVA 的驱动力。如果 EVA 代表一种短期的、特定年度的具有时效性的一种内部绩效评价方法，MVA 则代表一种长期的外部市场的绩效评价方法，包括对企业管理当局有效运用企业资源的能力和企业长期发展前景的市场评价。

MVA 虽可直接衡量企业给股东带来的收益，但用途更广。从 EVA 的定义式可以看出，EVA 考察的是企业一年中的营运利润是否足以抵偿机会成本，即营运利润是否能抵偿该资本投资到风险相同的其他项目中去而期望得到的回报。EVA 是一种从基本面来评价企业的指标，可以衡量企业为股东创造财富的状况，全面反映企业当期盈利表现，适用于任何企业。对于上市公司，市场通过股票价格对其进行评价，基于此，Stern Stewart 设计制作了 MVA，它反映了资本市场对企业未来盈利能力的预期。

MVA 在理论上被证明与 NPV 具有恒等性，企业的 NPV 等于其现有资产及预期的未来资产所创造的预期经济利润流的现值，用公式表示如下：

$$\text{MVA} = \text{NPV} = \text{EVA 的现值} = \sum_{t=1}^{\infty} \frac{\text{EVA}_t}{(1 + \text{WACC})^t}$$

式中，EVA_t 为所预测的 t 时期的经济利润；WACC 为加权平均资本成本。由上式可以看出，MVA 的主要影响因素是 EVA 的各期预期值以及 WACC，但在 EVA 评价中，一个公司如采用 EVA 来评价经营业绩，经营者必然尽量降低资本成本并努力增加运营利润。因此，EVA 的评价体系有尽可能高的 EVA 和尽可能低的 WACC，所以 EVA 是 MVA 的内在驱动因素。

在衡量上市公司的价值时，MVA 是很简单和有用的指标，但对于政府机构和非上市公司而言，它就显得无能为力了，而且 MVA 受股票市场影响较大，当股票波动较大时，MVA 易受扭曲，对经营者绩效评价过程易受影响；而 EVA 从基本面来评价企业的指标，衡量企业为股东创造财富的状况，全面反映企业当期盈利表现，从理论上适用于任何企业，并且不易受外部因素的影响，对经营者的迹象评价相对更客观。

并且，由于我国国有企业代理链较长，普遍存在较严重的委托代理问题，EVA 作为一种基于价值管理的企业绩效评价体系，其内在的激励机制可以激励管理者站在所有者的角度考虑问题，并因此得到相应的奖励；而价值驱动因素可以使管理者以股东价值最大化为目标，不仅可以降低国有企业严重的委托代理问题，而且基于价值的管理可以极大地提高国有企业运营管理效率，从而达到国有资产的保值和增值。

二、平衡记分卡

20 世纪 90 年代以后，企业的经营环境发生了巨大的变化。世界经济逐步一体化，科技进步一日千里，知识经济逐步取代了工业经济，产品的生命周期不断缩短，全球经济竞争加剧。企业的管理理论和绩效评价理论也应当顺应环境的要求而发展。财务绩效评价体系只关心结果，而忽视导致企业经营状况的原因和过程，已经不能很好地评价企业的绩效。非财务评价指标有如下好处：过程实时跟踪评价，企业整体角度评价，直接而非间接评价，与企业战略相联系等。因此，建立一套全新的绩效评价体系，将非财务指标和财务指标适当结合，以弥补传统业绩评价体系的不足，将绩效评价和战略联系起来，已经势在必行。平衡计分卡应运而生，满足了这种要求。

"平衡计分卡（BSC）"是一种超越财务或会计的绩效考评制度。它是一种以"因果关系"为纽带，战略、过程、行为与结果一体化，财务指标与非财务指标相融合的绩效考评制度。通过财务角度、客户角度、内部业务流程角度和学习与成长角度全面评价企业的绩效。

（一）平衡计分卡沿革

平衡计分卡借鉴了 1990 年 KPMG（毕马威会计师事务所）的研究机构诺兰诺顿（Nolan Norton Institute）资助的一项由数家公司参加的"未来的组织业绩衡量"的研究项目。该项目组设计了一种"计分卡"，这种记分卡方法除了传统的财务指标外，还包括与交货时间、制造流程的质量和周转期、新产品开发效率相关的业绩指标，并且，围绕着财务、客户、内部、创新与学习四个独特的层面，形成了一个新的衡量系统，后来被称为"平衡计分卡"。它反映了多种平衡关系，如短期和长期目标、财务和非财务指标、滞后和领先指标、外部和内部业绩视角。卡普兰和诺顿两人总结前面的成果，在对 12 家在业绩评价方面处于领先地位的企业进行了为期 1 年的研究，提出了平衡计分卡理论，并在《哈佛商业评论》1992 年 1 月发表了《平衡计分卡——提高绩效的测评方法》（The Balanced Scorecard—Measures the Drive Performance）一文。平衡计分卡无疑是对企业绩效测评实践的提炼和升华。两人后来又在 1993 年 8 月的《哈佛商业评论》上发表了《战略平衡计分卡的应用》（Putting the Balanced Scorecard to Work）的文章，专门介绍了多家企业实施平衡计分卡的成功经验，解决了操作性问题。1996 年 1 月在《哈佛商业评论》上，他们又发表了《将战略平衡计分卡用于战略管理体系》（Using the Balanced Scorecard as a Strategic Management System），文中引用了四个新的管理程序，帮助公司把长期目标和短期行动联系起来。《哈佛商业评论》的三篇文章奠定了平衡计分卡的理论基础。1996 年，《战略平衡计分卡：一种革命性的评估和管理体系》（Balanced Scorecard：Translating Strategy into Action）的出版，标志着这一理论的成熟，将平衡计分卡由一个业绩衡量工具转变为战略实施工具。进入 21 世纪之后，Robert. R. Kaplan 教授不断探求，不断创新，于 2000 年 9 月和 2004 年 2 月又相继在《哈佛商业评论》上发表了题为《您的战略存在什么问题？——请用地图描述它！》（Having Trouble with Your Strategy？——Then Map It！）和《无形资产的战略意图的测评》（Measuring the Strategic Readiness of Intangible Assets）的文章，与此同时，他又在 2000 年和 2004 年分别出版了《战略聚焦组织：在新的商业环境下平衡计分卡怎样使得公司成功》（The Strategy-Focused Organization：How Balanced Scorecard Companies Thrives in the New Business Environment）和《战略地图：将无形资产转换为有形成果》（Strategy Maps：Converting Intangible Assets into Tangible Outcomes）两本著作，不仅构建了一整套完备的平衡计分卡理论与方法体系，而且将平衡计分卡的应用从营利组织推广到非营利组织，进而使平衡计分卡的应用范围得以大大扩展，并且将平衡计分卡的运用提高到一个新的境界。

Gartner Group 调查表明：在《财富》杂志公布的前 1000 位公司中，有 70% 的公司采用了平衡计分卡系统。《哈佛商业评论》更是将平衡计分卡评为 75 年来最具影响力的战略管理工具[①]。在我国，一些大型企业，如上海东方有线、华润集团、中外运集团、广州镇泰工业有限公司，先后引入了平衡计分卡系统，并取得了巨大的成效。

（二）平衡计分卡的核心内涵和基本框架

平衡计分卡是一个综合评价企业长期战略目标的指标系统，其核心思想就是通过财务、客户、内部业务流程、学习与成长四个方面指标之间相互驱动的因果关系展现组织的战略轨迹，实现绩效测评以及促进战略目标的实施。

通俗地讲，它是一套能使高层经理快速而全面地考察企业的业绩评价系统。创建人将它比喻为"飞机驾驶舱"，在这个驾驶舱的仪表盘上显示了与企业战略相关的各种信息。其包含财务指标说明了已经采取的行动所产生的结

---

① 石翠红：《平衡计分卡研究——一种新兴的综合业绩评价体系》，南京理工大学硕士学位论文，2003 年 12 月。

果，而通过对客户满意度、内部流程、组织创新、员工满意度等非财务指标的衡量来补充过去仅用单一财务指标来衡量企业业绩方法的不足。

平衡计分卡以企业长期战略目标为中心，从上述四个组成部分展开，每个方面包括三个层次：（1）期望达到的若干总目标；（2）由每个总目标引出的若干具体目标；（3）每个具体目标执行情况的若干衡量指标。其理论的基本框架可以用图7-2来说明。

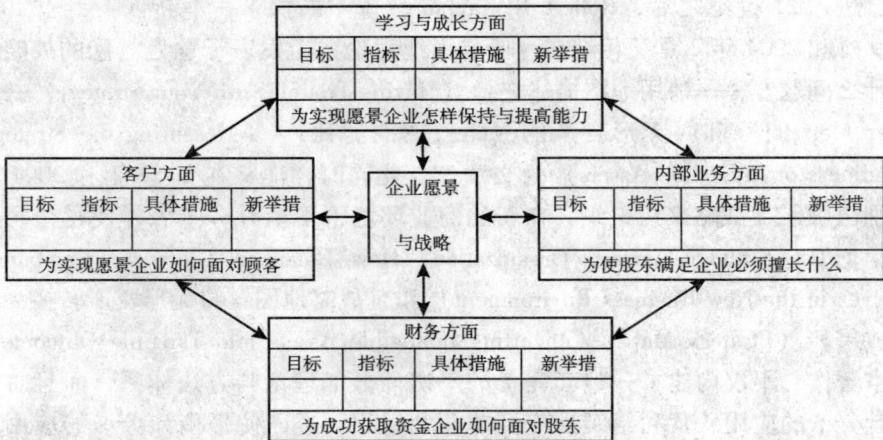

图7-2　平衡计分卡理论基本框架

资料来源：Robret. R. Kaplan、David. P. Norton，王丙飞、温新年、尹宏义译：《战略平衡积分卡：一种革命性的评估和管理体系》，新华出版社1998年版，第8页。

这样，平衡计分卡以企业的愿景和战略为核心和出发点，形成了一个企业主要活动的四个具有内在逻辑的层面和化战略为行动的框架，即财务层面、客户层面、内部流程层面、学习与成长层面，这些层面都与核心内容，即企业的战略目标紧密相连，而且在具体层面上都有具体的目标、指标、目标值、行动方案。核心就是：为了满足客户和股东等相关利益者，哪些流程必须表现卓越？在财务层面上，其中心是为了成功获取资金企业应如何面对股东？在客户层面上，主题是，为了达成愿景，我们对客户应当如何表现？在内部业务流程层面上，其核心内容是为使股东满足企业必须擅长什么？在学习与成长层面上，中心内容是：为了达成愿景，我们应如何维持变革与改进的能力？

其中，财务目标是管理者在制定战略时首先考虑的目标。平衡记分卡的设计不是否认财务数据的重要性，而是在财务指标的基础上，对传统企业管理中因过度重视财务指标而忽视其他指标造成的"不平衡"状况进行修正，促使各业务单位把自己的财务目标同全公司的战略相联系，财务目标成为平衡计分卡的其他所有层面的目标和指标的核心，被选中的每个指标都应当是因果关系链的一环，其最终结果是提高财务业绩。

1. 财务方面

财务方面集中体现股东利益，概括反映企业绩效，因此，在绩效评价过程中，要从股东及出资人的立场出发，树立企业只有满足投资人和股东期望，才能取得立足与发展所需要的资本的观念，针对企业的不同发展阶段，都有三个方面的财务主题推动着企业的经营战略：收入增长和组合；降低成本和提高生产率；资产利用和投资战略。由此，可以将总的财务指标的动因呈现为三种企业战略和三个财务主题构成的矩阵，如图 7 - 3 所示。财务方面主要指标包括：营业利润、资本报酬率、经济附加值、现金流量等。

		战略主题		
		收入增长和组合	降低成本、提高生产率	资产利用
业务单位的战略	增长	·细分市场销售增长率 ·新产品、服务、客户占收入的百分比	·人均收入	·投资（占销售额的百分比） ·研发（占销售额的百分比）
	保持	·目标客户的占有率 ·交叉销售 ·新应用占收入的百分比 ·客户与生产线利润率	·相对于竞争者的成本 ·成本降低率 ·间接开支（占销售额的百分比）	·营运资金比率（现金周转期） ·主要资产类别的资本报酬率 ·资产利用率
	成熟	·客户和生产线利润率 ·非营利客户的比率	·单位成本（单位产出，每项交易）	·回收期 ·生产能力

图 7 - 3　衡量战略的财务主题①

2. 客户方面

客户层面用来体现客户利益，即企业给客户一个什么样的形象才能实现企业的目标，为此，企业确定其希望竞争的客户群体和细分市场。这些细分市场代表了公司财务目标的收入来源。客户层面既是企业能根据目标客户和细分市场，调整自己核心客户的结果指标：满意度、忠诚度、保持率、获得率和获利率；也可以协助企业明确辨别并衡量自己希望带给目标客户和细分

―――――――――

① 罗伯特·卡普兰，大卫·诺顿：《平衡计分卡——化战略为行动》，广东出版集团 2004 年版。

市场的价值主张，而价值主张是核心客户成果指标的动因指标和领先指标。客户成果的核心衡量指标群，主要包括以下一些指标：

（1）市场份额：反映了业务部门销售市场上的业务比例（以客户数量、售出的单位量或金额计算）；

（2）客户获得率：评估业务部门吸引或赢得新客户或业务的比例；

（3）客户留住率：记录业务部门保留或维持客户现有关系的比例；

（4）顾客满意度：根据价值范围内的具体业绩标准来评价客户的满意程度；

（5）从客户处获得的利润率：在扣除支持某一客户所需的开支外，评估一个客户或一个部门的净利润。

这五个指标看起来可以衡量任何企业，但为了发挥它们的最大影响力，企业必须针对预期成长和获利能力最大的客户群适度修正这些指标。

一般情况下，这些核心衡量指标可以组成一个因果关系链如图 7－4 所示。

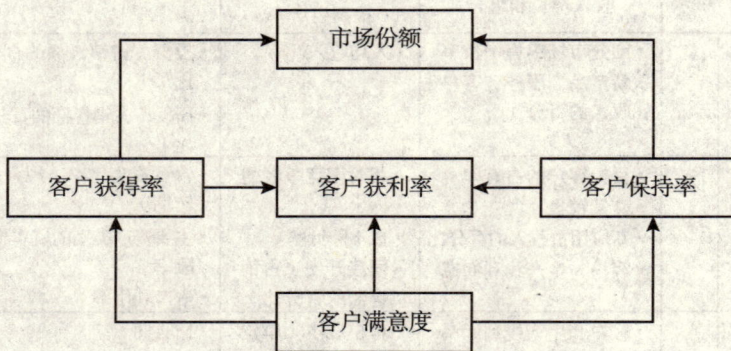

图 7－4 客户层面核心指标因果关系链①

3. 内部业务方面

内部业务方面用来体现股东和客户利益，即企业必须擅长哪些业务才能使股东和客户满意。它既重视改善现有流程，也要求确立全新的流程，并且通过内部经营流程将企业的学习与成长、顾客价值与财务目标联系起来。内部经营流程具有一定的重复性，而其对改良程序更为重视，因此注意流程本身的流动性及对客户的跟踪，在对客户服务的过程中不断进行改进，促进各部门的协调一致，从而提高企业的核心竞争力。对内部经营流程的分析有助

---

① 罗伯特·卡普兰，大卫·诺顿：《平衡计分卡——化战略为行动》，广东出版集团 2004 年版。

于管理层了解其业务运行情况，以及其产品和服务是否满足顾客需要；同管理层可以评估组织在行动方法上的有效性，通过评估，管理者可以发现组织内部存在的问题，并采取相应措施加以改进，进而提高组织内部的管理效率。内部业务层面的创新流程，如图 7-5 所示。

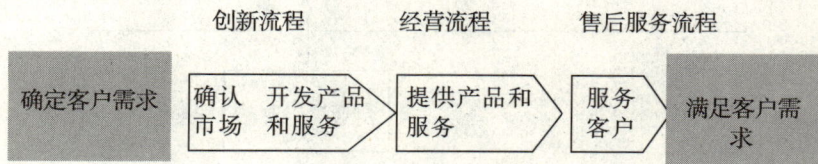

图 7-5　内部业务流程层面——创新流程①

平衡计分卡为企业整体定义了一个完整的内部过程价值链，第一阶段创新流程，即了解当前和未来的客户需求，接着创造产品和服务来满足这些需求。第二阶段营运流程，即提供现有的产品和服务给现有的顾客。第三阶段是售后服务流程，即在销售之后提供服务给顾客，增加客户从产品和服务获得的价值。

4. 学习和成长方面

学习和成长方面绩效评价是基于企业实现长期的成功与进步必须植根于连续不断的学习和自我进步。财务、客户、内部业务流程层面的目标确定了企业为获得突破性业绩必须在哪些方面表现突出。学习与成长层面的目标为其他三个层面宏大目标的实现提供了基础框架，是前面三个计分卡层面获得卓越成果的驱动因素。

从学习和成长角度考评企业获得持续发展能力的情况，主要包括员工能力、信息系统能力和激励机制三个方面。主要指标有培训支出、员工满意度、信息的传递和反馈所需时间、员工受激励程度等。

这四个方面不是相互独立，而是由因果关系紧密联系起来的。比如，实现财务的利润业绩目标，其驱动因素可能是客户的重复采购和销售量的增加，而这又是高度忠诚带来的结果。要提高客户对本企业的忠诚度，企业就需要不断调整内部经营过程，合理调配内部资源，减少交易成本；从而又需要企业形成学习型的组织，不断培训员工，提高企业内部信息化程度，同时搞好企业的内外关系。在图 7-6 中可以看到，有一个完整的因果关系链成为贯穿平衡积分卡四个维度的一个垂直向量。

---

① 罗伯特·卡普兰，大卫·诺顿：《平衡计分卡——化战略为行动》，广东出版集团 2004 年版。

财务

资本报酬率

客户

客户忠诚

按时交货

内部业务流程　　　流程质量　　流程周期

学习与成长

员工技术

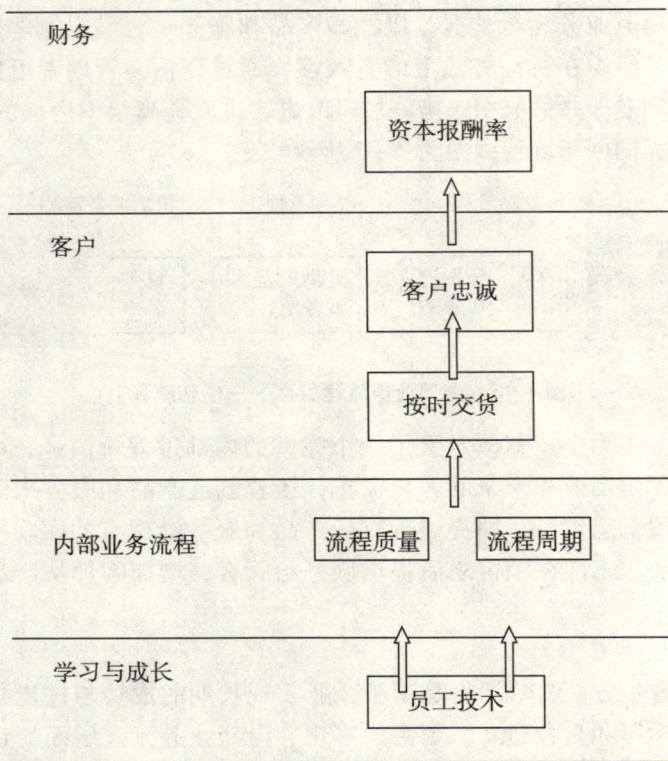

图 7−6　平衡计分卡内部因果关系图①

因此，四个层面之中以财务层面的指标体系为根本，其他三个层面的指标体系最终都为财务指标体系服务，最终满足包括企业所有者在内的企业利益相关者要求。

（三）平衡计分卡的特点

平衡计分卡是一种综合性的绩效评价系统，它的目标和指标来源于企业的愿景和战略，能够比较全面地考核企业及其经营者的绩效。平衡记分卡把经营单位的一系列目标拓展到概括性的财务指标之外，一方面通过财务视角保持对短期业绩的关注；另一方面可以明确揭示获得卓越的长期财务和竞争业绩的驱动因素。从而成功地弥补了传统业绩评价只重财务指标和短期目标的缺陷，将长期因素与短期因素、财务因素与非财务因素、外部因素与内部因素等多方面有机地结合起来，对企业绩效评价的创新起到了非常积极的促进作用。

---

① 罗伯特·卡普兰，大卫·诺顿：《平衡计分卡——化战略为行动》，广东出版集团 2004 年版。

卡普兰和诺顿指出，平衡计分卡实现了如下"平衡"：

（1）长期目标和短期目标的平衡。平衡计分卡的一个关键突破是将公司的战略愿景和日常行动相联系，它的具体指标的实现既是短期目标的体现又是长期目标的贡献因素。

（2）外部计量和内部关键计量的平衡。一边是股东和客户的外界量度；另一边是有关重大企业流程，创新能力，学习与成长的内部量度。

（3）所求的结果和这些结果的执行动因的平衡。虽然平衡计分卡不忽略财务指标，但它更看重怎样实现这些指标。

（4）强调客观性测量和主观性测量的平衡。一边是容易测量的，客观的财务成果量度，一边是主观的业绩驱动因素，平衡计分卡的每一项指标都是一系列因果关系中的一环，通过它们可以把相关部门和时期的目标同企业的战略愿景相联系。

然而，平衡记分卡也并非完美无缺，它虽然考虑了较多的利益相关者，但这些主体主要局限于股东、客户和员工的利益，对债权人、政府、社会公众等其他重要利益相关者则考虑甚少。并且，平衡记分卡所提出的一些非财务层面指标面临着难以量化的问题；指标的选取及指标权重的确定仍然是该方法的一个重大难题，虽然随着科学的发展，诸多设计和测量方法被应用到这里，国内外许多专家学者和实务界人士都在做着不懈的努力和不断的尝试，然而迄今为止，仍没有达成共识，并且，许多方法本身就具有很大主观性，因此，在平衡记分卡绩效评价中经验判断仍然起着非常重要的作用。

三、小结

本章试图从操作的层面上详细介绍企业整体绩效评价的流程和方法，以期提高企业整体绩效评价在我国实务界的运用水平，主要介绍了企业整体绩效评价的目标、方法及其选择，试图从价值的角度提升我国企业的管理水平和盈利能力。

然而，实务界在选择企业绩效评价方法，并将其运用于实践时，应当明白每一种方法都有其适用的条件和优缺点。并且，无论数学上如何精确的模型对价值的估价也只能是一个近似的估价，就其性质而言，绩效评价在某种程度上是主观的。它们通常受到提供评价的人的经验和知识的影响，也受到评价人员所进行调查的深度的影响，并且，针对不同的经济和制度环境，不同的行业、企业所处的不同生命周期，以及不同的组织结构和经营目的，企业会有也应该有较灵活的选择。本章所研究的并不是试图寻求较为客观、准确的定量化模型，而是摒弃这些主观因素的影响，针对不断变迁的经济环境和制度环境，寻求逻辑上更加完善的理论模型，通过对逻辑的不断严密的绩效评价方法的全面阐述，尽量为我国企业提供逻辑上更加完善的绩效评价方法并提醒企业使用这些方法应注意的问题和适用的条件，从而提高我国企业绩效评价的有效性和准确性。

第八章 融资成本估算体系

在研究了投资绩效评价问题之后，从本章开始，我们将用三章的篇幅重点探析融资成本估算体系、成分资本成本与综合资本成本估算。

本章是第九章到第十章的概述和理论基础，主要说明了融资成本估算的整体思路，阐述了直接融资成本、财务危机成本、代理成本和税务成本的内涵及其估算问题。

第一节 融资成本估算的整体思路

一、资本成本的再认识

资本成本（Cost of Capital）的经济学含义是指投入某一项目的资金的机会成本（Opportunity Cost）。这部分资金可能来源于企业内部，也可能是向外部投资者筹集的。但是无论企业的资金来源于何处，企业都要为资金的使用付出代价。这种代价不是企业实际付出的代价，而是预期应付出的代价，是投入资金的投资者希望从该项目中获得的期望报酬率，即资本预算项目的必要报酬率。

目前国内大多数教科书都将资本成本定义为"企业因筹集和使用资金而付出的代价"。很显然，这一概念是站在资金使用者的角度来界定的。因此，未能解释资本成本的本质。往往令人误以为企业是资本成本的最终决定者，投资者的权益在此得不到任何体现。更为严重的是，这种定义方式容易使人忽略那些成本形式不明显的资金的机会成本，如留存收益成本。在实际操作中，不少企业管理者认为资本成本是企业实际付出的代价，并经估算发现股权资本成本很低。许多学者都将我国上市公司股权融资偏好的直接动因归结为股权融资成本偏低（蔡祥、李志文、张为国，2003）。

二、融资成本的内涵及其估算体系

融资可以为企业补充生产经营和发展所需的资金，带来更高的收益和利润，与此同时，企业也要为获得和占用资金付出代价。我们将这种从企业的角度出发，由企业实际承担的融资代价（或费用）命名为融资成本，这一概念有广义的理解也有狭义的理解。

从狭义角度理解，融资成本是指企业为筹集和使用资金而对外支付的各种费用，它是能够在企业账目中反映出来的直接财务成本，因此狭义融资成本也被称为显性成本或直接融资成本。具体包括两部分：资金筹集费用和资金使用费用。资金筹集费用是指企业融资活动过程中发生的计划、筹措、交易费用，它是企业融资活动的支持性（或维持性）费用支出。资金使用费用是指企业因使用资金而向其提供者支付的报酬。企业资金的来源渠道不同，则显性成本的构成不同。

从广义角度理解，融资成本除了包含显性成本的内容外，还包含一些无法从企业账目上反映出来的成本——隐性成本。具体包括三部分：财务危机成本、代理成本和税务成本。财务危机成本是指由于债务融资可能导致企业破产而承担的破产成本，以及企业陷入财务困境所产生的财务困境成本；现代企业所有权和经营权的分离产生了委托代理关系，委托人和代理人利益冲突和信息不对称形成了代理成本，企业融资成本估算中主要涉及的代理成本是股权投资者与经理层代理成本、控股股东与中小股东代理成本和债权代理成本；在企业的融资活动中，不同融资方式获得的资金在其收益的税收问题上具有很大差异，从而导致税后融资成本的不同。

因此，在融资成本估算中，现代企业应该摒弃传统的仅仅以直接融资成本（显性成本）作为主要的估算依据的观点，充分考虑我国制度变迁背景下直接或者间接融资过程中的财务危机成本、代理成本和税务成本等隐性成本，从多角度考虑企业融资成本，构建多维度的融资成本估算体系（见图 8-1），从而做出正确的融资决策。

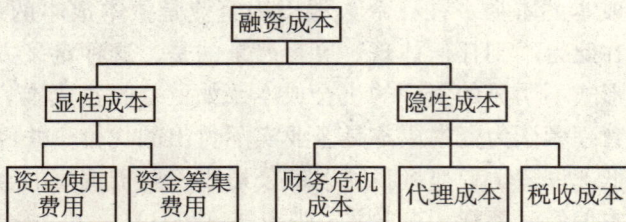

图 8-1　融资成本估算体系

第二节 直接融资成本

一、直接融资成本的内涵

成本是指为某一经济行为的发生而付出的代价。从企业的角度出发，直接融资成本是指企业为筹集和使用资金而对外支付的各种费用，它是能够在企业账目中反映出来的直接财务成本，因此也被称为显性成本或狭义融资成本。具体包括两部分：资金筹集费用和资金使用费用。

（一）资金筹集费用

资金筹集费用是指企业融资活动过程中发生的计划、筹措、交易费用，它是企业融资活动的支持性（或维持性）费用支出；以资金筹措成本的目的性为标准，可以将其分为三类：市场信息费用、谈判及签约费用以及中介代理费用。如银行借款的手续费，发行股票、债券需支付的广告宣传费、印刷费、代理发行费等。

不同的融资方式下资金筹措成本也存在一定差异。企业进行内源融资时，由于资金来源于企业内部，且筹措过程完全在企业内部完成，不必对外支付相关手续费用，因此内源融资几乎不存在资金筹措成本。

企业的外源融资可以分为直接融资和间接融资，其中直接融资又可以分为股票融资和债券融资。在我国，企业最主要的间接融资方式是银行贷款，进行贷款的相关手续费用一般由银行或金融机构按照一定比例收取，而该比例由银行或金融机构事先确定。

企业进行直接融资的筹措成本情况要复杂一些。企业发行股票和债券融资时，资金筹措成本一般包括所支付的行政、法律费用，证券印刷成本，发行公告费用，委托金融机构承销证券的佣金等项目。证券的发行方式、承销方式也会对资金筹措成本产生不同的影响。

（二）资金使用费用

资金使用费用是指企业因使用资金而向其提供者支付的报酬，如股票融资向股东支付的股息、红利，发行债券和借款向债权人支付的利息。

不同的融资方式资金筹措成本存在一定差异。权益资金使用费用是企业所有者以股权形式投入资金时所要求的报酬率。权益资金使用费用又可以分为优先股使用费用、普通股使用费用和留存收益使用费用。优先股须定期按照固定的股利率向持股人支付股利，但股利支付须在所得税后进行，不具有所得税的抵减作用。普通股的股利不是固定的，它将随着企业经营状况的变动而变动；其股利也不具有所得税的抵税作用；普通股股东对企业剩余财产的求偿权排在优先股之后，因此，其要求回报高于优先股回报。股东放弃股利是以期今后获得更多的收益，否则股东就会将资金转移到其他能获取收益的项目上。因此，留存收益使用费用是机会成本，它应该等于股东在其他相同风险的投资上所能获得的收益。

债务资金使用费用是指企业通过债务形式融资所必须付出的代价，主要包括银行借款使用费用和债券使用费用。银行借款使用费用是企业向银行借款时根据借款协议规定而支付的代价，其水平主要取决于借款利率的高低；债券使用费用是企业通过发行债券融资时付出的各种代价，其水平主要取决于债券利息率。由于债务利息可以在税前扣除，负债对企业具有"税盾效应"，因此债务资本成本还会受到企业所得税税率的影响。

二、直接融资成本的估算方法

直接融资成本的表示方法有两种，即绝对数表示方法和相对数表示方法。绝对数表示方法是指为筹集和使用资本到底发生了多少费用。相对数表示方法则是通过直接融资成本率指标来表示的。通常情况下我们更习惯于用后一种表示方法。直接融资成本率简称直接融资成本，在不考虑时间价值的情况下，它指资金的使用费用占筹资净额的比率。其公式为：

$$直接融资成本 = \frac{资金使用费用}{筹资总额 \times (1 - 筹资费用率)}$$

在考虑时间价值的情况下，直接融资成本是指公司取得资金的净额的现值与各期支付的使用费用现值相等时的折现率。可表示如下：

$$P_0(1 - f) = \frac{CF_1}{1 + K} + \frac{CF_2}{(1 + K)^2} + \frac{CF_3}{(1 + K)^3} + \cdots + \frac{CF_n}{(1 + K)^n}$$

式中，P_0——企业取得的资金总额；f——筹资费用与筹资总额的比率；CF_n——第 n 期支付的资金使用费用；K——直接融资成本。

上述公式之所以用资本净额，其原因在于公司的筹资总额并不是公司真正可使用的资金。公司取得筹资总额后，应将先期支付的筹资费用进行补偿性扣除，其剩余部分才是公司可使用的资金数额。筹资费用一般情况下属于一次性支出，它和经常性的资金使用费用的支出有着本质的不同。以资金净额计算直接融资成本，从另一个方面证明了直接融资成本与利息率和付息率在内涵和数量方面的不同。

三、直接融资成本的性质

直接融资成本具有以下性质：

（1）直接融资成本是显性成本。相对于广义的融资成本，直接融资成本是能够在企业账目中反映出来的直接财务成本，因此也被称为显性成本或狭义融资成本。

（2）直接融资成本是资本所有权与资本使用权相分离而产生的一个财务概念。商品经济条件下，资本是一种特殊的商品，其特殊性表现在它与其他生产经营要素结合后能使自身价值增值。社会经济发展到一定阶段，资本的所有权与使用权就产生了分离，资本使用者要使用资本就必须付出一定的代价，使用者无论直接取得资本还是通过资本市场间接取得资本，都必须支付给所有者和中介人一定的报酬，这些报酬实质就是资本在周转使用中发生的价值增值的一部分。

（3）直接融资成本具有一般产品成本的基本属性，但它又不同于一般的产品成本。尽管直接融资成本和产品成本一样都是可以补偿的资金耗费，但产品成本是现实的资金耗费，而直接融资成本则可能是实际成本，也可能是机会成本。如公司留存收益的资本成本，它并没有发生现实的支出，但都要按普通股本计算使用这部分资本的代价。即使实际支出的资本成本也不能全部计入产品成本，有一部分仅作为利润的分配额而不直接表现为生产性耗费，如支付给股东的股利。

第三节　财务危机成本

一、财务危机的含义与界定

关于财务危机，多年来学者们给出了不同的定义：比弗（Beaver，1966）认为，当企业出现破产、无力偿还债务和支付优先股股利、银行存款透支等情况时，就属于发生财务危机。他提出了关于"现金流"和"流动资产"理论框架模型，将企业视为现金流水库，而财务危机就被定义为水库的水被抽空。麦克尔（Michael，1987）根据以往关于财务危机的研究结果，给出了关于财务危机的定义：从财务角度看，财务危机包括资产净值为负、无力偿还债权人债务、银行存款透支、无力支付优先股股利、延期支付货款、延期支付到期利息和本金等情况。爱尔特曼（Altman，1994）认为财务危机是一个广泛的概念，它包括企业财务活动出现问题时的多种情况：破产、失败、无力偿还债务和违约。罗斯（Ross，1999）从四个方面定义了财务危机：企业失败，即企业清算后仍无法支付债权人的债务；法定破产，即企业或债权人向法院申请企业破产；技术破产，即企业无法按期履行债务合约还本付息；会计破产，即企业的账面净资产出现负数，资不抵债。

在财务危机的操作性定义上，吴世农、卢贤义（2001）在实证研究中将上市公司发生严重亏损或连续两年亏损而被证交所对其股票交易进行特别处理（ST 公司），作为该公司发生财务危机的标志，以特别处理（ST 公司）作为财务危机公司的替代样本。陈燕、廖冠民（2006）将连续两年息税摊销前收益（EBITDA）低于财务费用的公司确定为财务危机公司。因此，我国学者都是从盈利能力实质性削弱角度对财务危机进行界定。

综上所述，财务危机的基本含义可以概括为：财务危机（Financial Distress）源于企业的债务融资活动，是指由于未来期间内存在不确定风险因素，而导致企业盈利能力和偿债能力实质性削弱、不能按时支付债务利息和本金，甚至破产的一种经济现象。

二、财务危机成本构成

财务危机对企业价值的影响最早见于梅耶斯（Myers，1977）提出的权衡理论（The Trade-Theory）。权衡理论是在 MM 理论的基础上发展或引申而来，梅耶斯还定义权衡理论[①]是"关于资本结构是建立在税收利益和债务困境成本之间相互权衡基础上的理论"。用公式表示为：

$$V_1 = V_u + TD - FDC \qquad (8-1)$$

式中，V_1——举债公司价值；V_u——无债务公司价值；TD——债务净税盾现值；FDC——财务危机成本。

财务危机成本（Financial Distress Costs）是指由于债务融资可能导致企业破产而承担的破产成本（财务危机直接成本），以及企业陷入财务困境所产生的财务困境成本（财务危机间接成本）。

1. 破产成本

破产成本是财务危机的一种极端形式，其法定界限是到期不能偿还债务，

---

① 权衡理论从时间上大体可以分为前权衡理论和后权衡理论。前者主要是站在纯粹的税收利益和破产成本相互权衡的基础上，而后者则是将负债成本从破产成本进一步扩展到代理成本、财务困境成本和非负债税收利益损失等方面（沈艺峰，1999）。

即当企业资金匮乏和信用崩溃两种情况同时出现时，企业就会破产。企业破产产生的相关价值损失就是破产成本，也就是企业融资的风险成本。对于破产成本，华纳（Warner，1977）曾给过一个非常完整的定义："文献里所讲的破产成本有两类：直接成本和间接成本。直接成本包括律师和会计师的费用，其他职业性费用，以及花费在破产行政管理上的管理时间的价值。间接成本包括丧失销售、利润以及企业除非按照十分恶劣的条款，否则无法获得信贷或发行债券的可能性。"通常情况下，直接成本费用与破产企业的资产总额相比是很低的，而间接成本可能很高，这是因为企业一旦破产，它所代表的技术优势、发展机会和为实现这种发展的人才价值也随之丧失，这部分成本对企业（尤其是高科技企业）是相当大的。

破产成本是企业融资活动的重要风险成本。巴克特指出，除非企业能让债权人确信企业存有足够的权益作保障，否则它便无法获得债务融资，所以每一个企业都存在一个"能够为债权人接受的债务水平"。一旦企业债务越过这一"可接受"水平，企业的平均资本成本就会随着债务水平的增加而提高，从而增加企业"破产"的可能性。过度的债务融资增加了企业破产的可能性，也因此增加了企业全部盈利的风险性。因为破产事件是要发生真实的成本，所以过度的债务融资必然会减少企业的总价值。

2. 财务困境成本

财务困境成本主要包括两种：（1）公司发生财务危机但尚未破产时在经营管理方面遇到的各种困难和麻烦。由于公司负债过多，公司不得不放弃有价值的投资机会，减少研究开发费，缩减市场开支以积累现金避免破产。消费者可能会因此对公司长期生产能力和服务能力产生质疑，最终决定消费其他公司的产品；供应商可能会因此拒绝向该公司提供商业信用；优秀员工可能会因此离开公司。由于负债过多，公司可能会丧失利息抵税的杠杆利益。所有这些间接成本都会给公司价值带来负面影响，并且随着公司负债比重的增加，这些影响越来越显著。（2）发生财务危机时，由于债权人与债务人的利益各不相同，经营管理层应对危机所采取的投机性行为或功利性倾向导致决策的失误或重要投资机会的丧失（投资不足），从而造成公司价值的降低。

然而，财务危机并不一定都会走向破产，财务危机成本有时可能更多地是发生财务困境成本或是先发生财务困境成本多一些，之后才可能由于有重大的财务危机事件，如遭到诉讼的诉讼费、律师费等而发生直接危机成本（破产成本）。正是从这一意义上说，Ross（1999）等人所言的"从防范财务困境的角度而言，'财务困境是指一个企业处于经营性现金流量不足以抵偿现有债务'"的定义更有现实意义。吕长江（2003，2004）等人也认为，财务困境不同于财务破产，"财务困境是一个动态的过程"；大多数公司在破产前都会经历财务困境的阶段，但也有例外；且大多数的困境公司不会走向破产，往往通过重组等手段走出破产走向良性发展的道路。

三、财务危机成本的估算

通过公式 1 可以导出财务危机成本的理论估算模型：

$$FDC = V_1 - V_u - TD \qquad (8-2)$$

由于举债公司价值（V_1）与无债务公司价值（V_u）的难以计量性，Baror 和 Yaral Dan（2000）在权衡理论的基础上对公式 8-2 进行了重新定义，认为企业市场价值（MV）等于企业预期运营价值（PV）减去预期财务危机成本（Express Financial Distress Cost，EFDC），用公式表示：

$$MV = PV - EFDC \qquad (8-3)$$

通过公式 8-3 可以导出预期财务危机成本（EFDC）为：

$$EFDC = PV - MV \qquad (8-4)$$

这一定义为我们研究财务危机（间接）成本的计量提供了一种思路。

前已述及，在财务危机成本中研究其财务困境（间接）成本更为重要，而且对于每一破产企业所涉及的诉讼费、律师等破产（直接）成本也有很大差异。在以下分析中，我们假定企业持续经营、尚未发生破产端倪，也就是说尚未发生直接财务危机成本，那么，据此计算出的就是财务危机困境（间接）成本。

（一）运用实物期权法估算财务困境成本

实物期权法是近年讨论较多的企业资产定价方法之一。该方法的思路：首先用实物期权法中的二项式或 B-S 模型评估出企业资产潜在的获利机会的价值（V_{B-S}或 $V_{二项式}$），然后与用折现现金流量法计算的企业价值（V_{DCF}）相加，就可得出企业价值的评估值，即预期运营价值（PV）。用公式表示：

$$PV = V_{B-S}（或 V_{二项式}） + V_{DCF} \qquad (8-5)$$

将公式 8-5 代入公式 8-4 中，得出的预期财务危机成本模型就可转化为下式：

$$EFDC = V_{B-S}（或 V_{二项式}） + V_{DCF} - MV \qquad (8-6)$$

实际估算中，股权分置改革后，上市公司市场价值（MV）可用其流通股价格与流通股股数相乘得出其股权价值部分，然后加负债后合计得到；而对于未上市公司来说，可用同行业风险等级相同的已上市公司与该企业账面价值的比率调整计算。实物期权法中的二项式或 B-S 模型中参数的选取和确定是关键，也较难把握。

（二）运用 EVA 法估算财务困境成本

根据经济附加值（EVA）原理，从税后净营业利润中扣去企业使用资金的机会成本，才是企业新创造的价值，用公式表示：

经济附加值 = 税后净营业利润 - 资本成本

= 税后净营业利润 - 加权平均资本成本率 × 资本总额 （8 - 7）

在实际估算中，税后净营业利润 = 息税前收入 × （1 - 所得税税率），资本总额包括债务资本和股东资本，加权平均资本成本率的确定可以参考第十章。

杨淑娥、魏明（2005）认为，运用经济附加值（EVA）原理评估企业的财务危机（间接）成本，当企业的经济附加值（EVA）等于零时，意味着企业已经开始酝酿着财务危机；其经济附加值（EVA）为负值时，表示企业的财务危机已经发生，其值大小正好用经济附加值的负数表示。

四、财务危机对融资成本的影响

债务人虽然承担事后破产成本，但他们可将这种事后成本在事前以抬高利息率的方式转嫁给股东。因为破产成本代表一种"沉重的"损失，故即使市场均衡过程中有效的，投资者也不能分散转移这部分成本。因此，财务危机成本的存在提高了企业实际融资成本。

一般来说，企业财务危机的大小与其债务大小呈同方向发展，企业负债越多，发生财务危机的可能性就越大，债权人的风险就越大。考虑到财务危机成本，公司不能无限制地增加债务，而应选择一个最佳债务比例，使赋税结余减去财务危机成本的净值最大，即公司价值最大。

第四节 代 理 成 本

现代企业的最主要特征是所有权与控制权相分离，在所有权和控制权分离的情况下，就产生委托代理关系，委托人和代理人利益冲突、信息不对称和契约的不完备性形成了代理成本。代理成本是分析企业融资成本时需要考虑的一个重要因素，企业融资成本估算中主要涉及的代理成本是股权投资者与经营者代理成本、控股股东与中小股东代理成本和债权代理成本。

一、代理成本形成机理及构成

（一）代理成本形成机理

代理成本形成机理应该追溯到伯利—米因斯（Berle&Means，1933）命题，所谓伯利—米因斯命题实际上包含两项结论：所有权的分散与所有权和控制权的分离（沈艺峰，2005）。在大公众公司里，由于所有权和控制权的分散与分离导致管理者控制的形成和管理者主义的产生，其结果是在股东与管理者之间形成一种委托代理关系（Ross，1973），在这一委托代理关系框架中，作为委托人的股东总是希望作为代理人的管理者能够从股东利益最大化出发来有效地管理公司。但是由于管理者的利益与公司股东利益的不尽一致，管理者本身又具有道德风险（Holmstrom，1979），以及股东与管理者之间的信息不对称（Myers，1984），加上契约的不完备性（Hart，1995），因此产生股权投资者与经营者代理成本问题（Jensen & Mecking，1976）。委托人和代理人利益冲突、信息不对称和契约的不完备性同样形成了控股股东与中小股东代理成本和债权代理成本。

（二）代理成本的构成

Jensen 和 Mecking（1976）将代理关系定义为委托人（Principal）与代理人（Agent）之间的一种契约关系。按照委托人和代理人的不同，代理成本主要有股权投资者与经营者代理成本、控股股东与中小股东代理成本和债权代理成本。

1. 股权投资者与经营者代理成本

Jensen 和 Mecking（1976）将股权代理成本分为监督和保证成本、非货币性收益开支和"剩余损失"。股东对经营者的行为实施一定程度的监督和约束，就必须支付一定的代价，这部分代价就是监督成本。同时为了预防经营者的"道德风险"行为，企业会要求经营者支付保证成本，但事实上，这部分成本的最终承担者还是企业。经营者追求的非货币性收益通常是指那些不以实际获得的货币来衡量、却与获得货币具有同样效果的收益，如经营者为体现其自身价值的权势、地位、名声以及为满足其自身舒适而进行的在职消费，为了保持良好的社会关系（包括与政府、企业界等）而进行的各种投资（交际费用或商业应酬），以及为了追求生活舒适而减少工作努力程度。这种为满足自身价值的"在职消费"，会直接减少股东的利益。市场和外部投资者会理性预期到经营者进行的非货币性收益开支，以及经营者在工作努力程度上的折扣，并在此基础上对企业价值持有一个较低的估计，使得企业的市场价值下降，下降的值就是企业的剩余损失。

2. 控股股东与中小股东代理成本

中小股东要想在公司重大事项中具有影响力，必须联合起来共同投票，但要做到这一点无疑是十分困难的。大多数中小股东放弃了这种最基本的参与决策权，而在事实上将所有的投票权委托给了控股股东，从而形成控股股东代理中小股东作决策的另一种委托代理关系。

这种代理成本往往表现在控股股东侵蚀中小股东的利益，而中小股东在委托之后不能实现利益的最大化。Johnson，La Porta、Lopez-de-Silanes 和 Shleifer（2000）给大股东的侵害行为起了一个形象的名称"隧道挖掘"（tullelling），它是指控制性股东为了自身利益而将公众公司的资产和利润转移出公司，这种行为往往是对小股东的一种剥夺。

3. 债权代理成本

通常情况下，企业对债务资金是先筹措、再使用，债权人在借出资金后对资金使用的干预能力有限，因此借款企业可能进行债权侵蚀、资产替换、投资不足和提高股利支付率等有损债权人利益的活动。

债权人在企业融资过程中并非绝对被动的，他们会理性预期到上述可能发生的行为，估计由这些行为带来潜在的损失，并通过一定措施进行预防和补偿。债权人会要求更高的资金回报率，在借款合同中附加保护性条款，对企业经营行为实施一定的监督，来保护其资金的安全性和收益性。债权人更高的回报率要求和附加条款不可避免地会给企业带来成本支出，这就是企业的债权代理成本。

具体而言，债权代理成本可以划分为剩余损失、监督成本以及担保成本。当债权人认为企业有进行债权侵蚀和资产转移活动的可能性时，为了保护其资金的安全性和收益性，债权人会对该债权支付较低的价格，企业的价值会由此下降，而企业价值的减少量就是债务融资的剩余损失。债权人要求企业支付的监督成本包括：（1）签订债务契约时，债权人通过各种严格的条款限制企业的经营行为；契约签订后，债权人还会对企业用资情况作必要的监督、审查，所有这些都将增加企业的债务融资成本。（2）为了防止企业进行资产转移或转嫁投资风险，债权人会对企业的投资行为做出种种限制，这将给企业的资金运行带来一定困难。（3）如果债权人认定企业发生的财务危机概率较大，将会提高债务利率，从而降低股权价值和企业价值。担保成本是指企业保证不采取伤害债权人利益的行为而产生的费用，以及如果采取了这种行为，企业将要向债权人支付的赔偿费用。担保成本将计入企业未来现金流量中，因此它将会降低企业价值。

二、代理成本的估算

Jensen 和 Mecking（1976）对代理成本的形成机理和构成做出了经典解释，但是，他们未对代理成本的具体估算方法加以说明，监督成本、保证成本和剩余损失并不能够精确地辨认和估算。在财务与会计研究中，对代理成本的计量，基本有两种思路：一种是 Ang, J. S. , R. A. Cole 和 J. W. Lin（2000）的代理成本估算模式，主要有营业费用率法和资产周转率法；另一种是在实证研究过程中，采用影响代理成本的公司特征变量来替代代理成本。

（一）Ang et al. 的代理成本估算模式

Ang, J. S. , R. A. Cole 和 J. W. Lin（2000）提出了两种计量代理成本的方法[1]，其基本思路是：以特定公司与零代理成本公司的营业费用率或资产周转率加以比较，直接计量企业的效率损失或额外支出，从而计量特定公司的代理成本。

1. 营业费用率法

在该方法下，具有特定产权和管理结构的公司的代理成本等于其营业费用率与零代理成本公司营业费用率的差额。用公式表示为：

$$AC_i = OE_i/S_i - OE_0/S_0$$

式中，AC_i 为第 i 家公司的代理成本；OE_i/S_i 为第 i 家公司的营业费用率，即营业费用/年销售额；OE_0/S_0 为零代理成本公司的营业费用率。

在实际估算中，零代理成本公司取所有者与经营者合一的公司，即经营者拥有 100% 的股份，因而不会发生代理问题（Jensen 和 Mecking，1976）。这种方法所计量的代理成本包括经营者的额外消费及其他代理成本，这些成本又被称之为直接代理成本（Ang, J. S. , R. A. Cole 和 J. W. Lin，2000）。这实际上是以零代理成本公司作为参照样本，从投入（营业费用）的角度来计量额外支出，从而得出样本公司的代理成本。

2. 资产周转率

在该方法下，用资产的无效使用（如管理失职、投资不当、偷懒、在职消费等）所造成的利润损失来代替代理成本。具体而言，该方法用资产周转率来估算企业资产使用的效率，并将其与零代理成本相比较，从而间接地反映企业的代理成本。用公式表示为：

$$AC_i = S_0/TA_0 - S_i/TA_i$$

---

① Ang, J. S. , R. A. Cole and J. W. Lin, Agency Costs and Ownership structure. Journal of Finance 55 (1)：81 – 106.

式中，AC_i 为第 i 家公司的代理成本；S_i/TA_i 为第 i 家公司的资产周转率，即年销售额/资产总额；S_0/TA_0 为零代理成本公司的资产周转率。

该方法实际上是以零代理成本公司作为参照样本，从产出（销售额）的角度来计量企业的效率相对损失，从而得出代理成本的。资产周转率越高，代表管理当局对资产使用的效率越高，代理成本越低；反之，则表明管理当局可能存在投资不当、管理失职、偷懒等无效使用资产行为，代理成本越高。

在实际操作中，代理成本估算的准确性依赖于营业费用、销售额、总资产等会计信息的真实公允性，特别是样本公司与参照公司的可比性。由于零代理成本公司（参照公司）难以获取，Singh, M. 和 W. N. Davidson Ⅲ（2003）的研究中，就没有选择零代理成本公司，而是直接采用资产周转率和销售费用率来计量代理成本[①]。

（二）采用影响代理成本的公司特征变量来替代代理成本

在会计实证研究中，更多地采用影响代理成本的公司特征变量来替代代理成本。这些变量主要包括：

1. 管理层持股

自利的管理者持有的公司股份越低，就越容易与外部股东存在利益冲突，保证、监督成本和剩余损失也就越高，代理成本将越高（Jensen & Mecking，1976）。随着管理者所持有的所有权的上升，管理者自己所承担的花费津贴的成本亦上升，因为管理者将承担其行为导致的成本的更大份额。因此，管理者持股可以减少其与股东的利益冲突（Jensen，1993）。霍姆斯特朗（Holmstrom，1979）认为，最有效的激励计划就是让代理人分担一部分行动后果，如利润分享、剩余利润等。

2. 公司规模

在管理者持股和杠杆一定的情况下，随着公司规模的增大，管理者所能够控制的资源就越多（Chow，1982；Jensen，1986）。因此，在规模大的公司，管理者有大量的机会消费非金钱性利益。此外，公司规模越大，层级越多，所需要签订的契约的数量也会增多，从而提高了监督成本。企业越大，总的代理成本也越大，因为大企业的监督功能本来就更困难、更昂贵（Jensen & Mecking，1976）。

3. 应计项目

应计项目的确定依赖于会计的职业判断，短期应计项目（包括应收款项、

---

① Singh, M., and W. N. Davidson Ⅲ, 2003. Agency Costs, Ownership Structure and Corporate Governance Mechanisms. Journal of Banking & Finance 27：793－816.

应付款项、存货）是容易被管理者操纵的利润组成要素（Healy，1985）。因此，由于外部不能直接观察应计项目，这些账户的金额越大，就越容易被操纵，也就越需要监督，因而代理成本也就越大（Defond，1993；Francis et al.，1999）。

三、代理成本和财务危机成本对融资成本的不同影响

代理成本和财务危机成本同是企业融资活动的隐性成本。如前面所提到的，融资隐性成本是无法从企业账目上反映出来的成本。尽管代理成本和财务危机成本都没有在企业的账目上反映出来，但两者之间存在一定的差别，这种差别在于两者对企业的现实性不同。从企业融资角度来看，财务危机成本是在对企业未来发生财务危机的概率进行预期，并在此基础上预期的一种概率性成本，由于财务危机并没有真正发生，因此企业也没有实际承担这种成本。代理成本则不同，尽管代理成本也没有在企业的账目中直接反映出来，但它是实际发生的成本，企业实际承担了代理成本并承担由其带来的利益损失。因此，代理成本是企业的现实成本，而财务危机成本不是企业的现实成本。

现阶段，国内外一些学者在研究企业融资和资本结构等问题时，常将财务危机成本和代理成本作为一个整体来讨论企业融资、资本结构和企业价值的关系。如权衡理论发展的后期，学者们将负债带来的隐性成本范畴从最初的破产成本扩展到财务危机成本和代理成本，将两者作为一个整体来考察其对企业价值的影响（沈艺峰，1999）。基于上述代理成本和财务危机成本对企业现实性的分析，我们认为，由于二者对企业的现实性不同，它们完全可以进行区分并划分出没有重叠的成本范畴。因此，在进行企业融资问题研究时，应将代理成本和财务危机成本区分开来，分别考察其融资成本和对企业融资选择的影响。

第五节　税　务　成　本

税收是企业生产运营过程中的重要内容之一，也是企业融资成本的重要影响因素。在企业的融资活动中，不同融资方式获得的资金在其收益的税收问题上具有很大差异。

一、企业所得税对融资成本影响

存在企业所得税时，债务融资的优势是利息可作为费用在税前扣除，从而可避免一部分公司税赋，而与股权融资相关的股利和留存收益却不能在税前扣除。所以，其他条件相同的条件下，企业所得税导致实际债务融资成本低于股权融资成本，使得债权人和股东的可支付总额增加。

例如，设 X 和 Y 两家企业息税前盈余均为 2000 美元，除 Y 企业有利率为 12% 的债务融资 5000 美元，而 X 企业没有债务外，两家企业在其他各个方面均相同。若两企业所得税税率均为 40%。则有：

表 8 − 1　　　　　　　　　　　　　　　　　　　　　　　　　单元：美元

	企业 X	企业 Y
息税前盈余	2000	2000
利息（债权人收益）	0	600
税前利润	2000	1400
所得税	800	560
股东可分配收益	1200	840
债权人和股东收益总和	1200	1440

计算表明，就债权人和股东的总收益而言，利用了债务融资的 Y 企业要高于没有债务融资的 X 企业。原因是债权人从公司获得税前利息，而股东可分配收益是税后部分。实际上，这相当于政府为利用债务资金的企业提供补贴。债务融资实际成本较股权融资成本减少部分相当于利息支出乘以税率。上例中，这一金额为 240 美元（600×0.4）。政府为企业提供的这种补贴，称为税盾（Tax Shield）。若企业债务融资长期存在，则使用永续年金公式计算税盾的现值为：

$$税盾现值 = \frac{t_c rB}{r} = t_c B$$

式中，t_c 为企业所得税税率；r 为债务利率；B 为债务市值。

其他条件不变时，税盾的存在使得债务融资成本低于股权融资成本，债务数量越大，税率越高，税盾价值越大，从而企业价值也越大。最优策略是最大限度使用债务融资，显然这不符合企业实际行为。其主要原因就是税盾的不确定性，即债务融资所带来税收节约是不确定的。比如，企业报告收益持续较低或为负值，则债务的税盾价值将会减少甚至消失。

因此，在融资成本估算中，税盾的存在使债务融资成本低于股权融资成本，但不可忽视税盾的不确定性。

二、个人所得税对融资成本影响

除税盾不确定性之外，个人所得税也可能会减少或消除企业债务融资所带来的税收利益。

在存在个人所得税的情况下，企业税盾的现值为：

$$税盾现值 = \left[1 - \frac{(1 - t_c)(1 - t_{ps})}{1 - t_{pd}} \right] B$$

式中，t_c 为企业所得税税率；t_{ps} 为普通股收益适用的个人所得税税率；t_{pd} 为债权收益的个人所得税税率；B 为债务市值。

（1）若债权收入与股权收入的个人所得税税率相同，即 $t_{ps} = t_{pd}$，企业的税盾现值变为：税盾现值 $= t_c B$。这说明当债权收入与股权收入的个人所得税税率相同时，企业税收收益保持不变。

（2）股权收入包括股利和资本利得。一般而言，股利收入和利息收入的个人所得税税率相同，而资本利得的税率则低些，有时二者的差距会很明显。即使资本利得税率与普通股收益率相同，资本利得仍有其优越性，因为其可将税赋递延至证券卖出时。所以，从现值角度比较，资本利得的实际税率小于利息和股利，公司债务融资所产生的收益因此而有所减少。

三、企业所得税和个人所得税对融资成本综合影响

在向美国财务联合会（American Finance Association）所做的一次演讲中，莫顿·米勒（Merton Miller, 1977）提出了一种观点：市场均衡时，企业的所得税和个人所得税的影响可以相互抵消，企业资本结构决策依然是无关的。

詹姆斯·C. 范霍恩（James C. Van Horne, 1998）认为，个人所得税效应不能完全抵消企业所得税的影响，因而借款对企业具有税收优势，尤其是债务数额适度且税盾不确定性较小的企业更是如此。当然，个人所得税会在一定程度上削弱企业所得税的影响。

第九章　成分资本成本估算

企业融资来源分为权益融资、与权益相连接的混合融资工具以及债务融资。由于混合融资工具同时含有债务和权益的性质，因此从根本上讲，成分资本成本的估算就是估算权益资本成本和债务资本成本。

由于权益资本的期望收益率没有可观测的市场价格，公司财务理论和实践者一直在研究估算它的最佳方法，本章用两节的篇幅介绍权益资本成本的不同估算方法。相对权益资本来说，债权人在提供资本之前通常与企业签订了关于未来回报的合同，其成本估算更加直观，我们在第三节介绍债务资本成本的估算方法。

第一节　权益资本成本估算：基于公司财务数据的方法

一、可比会计盈利法

估算权益资本成本的第一种方法是可比会计盈利法（Comparable Accounting Earnings），这种方法的思想非常直接，即权益投资者要求的回报率应该通过这项投资过去实现的权益回报率（ROE）进行估算。其计算公式是我们非常熟悉的：

$$ROE \equiv \frac{NI}{B}$$

其中，NI 为当年实现的净利润；B 为期初或加权平均的权益账面价值。长期以来，美联储使用这种方法估算出的权益资本成本作为其调整向商业银行提供服务价格的依据之一。

通过杜邦分析，可以对 ROE 的影响因素进行如下分解：

$$ROE = \frac{净利润}{税前收益} \times \frac{税前收益}{息税前利润（EBIT）} \times \frac{息税前利润（EBIT）}{销售收入}$$

$$\times \frac{销售收入}{资产} \times \frac{资产}{股东权益}$$

第一个因素是税收负担比率（Tax-Burden Ratio），既反映了政府的税收政策，又体现了企业为减轻税收负担所做的努力；第二个因素是利息负担率（Interest-Burden Ratio），反映向债权人支付的利息占企业税前盈利的比重；第三个因素是销售利润率（Return on Sales），即 1 元收入可以带来的息税前利润；第四个因素是资产周转率，反映企业资产的使用效率；最后一个因素是杠杆率（Leverage Ratio），反映企业的财务杠杆。

虽然销售利润率与资产周转率不受财务杠杆影响，但这两个指标在企业运营周期的不同阶段通常会有不同程度的波动，导致 ROE 波动性较大。由于经营周期的波动，理论界认为这种"向后看"的办法不能作为对未来期望回报的一个很好的估计。这种方法的另一个问题在于，它是基于账面价值的。账面价值与资产的真实价值（市场价值）存在差异，可比会计盈余法无法将投资者"向前看"的前瞻性预期纳入估算资本成本的考察框架。因此，理论界一般不推荐用可比会计盈余法估算权益资本成本。

二、现金流折现法

公司估值的理论基础是现金流折现模型。任何资产当前的价值等于其未来现金流的折现，求解权益资本成本就是在已知权益价格和未来现金流的情况下，求解折现率。

（一）高登（Gordon）模型

最基本的现金流折现模型是红利折现，即当前的股价与未来期望红利的折现相等，这是任何一本公司财务教课书都涉及的内容。

$$P_0 = \sum_{t=1}^{\infty} \frac{E(D_1)}{(1 + r_e)^t} \tag{9-1}$$

其中，P_0 为当前每股股价；D_t 是第 t 期发放的红利；r 是权益资本成本。当期股价 P_0 已知，只要通过预测未来各期红利即可求解出权益资本成本。

由于估计未来所有的红利比较困难，因此为了简化问题，高登（Gordon）做出如下假设：

（1）当前股价等于未来期望现金流的折现。

（2）存在固定的派息率 ρ（红利/净利）。

（3）未来盈利永续增长，增长率为 g。

上述模型简化为（即著名的高登增长模型）：

$$P_0 = \frac{D_1}{r_e - g}$$

则权益资本成本 r_e 可以表示为：

$$r_e = \frac{D_1}{P_0} + g$$

如果下一期红利 D_1，当前股价 P_0 以及稳定增速 g 都可获得，则权益资本成本 r_e 就可很容易算出。实践中，通常从财务报表中求得 g。假设保留盈余（净利润－红利）下一年的回报与当期的 ROE 相等的情况下，红利增长率用 $(1 - \rho) \times ROE$ 求出。则权益资本成本的估算公式为：

$$r_e = \frac{D_1}{P_0} + (1 + \rho) \times ROE \qquad (9-2)$$

虽然假设永续增长对模型的简化非常有用，但企业通常会在生命周期的不同阶段会有不同的红利支付特征。一般来说，在初创期，当企业有大量高盈利的再投资机会时，派息率较低，增长率较高；在成熟期，产能逐渐扩大到足够满足市场需求，竞争者也慢慢增多时，企业再投资的机会将很难发掘。这时，企业会提高派息率，减少保留盈余的比例。红利支付水平提升，但增长率降低。

因此，理论界又提出了多阶段增长模型。在前面的 T 个阶段假设增长率可变，T 期之后会有稳定的增长率，即：

$$P_0 = \sum_{t=1}^{T-1} \frac{D_t}{(1 + r_e)^t} + \frac{D_T}{(1 + r_e)^{T-1}(r_e - g)}$$

Myers 和 Boruchi（1994）的案例研究表明，估算权益资本成本时，使用多阶段增长模型可以得到比永续增长模型更具有经济和统计意义的结果。

（二）Ohlson-Juettner 模型

Ohlson 和 Juettner（2000）使用投资银行证券分析师提供的对未来两年每股盈利以及五年增速的预期等数据提出了一个估值模型。Dode 和 Mohanram（2003）基于 OJ 模型推导出权益资本成本的估算方法。

OJ 模型的逻辑起点仍然是高登增长模型，为了模型简化，假设当期利润全部发放，则高登模型可改写为：

$$P_0 = \frac{EPS_1}{r_e - g}$$

将上式右边增加再减去 $\dfrac{EPS_1}{r_e}$，

$$P_0 = \frac{EPS_1}{r_e} - \frac{EPS_1}{r_e} + \frac{EPS_1}{r_e - g} = \frac{EPS_1}{r_e} + \frac{gEPS_1}{r_e(r_e - g)}$$

由于 $g \cdot EPS_1 = EPS_2 - EPS_1$，我们可以得到：

$$P_0 = \frac{EPS_1}{r_e} + \frac{EPS_2 - EPS_1}{r_e(r_e - g)}$$

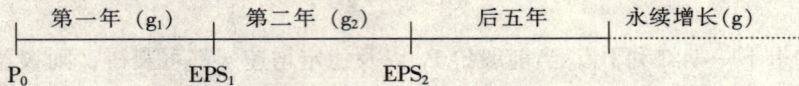

第一年（g_1）	第二年（g_2）	后五年	永续增长（g）
P_0	EPS_1	EPS_2	

OJ 模型对上述模型的条件进行了一般化，放松了对股利政策的假设，并增加了多阶段增长的假设。其主要假设有：

假设1：公司留存再投资的回报率与投资者要求的回报率相等；

假设2：令 $z_t = \dfrac{EPS_{t+1} - EPS_t - r_e(EPS_t - D_t)}{r_e}$。其中序列 $\{z_t\}_{t=1}^{\infty}$ 满足 $z_{t+1} = \gamma z_t$，$t = 1, 2, \cdots, k$ 其中 $1 \leqslant \gamma \leqslant (1 + r_e)$ 且 $z_1 > 0$，即 $\lim\limits_{t \to \infty} \dfrac{EPS_{t+1}}{EPS_t} = \gamma$。

令第二年增长率为 $g_2 = \dfrac{EPS_2 - EPS_1 - r_e(EPS_1 - D_1)}{EPS_1}$，则有 $\lim\limits_{t \to \infty} \dfrac{EPS_{t+1}}{EPS_t} = \gamma$，之后，各期增长率逐渐趋近于长期稳定增长率 g。

OJ 估值模型表示为：

$$P_0 = \frac{EPS_1}{r_e} + \frac{EPS_2 - EPS_1 - r_e(EPS_1 - D_1)}{r_e(r_e - g)}$$

将上式增长率替换为 $g = \gamma - 1$，则权益资本成本 r_e 为：

$$r_e = A + \sqrt{A^2 + \frac{EPS_1}{P_0}\left[\frac{EPS_2 - EPS_1}{EPS_1} - (\gamma - 1)\right]} \qquad (9-3)$$

其中 $A \equiv \dfrac{1}{2}\left[(\gamma - 1) + \dfrac{D_1}{P_0}\right]$

Dode 和 Mohanram（2003）运用上述模型进行资本成本估算时，使用了未来两年的每股盈利（EPS）、下一年预计每股红利等分析师数据，只需要预计各企业的长期增长率。

（三）剩余收益法（Residual Income Model）

Gebhardt、Lee 和 Swaminathan，（2001）（简称 GLS 模型）运用剩余收益估值法[①]得出了企业隐含权益资本成本的求解方法。这一方法属于现金流折现

---

① 剩余收益估值法又称 Edwards-Bell-Ohlson（EBO）估值模型。其理论基础由 Preinreich（1938）及 Edwrds 和 Bell（1961）提出，并由 Ohlson（1991，1992，1995）和 Fcltham 和 Ohlson（1995）完善。

模型的一种，同样假设当前资产的价值是未来现金流的折现，该模型可以由红利折现模型推导而出，但在计算经济利润时比红利折现模型更直观。此外，剩余收益模型也是利用分析师对未来公司经营业绩的预测数据进行权益资本成本估算。

只要资产负债表与损益表之间符合"干净盈余"（Clean Surplus）关系，即所有影响股东权益的收入和损失都反映在会计盈余中[①]，当前股价就可以表示为账面价值与剩余收益折现之和：

$$P_0 = B_0 + \sum_{i=1}^{\infty} \frac{E_0(NI_i - r_e B_{i-1})}{(1 + r_e)^i}$$
$$= B_0 + \sum_{i=1}^{\infty} \frac{E_0[(ROE_i - r_e)B_{i-1}]}{(1 + r_e)^i} \tag{9-4}$$

其中，B_0 为当前每股账面价值；$E_0[\cdot]$ 表示基于当前信息的期望值。

与红利折现的基本模型一样，公式 9-4 也要求对未来无限期的现金流进行折现，但在实践中，有必要进行"终值"估计。Gebhardt 等（2001）采用两阶段模型对企业未来某一时点的内在价值进行估计：（1）首先利用分析师数据，对未来 3 年的盈利做出预测；（2）通过对未来 3 年 ROE 向行业 ROE 中值进行均值回归（Mean-reverting）到 T 时刻，预测 3 年之后的盈利。均值回归可以通过线性插值法（Liner Interpolation）将未来 3 年的 ROE 与行业 ROE 中值获得。ROE 的均值回归的原因是，从长期来看，企业与行业相比的超额 ROE 将逐渐消失。他们假设企业到 T 时刻后会以较低的速度永续增长，这一速度使得企业 ROE 与资本成本相等，不再产生任何经济利润。由此，可以在一个有限期间估算企业的价值：

$$P_0 = B_0 + \sum_{i=1}^{3} \frac{FROE_i - r_e}{(1 + r_e)^i}B_{i-1} + TV$$

$FROE_i$ 为未来第 i 年的预测 ROE，GLS 模型用分析师 $FEPS_i/B_{i-1}$ 作为前 3 年预测 ROE 的估计值。3 年之后的预测值使用均值回归方法。

$B_{t+i} = B_{t+i-1} + FEPS_{t+i} - FD_{t+i}$，其中 FD 为预测每股红利。

终值公式为：

$$TV = \sum_{i=4}^{T-1} \frac{FROE_{t+i} - r_e}{(1 + r_e)^i}B_{t+i-1} + \frac{FROE_{t+T} - r_e}{r_e(1 + r_e)^{T-1}}B_{t+T-1}$$

---

① 各期股东权益之差为净利润减当期分红，即 $B_t = B_{t-1} + NI_t - D_t$。2007 年在中国上市公司中开始实施的新会计准则就是一种资产负债观的会计准则，即在股利分配前，期末资产与负债账面值之差均反映在当期盈余上，因此 2007 年后中国上市公司的会计报表符合"干净盈余"。

GLS 模型认为该模型的预测期间应不少于 12 期。陆正飞和叶康涛（2004）认为 GLS 的方法稍加调整后可用于估计我国上市公司的权益资本成本；沈艺峰等（2005）以及王艳艳和于李胜（2006）均采用 GLS 方法，对我国上市公司的权益资本成本进行了估算。

第二节　权益资本成本估算：基于资产定价模型的方法

一、资本资产定价模型（CAPM）

Sharpe（1964）和 Lintner（1964）提出的资本资产定价模型（CAPM）是目前估算权益资本成本最普遍的方法。在这一模型中，权益资本成本（期望回报率）由影响企业的系统风险决定。

（一）CAPM 的假设条件

CAPM 中，权益资本成本可以简洁地用无风险利率、市场风险溢价以及 β 值构成的线性表达式求出，这也是其应用广泛的主要原因。而简洁的代价就是非常苛刻的假设条件。资产定价理论发展到今天，有两条路径可以推导出 CAPM，两条路径的起点假设和理论基础各不相同。一条是投资组合有效前沿的数学推导；另一条是基于投资者消费/投资的决策模型。在这里，我们先回顾第一条路径的基本假设，消费模型在介绍非线性模型以及条件模型时再进行介绍。

投资组合有效前沿用到了两类假设，第一类假设在之后的资产定价模型都需要用到。

假设 1：风险规避与竞争均衡

（1）投资者是规避风险的；

（2）风险资产的市场已经达到完美的竞争均衡。

——无交易成本、税收、卖空限制等市场摩擦；

——资产可以无限可细分；

——充分竞争（没有任何单个投资者可以影响资产回报）；

——借贷行为不受限制；

——投资者对资产的回报有同质预期。

第二类假设是 CAPM 独有的。

假设 2：基金分离

有效前沿假设要求两基金分离——给定任意一资产组合，存在两个共同基金使得投资者认为这两个基金与原有的组合一样好。用非技术性的语言描述即：

（1）两基金分离意味着所有的投资者持有的资产组合可以表示为两个共同基金的线性组合；

（2）这两个基金位于有效前沿（同等期望回报时方差最小）；

（3）在均衡状态下，市场组合位于有效前沿。

上述假设是否接近真实，放松假设会对结论有何影响？投资者厌恶风险的假设是严格的，因为这是风险与回报权衡关系的前提。完全竞争市场这一假设部分放松也可以接受，比如 Black（1972）提出限制借贷仍可得到 CAPM。但很显然，如果两基金分离不成立，那么资产定价模型的线性以及单因素的结果就不再成立。

（二）CAPM 的基本结论

在上述假设条件下，可以推导出 CAPM 模型的具体形式：

$$r_e = E(r_i) = r_f + \beta_i [E(r_m) - r_f], \quad \beta_i = Cov(r_i, r_m)/Var(r_m) = \sigma_{im}/\sigma_m^2.$$

其中，r_e 为权益资本成本，即证券 i 的期望收益 $E(r_i)$；$E(r_m)$ 为市场组合的期望收益；r_f 为无风险资产的收益；$\sigma_{im} = Cov(r_i, r_m)$ 为证券 i 收益率和市场组合收益率的协方差；$\sigma_m^2 = Var(r_m)$ 为市场组合收益率的方差。

投资者总有机会选择类似国债等国库保障返本及固定收益的"无风险"或"安全"资产。此外，也可选择对风险资产进行投资。风险资产只有提供比风险资产更高的回报，才能吸引到投资者投资。权益市场风险溢价即可视作投资者投资于市场组合比投资于无风险资产要求的超额回报。（$r_m - r_f$）也是对股票市场整体风险的一个度量。对于一个特定公司的风险溢价，则是 β 与市场整体风险溢价的乘积，即该公司的权益资本成本与无风险利率的差。如果该公司 β 值为 1，则其风险溢价就与市场平均风险相同。β 可测量投资于一个项目或一个公司的风险。若干公司未来投资没有风险，则 β 值为 0。在这种情况下，企业的资本成本与无风险利率相同。然而，大多数公司的投资比安全资产风险更大，因此，其 β 往往大于 0。

总体说来，β 用于度量一个公司股票回报随市场回报波动的变化程度。如果一家公司的股价波动总是跟随大盘的变化，则投资于该公司的风险很难通过建立分散的投资组合而降低。

CAPM 模型认为，在均衡条件下，投资者所期望的收益和他所面临的风险的关系可以通过资本市场线（Capital Market Line，CML）、证券市场线（Security Market Line，SML）和证券特征线（Characteristic Line）等公式来说明。

1. 资本市场线（Capital Market Line，CML）

$$E(r_p) = r_f + \sigma_p/\sigma_m[E(r_m) - r_f]$$

证券有效组合 p 的风险 σ_p 与该组合的预期收益率 $E(r_p)$ 关系的表达式。

虽然资本市场线表示的是风险和收益之间的关系，但是这种关系也决定了证券的价格。因为资本市场线是证券有效组合条件下的风险与收益的均衡，如果脱离了这一均衡，则就会在资本市场线之外，形成另一种风险与收益的对应关系。这时，要么风险的报酬偏高，这类证券就会成为市场上的抢手货，造成该证券的价格上涨，投资于该证券的报酬最终会降低下来。要么会造成风险的报酬偏低，这类证券在市场上就会成为投资者大量抛售的目标，造成该证券的价格下跌，投资于该证券的报酬最终会提高。经过一段时间后，所有证券的风险和收益最终会落到资本市场线上来，达到均衡状态。

资本市场线是把有效组合作为一个整体来加以研究的。那么单个证券的风险和收益水平是怎样的？证券市场线对此做出了说明。

2. 证券市场线（Security Market Line，SML）

$$E(r_i) = r_f + \beta_i[E(r_m) - r_f]$$

证券 i 与市场组合 m 的协方差风险 β_i 与该证券的预期收益率 $E(r_m)$ 关系的表达式。

证券市场线也可以用另一种方式来说明。对证券市场线的公式进行变换后，就会用一个指标 β 来表示证券的风险。实际上，这个系数是表示了某只证券相对于市场组合的风险度量。对这个 β 特别作如下的说明：

（1）由于无风险资产与有效组合的协方差一定为零，则任何无风险资产的 β 值也一定为零。同时任何 β 值为零的资产的期望回报率也一定为零。

（2）如果某种风险证券的协方差与有效组合的方差相等，β 值为 1，则该资产的期望回报率一定等于市场有效组合的期望回报率，即这种风险资产可以获得有效组合的平均回报率。

（3）β 值高时，投资于该证券所获得的预期收益率就越高；β 值低时，投资于该证券所获得的预期收益率就越低。

实际上，证券市场线表明了这样一个事实，即投资者的回报与投资者面临的风险成正比关系。正说明了：世上没有免费的午餐。

3. 证券特征线（Characteristic Line）

$$E(r_i) - r_f = \beta_i[E(r_m) - r_f]$$

证券的超额预期收益率与市场超额预期收益率之间关系的表达式。

CAPM 模型给出了单个资产的价格与其总风险各个组成部分之间的关系，单个资产的总风险可以分为两部分：一部分是因为市场组合 m 收益变动而使资产 i 收益发生的变动，即 β_i 值，这是系统风险；另一部分，即剩余风险被称为非系统风险。单个资产的价格只与该资产的系统风险大小有关，而与其非系统风险的大小无关。

（三）CAPM 的实证检验

理论上，如果资产的期望回报率、β 值已知，且"市场组合"可以清楚地建立，那么检验 CAPM 就非常直接：检验回报率与 β 值的线性关系即可。然而，上述三个变量都不是已知条件，检验 CAPM，首先必须估计资产的期望回报率、β 值和市场组合的回报率。

于是，很多人从别的角度去验证 CAPM 模型，一般对 Sharpe 和 Lintner 的 CAPM 模型进行检验可以从三个不同方面进行：检验组合的截距是否为零，即组合是否有异常收益存在；检验资产预期超额收益在横截面上的变化是否完全可以用其 β 系数来刻画；检验市场的风险回报是否为正。

1. 实证检验的主要难点和解决方案

验证 CAPM 存在的三个问题和解决方案分别是：

（1）CAPM 是对事前期望风险溢价和 β 值关系的描述，这两个变量不能直接观测到。对于这个问题，需要假设投资者为理性预期，因此事前期望值与事后实现值不存在系统性偏差，可以用事后的实现值对事前的期望值进行估计。

（2）标准的 CAPM 是单期决策，而用于模型检验的数据是时间序列与截面数据的结合。因此，检验时需要增加一条回报率时间序列特征的假设。最简单的就是假设 CAPM 一期接一期都成立，即各期的回报率独立同分布。然而，单个资产（或组合）的风险溢价以及 β 值是不可能各期都稳定不变的。这一问题的解决思路是：将 CAPM 区分为条件版本和无条件版本（本节的"条件模型"我们将讨论模型参数的时变特征）。

（3）很多风险资产不存在流通市场，然而，理论上，CAPM 要求市场组合包含所有的风险资产。这个问题的解决方案是：用主要的市场作为市场组合的代理变量（如前期对美国的研究通常使用纽交所股市数据作为市场组合），并假设资产回报与代理市场组合回报回归后的随机扰动项与真正的市场组合不相关，且代理市场组合的 β 值为 1。

2. 主要实证检验方法

通常实证版本的 CAPM 表达式为：

$$R_{i,t}^{Ex} = \alpha_{it} + \beta_{it} R_{m,t}^{Ex} + \varepsilon_{it}$$

其中，$R_{i,t}^{Ex}$ 为资产 i 在 t 时刻已实现的超额收益（Realized Excess Return，即已实现的回报与无风险利率之差）；$R_{m,t}^{Ex}$ 为市场组合的超额收益；β_{it} 为资产 i 在 t 时刻的贝塔值；α_{it} 为回归方程的截距；ε_{it} 是随机扰动项。主要有三种方法将数据引入模型。

一种是将超额回报的截面数据与估计出的 β 值回归，即：

$$R_i^{Ex} = \alpha + b\beta_i + \varepsilon_i$$

如果 CAPM 成立，则应有 α 为 0 且 b > 0，回归系数 b 为市场组合的超额回报率。

第二种是用一系列已实现回报率的月度数据做截面回归：

$$R_{it}^{Ex} = \alpha_t + b_t\beta_i + \varepsilon_{it}$$

对于所有 i = 1，…，N 以及 t = 0，1，…。这里仍然将 β_i 视为自变量。如果 CAPM 成立，则回归系数应为市场组合在 t 时期的超额回报。

第三种是时序检验：

$$R_{i,t}^{Ex} = \alpha_i + \beta_i R_{m,t}^{Ex} + \varepsilon_i$$

对于所有 i = 1，…，N 以及 t = 0，1，…。在这一模型中，β_i 需要通过历史数据进行估计，而 $R_{m,t}^{Ex}$ 市场组合的超额回报率是自变量。假设 α_i 与 β_i 为常量。如 Black 等（1972）就对

$$\sum_{j=1}^{N} \frac{\alpha_i}{N(1-\beta_i)} = 0$$

进行了检验。如果 CAPM 成立，上述条件就不应被拒绝，而如果 Black（1972）无风险资产的 CAPM 成立，上述条件就应拒绝。在 Black 等（1972）的检验结果是这一条件不成立。

3. CAPM 模型检验的实证结果

自从 1964 年提出 CAPM 模型起，就不断有研究者对这一模型进行实证检验。早期的研究结果大部分都是支持 CAPM 模型，只有少数结果给出的零 β 组合的期望收益估计超出了无风险收益，因而与 Sharpe-Lintner 的模型不太相符，但对 Black 模型没有什么冲突。在 20 世纪 70 年代末期开始出现一些对 CAPM 模型有不同意见的实证结果，主要结论在于：用公司的某些特征如账面/市值比、价格－红利比、市盈率、公司规模等来把公司进行分类，这些分类的指标对证券的期望收益有一定的解释能力。非常明显地出现了小公司效应（比起用市场组合是有效组合的 CAPM 模型给出的收益来说，小公司构成的组合有较高的样本收益，而相反大公司构成的组合有较低的样本收益）（Banz，1981）和价值效应（账面/市值高的公司期望回报率更高）等，这一现象与 CAPM 模型在横截面上对证券的期望收益可以用 β 系数来解释有矛盾。

上述异象的发现对 CAPM 理论的有效性带来了很大的打击，更多的人认为除市场风险外，还有其他因素影响证券的回报。

二、多因素模型

前文"异象"的不断出现使人们对 CAPM 的有效性提出了很多质疑。一个显然的推论是还有其他因素影响资产价格。比如，如果证实存在有"小公司效应"，则加入规模因素会提高模型的解释力（下文将会探讨这一方法的危险性）。这一方法的理论依据来自 Ross（1976）的套利定价模型。

（一）套利定价理论

Ross（1976）的套利定价理论的起点是经济中不存在套利机会，即没有免费的午餐。其主要假设是理性人在经济环境中尽力最大化自身的效用，一旦出现任何套利机会都会立即消失。此外，APT 还假设风险资产 i 的未来回报由 K 个因素（f_1，f_2，…，f_K）决定，其关系均为线性，即：

$$E[R_i] = \alpha_i + \sum_{k=1}^{K} \beta_{ik} R_k^{Ex} + \eta_i$$

其中，$E[R_i]$ 为资产 i 获得的回报；R_k^{Ex} 是因素 k 的风险溢价；α_i 和 β_{ik} 是与资产 i 和因素 k 相关的常数；η_i 是均值为零、与因素 k 回报率的协方差也为零的随机变量。

APT 用了无套利机会以及资产与风险因素的关系为线性两个假设推导风险资产的期望回报率。如果不存在特质风险或个体风险（Idiosyncratic Risk），则对于任一资产 i 来说 $\eta_i = 0$，即：

$$E[R_i] = \alpha_i + \sum_{k=1}^{K} \beta_{ik} R_k$$

当不存在套利机会时，上式意味着资产 i 的价格（回报率）仅由 K 个因素的价格（风险溢价）决定。也就是说，资产 i 的期望回报率可以表示为 K 个因素的线性函数。

如果套利定价理论成立并且不存在个体风险，那么一价定律意味着任何资产的期望收益仅仅是其他资产期望收益的线性函数。若不是这样，套利者会创造一种长期卖空交易策略，没有初始成本却可以得到正的确定的利润。事实上，风险资产一定存在特质风险，也就是说 $\eta_i \neq 0$。不过，风险资产期望回报与因素之间的线性关系仍然近似地存在。特质风险越小，线性关系越强。APT 证明，当风险资产足够多时，有如下关系：

$$\left| (E[R_i] - R_f) - \sum_{k=1}^{K} \beta_{ik}(E[R_k] - R_f) \right| \leq \varepsilon$$

其中 ε 为一个接近 0 的正数。由上可知，APT 的主要结论是大多数风险资产的期望回报率都可以近似地表示为与风险因素的线性函数。

（二）基于消费和跨期的 CAPM 模型

另外两种多因素模型，都是建立在 CAPM 模型基础上的，分别为最早由 Breeden（1979）提出的基于消费的资本资产定价模型（Consumption CAPM）以及由 Merton（1973）首先提出的跨期资本资产定价模型（Intertemporal CAPM）。

在 APT 中，因素的选取由影响资产及组合回报的系统风险确定。消费模型（CCAPM）认为影响资产回报最重要的因素是总消费水平（或其他与消费有关的变量），跨期模型（ICAPM）的基本思想是存在一些"状态变量"（如技术、收入水平、气候等因素）与资产回报相关。CCAPM 与 ICAPM 都是通过求解效用最大化投资者投资决策的均衡条件推导而出的。

虽然 APT、ICAPM、CCAPM 的理论基础和推导过程各异，但这些模型都可以由无套利这一原则简化为单一 Beta 的表达式。无套利意味着存在一个随机折现因子（Stochastic discount factor）m_t，使得：

$$E_t[m_t(1 + R_{t+1})] = 1$$

其中 R_{t+1} 是资产在 t + 1 期的回报。此外，随机折现因子的表达式为：

$$m_t = \gamma_t + \delta_t R_{\Phi, t+1}$$

其中，$R_{\Phi, t+1}$ 是以随机折现因子的特征构造的投资组合在 t + 1 期的回报率；γ_t 和 δ_t 为具有时变特征的参数。Hasen 和 Jannanthan（1990）提出，上述两式可以经过推导得出权益资本成本的表达式：

$$E_t[R_{t+1}] = R_f + \beta_{\Phi, t+1}(E_t[R_{\Phi, t+1}] - R_f)$$

其中，$\beta_{\Phi, t+1}$ 与 CAPM 的 β 类似，是该资产回报率与投资组合 Φ 的回归系数；R_f 是无风险回报率。

从上面的分析可以看出，无论是 CAPM、APT 还是 ICAPM 以及 CCAPM，权益资本成本都可以改写为单一 Beta 表达式。它们的区别仅仅在于：随机折现因子的影响因素与组合 Φ 的构成。各种资产定价模型的风险因素与投资组合，如表 9－1 所示。

表 9－1　　　　　　　各种资产定价模型的风险因素与投资组合

模　型	风险因素	投资组合
资本资产定价模型（CAPM）	总财富	所有风险资产的市场组合
套利定价理论（APT）	影响风险资产回报的系统性因素	复制各种风险因素的有效组合集

模　型	风险因素	投资组合
跨期资本资产定价模型	包括总财富在内的状态变量增长率	市场与状态变量对冲组合的有效集
消费资本资产定价模型	代表投资者的投资消费决策的边际效用函数	与边际效用函数相关性最强的组合
连续时间 CCAPM	总消费的瞬时增长率	与总消费增长相关性最强的组合

资料来源：Lehmann（1992）"Empirical Testing of Asset Pricing Models"，NBER Working Papers 4043.

（三）多因素模型的实证研究

Chen 等（1986）第一次将宏观因素纳入 APT 框架进行检验，他们发现长期与短期利率之差、通胀率、工业生产总值等都显著影响证券的截面回报率。Ferson 和 Schadt（1996）以及 Cochane（1996）将红利/股价比、固定资产投资回报率等加入 CAPM 构建多因素模型，他们发现加入新的因素之后，定价错误比单一因素的 CAPM 显著降低。

然而，多因素模型在实证研究中的难点在于——如何确定因素的个数？APT 模型只是给出了一个决定资产回报率的近似关系，而期望回报率与 APT 模型所得出的结果之间仍然可能有比较大的差异。先前的大多数实证研究假设上述差异可以忽略不计，假设 APT 模型的两边绝对相等。由于上述实证检验的技术问题和模型本身的问题尚未解决，ICAPM 和 CCAPM 都没有获得很好的实证支持就不足为奇了。

三、Fama 和 French 的三因素模型

Fama 和 French（1992）（简称 FF）提出的三因素模型应算作 CAPM 的扩展，同时又是 APT 理论的应用，但由于它是有史以来第二个成功商业化的用资产定价方式估算权益资本的模型，因此，我们独立于多因素模型专门作为一部分对该模型进行介绍。

FF 模型将前期学者进行 CAPM 实证检验时发现的两个异象：规模效应以及账面/市值比效应作为除市场风险外的系统风险因素进入资产定价模型。FF 模型的实证检验结果是从对资产或组合回报的时间序列回归得出的：

$$R_i - R_f = \alpha_i + \beta_i(R_m - R_f) + s_i SMB + h_i HML + \varepsilon_i$$

其中，SMB 是市值规模小的投资组合与高市值投资组合回报率之差；HML 为高账面市值比的投资组合与低账面市值比的投资组合回报率之差。按照上述特征对市场上的所有资产进行分类组合，发现这三个因素可以很好地

解释美国股票市场的截面回报率（R^2 在 0.95 左右）。并且在标准的显著水平下，截距 α_i 为 0 不能被拒绝。

在时序回归的基础上，FF 在 APT 的理论框架下推导出了一个定价模型，即资产的风险溢价是三个因素的线性组合：

$$E[R_i] - R_f = \beta_i(E[R_m] - R_f) + s_i E[SMB] + h_i E[HML]$$

上述定价模型与 CAPM 相比，其关键区别有以下两点：

（1）从历史数据看，非 CAPM 定价因素（规模与账面市值比）的风险溢价很高。在 FF 的样本期（1964~1993），SMB 的年平均超额回报率为 4.9%，HML 的年平均超额回报率为 6.3%。尤其需要注意的是，HML 的超额回报高于 CAPM 中的系统风险——市场风险溢价（$E[R_m] - R_f$）。

（2）估计出的 β_i 值都非常接近 1。这样就有两点影响：第一，从实证结果看，如果没有其他两个因素，市场风险对截面回报的解释力非常有限（即与先前的研究结论一致，CAPM 的 β_i 不能解释不同资产的回报率）；第二，无风险利率实际上从模型中消失了。

然而，需要指出的是，FF 提出的另外两个因素解释资产回报的理论基础值得怀疑。虽然风险因素在实证检验中显著性较高，然而很少有研究关注风险溢价的显著性。也就是说，平均意义上讲我们有多大把握认为与规模和账面市值比有关的风险应该获得正的风险溢价？一些研究认为（Mackinlay，1995 以及 Campbell，2001）批评 FF 是在做数据探测（data-snooping）游戏——用短期数据对已经发现的一些数据特征进行检验，虽然得到显著的结果，但可能并不代表数据背后真正隐含的模型。

此外，假设 FF 新加的两个因素存在正风险溢价的基础十分脆弱，原因如下：

（1）Fama 和 French 本人承认，他们新提出两个因素的理论基础不足。虽然可以在一定程度上在事后解释两个因素，然而至今没有一个清晰的理论可以推出因素组合存在正的溢价。而实际上，只有一种简单的理论可以推导出另外两个因素的溢价正好为 0：即在无套利框架下，任何基于因素组合的超额回报或套利机会均不存在。

（2）即使是在 FF 自己的研究样本中，两因素溢价为正的显著性并不是非常强，见表 9-2 第一行。

（3）Wright 等（2003）将样本期向后延长 9 年，表 9-2 第二和第三行给出了延长样本期的结果，上述结果不能证实 SMB 和 HML 因素的风险溢价显著异于 0。

表 9 - 2 　　　　　　　　　　FF 提出两因素风险溢价的均值（T 统计量）

	SMB	HML
1964 ~ 1993（FF，1996）	4.92（1.72）	6.33（2.60）
1993 ~ 2002（Wright，2003）	0.26（0.05）	- 0.43（ - 0.06）
1964 ~ 2002（Wright，2003）	3.84（1.56）	4.77（1.93）

四、条件模型

由于传统无条件 CAPM 假设环境为静态，因此这一模型认为任意金融资产的期望超额回报与市场组合超额回报之间的关系是稳定不变的。过去 20 年来基于消费资产定价模型的发展，理论界日益关注跨期因素对资产价格的影响。近年来大量研究证实 $E_t[Z_{i,t+1}] = \beta_t E_t[Z_{m,t+1}]$ 值以及风险溢价都具有明显的时变性（Time-Varying），如 Fama 和 French（1988）、Lettau 和 Ludvigson（2001a）对美国市场的研究，朱波（2006）对中国市场的研究。因此，用 CAPM 进行实证研究时必须考虑参数的时变性：

$$E_t[R_{i,t+1}^{Ex}] = \beta_t E_t[R_{m,t+1}^{Ex}]$$

其中，$R_{i,t+1}^{Ex}$ 是资产 i 在 t + 1 期的超额回报；$R_{m,t+1}^{Ex}$ 是 t + 1 期的市场组合超额回报；β_t 是时变 Beta；E_t 表示基于 t 时刻所获信息的条件期望值。

Shanken（1990）、Jagannathan 和 Wang（1996）Ferson 和 Harvey（1999）、Lettau 和 Ludvigson（2001b）等均使用条件模型进行了实证研究，他们发现，在资产定价模型中使用时变参数将得出比无条件模型更好的结果。Lettau 和 Ludvigson（2001b）发现，将消费财富比作为调整 CCAPM 模型参数的条件，实证结果比无条件模型更好，对股票截面回报率的解释达到了 Fama-French 三因素模型的程度。

条件模型为 CCAPM 提供了一条生路，因为之前基于消费的资本资产定价模型对无风险利率以及股权市场风险溢价都没有足够的解释力。从某种程度讲，加入其他因素无疑会增强模型的解释力。研究者可以通过取巧的方式选择条件变量，使样本数据对某一线性资产定价模型达到非常好的拟合度。因此，选择条件变量的动机就值得怀疑了。至今，没有一种选择条件变量的方法得到普遍认可，更不用说这背后的理论依据了。

上述问题对条件资产定价模型非常敏感。所谓的"条件"是指投资者当期所掌握的与消费和投资决策有关的信息。而对于研究者来说这一信息很显然是无法直接观测到的。目前，还无法对"条件"信息所使用的代理变量正确与否进行检验。当标准的（无条件）资产定价模型对股票回报率解释力不足时，有人搬出罗尔批评（Roll Critique）认为 CAPM 不可检验，因为无法度量真正的市场组合。当条件资产定价模型解释力弱时，也有人会提出条件工具的选择有误。对于这些评价，没有办法论证其真伪。

小结：条件资产定价模型即用具有时变性的工具变量作为调整资产定价模型参数的条件，以提高模型的准确性。但是，这一方法存在与线性模型相类似的问题，即存在为增强拟合度而选择"条件"代理变量的可能。虽然这一领域已经做出了大量的成果，然而其方法仍然没有得到广泛认可。

五、小结及基本结论

资本资产定价模型（CAPM）仍然是估算权益资本成本最常用的方法。虽然实证研究发现 CAPM 存在很多缺陷，然而这一模型清晰的理论基础和简洁的表达式是其成为行业标准的法宝。

多因素模型同样广受关注，尤其是 Fama 和 French（1992）具有划时代意义的工作之后。多因素模型的主要难点在于对风险因素的确认。比如，学者们通过对不同的市场和时期检验后，对在 FF 文章中用到的风险因素提出很多质疑。FF 研究提出的规模与市账比两个因素在他们的文章中刚刚通过统计检验；当样本期包含更新的数据后，风险溢价就不再显著。在定价模型中加入新的风险因素，通常会使 CAPM 的 Beta 更接近 1，此外估算出的资本成本也通常高于 CAPM 的估计结果。

条件模型中使用的参数具有时变特征，是 20 世纪 90 年代以来资产定价理论与实证研究的焦点。但这种模型的问题在于过渡拟合（overfitting）的问题，即研究者有可能通过选择时变因素的工具变量而达到拟合度较高的实证结果。此外，至今尚没有一种方法可以对时变因素工具变量的选取进行检验（近期，金融经济学界在讨论是否反映时代趋势的变量比消费财富比更适合作为时变变量）。虽然这一领域有大量的成果，但这种方法远没有形成公认的成功模型。这种模型对实践中资本成本估算的贡献也仍然停留在理念上。

总之，CAPM 的缺陷已经众所周知，而其他模型自身的问题也很严重——要么理论基础脆弱，要么实证结果不理想。因此，用资产定价方法进行权益资本成本估算的尴尬现状是：CAPM 将死，但仍然没有选出合适的继承人。

此外，对于非上市公司或上市公司下属业务单元，由于没有市场交易价格，不能直接估算其股权资本成本。实践中往往采用"纯业务"法，即以业务或产品相同、风险特性相似的可比上市公司的风险度量结果为基础，进行适当调整，作为非上市公司/业务部门的风险度量。

第三节　运用资本资产定价模型进行权益资本估算时的参数选择

通过 CAPM 估算权益资本成本的方法中，必须对三个参数做出估算，即无风险利率 r_f、证券的 β 值以及市场风险溢价 $E(r_m)$。

一、无风险利率

无风险利率是一切金融产品定价的基础。用资产定价模型估算权益资本成本的前提是度量市场风险溢价——即相对于无风险利率的超额回报。无风险利率通常由两部分组成：一部分是实际利率，即货币的时间价值；另一部分是预期通货膨胀，即对融出资金期间购买力下降的补偿。

真正意义上的无风险利率应该不含风险补偿，即体现为资金的纯时间价值和通货膨胀率之和。因而在考虑无风险利率时应从考察违约风险与流动性风险入手：

（1）违约风险越小，越接近无风险利率；

（2）流动性越好，越接近无风险利率；

（3）作为无风险资产应该是市场化的，即不存在严重的市场分割。

从几个方面考虑，有学者比较了常用的国债收益率、国债回购利率与银行定存利率作为无风险收益率的利弊，如表 9-3 所示。

表 9-3　　　　国内各种利率作为无风险利率的比较

	违约风险	流动性	市场化程度
上海银行间同业拆放利率（Shibor）	较小	银行间市场	被确认为中国货币市场基准利率，在银行间运行，市场化程度高
国债收益率	无	银行间市场与交易所市场，前者不可上市流通，后者交易量很少	二级市场分割
国债回购利率	相当于抵押贷款，违约风险小	交易相对活跃	二级市场分割，银行间市场在交易量中占多数
银行存款利率	小	活期高，定期差	不存在，但利率不是市场化的

根据表 9 - 4，从违约风险看，国债收益率违约风险最低，从流动性看，国债回购与银行活期存款流动性最高，从市场化程度看，Shibor 与国债回购市场化程度相对更高，几种利率都可作为无风险利率的估计值。

对于特定项目来说，与其最相关的无风险利率即与项目存续期吻合的无风险资产（风险最小资产）的回报率。因此，估计资产定价模型中的无风险利率时，也应与被讨论的现金流期限相匹配。这就引出了无风险利率的期限结构问题，图 9 - 1 给出了中国固定利率国债的收益率曲线。

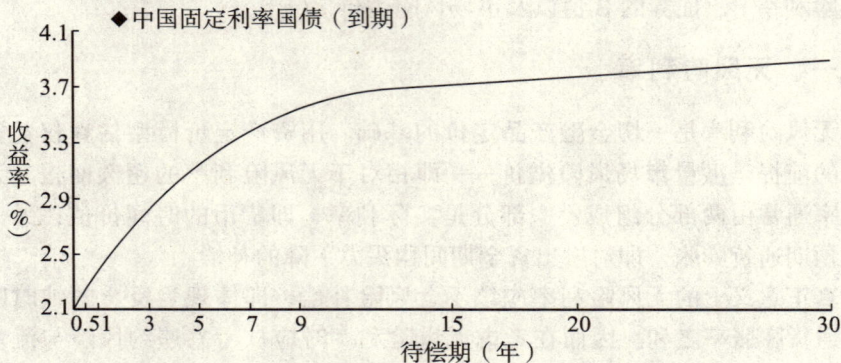

图 9 - 1　中国固定利率国债的收益率曲线

二、CAPM 中 Beta 值的估算

任一证券或组合的 Beta 值，实际上是任一证券或组合回报与股票市场回报率的回归系数，因此估计 Beta 值主要会遇到以下几个问题：

（1）数据的频率。通常专业财经数据提供商使用周或月回报数据进行回归，问题是既然获取每日甚至更高频率的数据成本都不高，是否应该使用每日回报率甚至高频数据作为估计 Beta 的基础？Wright（2003）的研究表明，如果一只股票的交易量与市场平均水平相比没有特别显著的差异，那么使用日回报率估算出的 Beta 值效果会更好。

（2）数据期。如果使用日交易数据，且证券在两年内的 Beta 值变动不大的话，Wright（2003）建议最好用一两年的日回报率数据进行回归，通常回归结果的标准误差较小。

（3）Bayesian 调整。如果使用月度回报数据进行回归，则通常需要对 Beta 值进行 Bayesian 调整，如果使用日回报数据，则调整的意义不大，因为标准误差较小。通常，数据提供商使用 $\beta_{调整值} = \beta_{估算值} \times p + 1 \times (1 - p)$ 这一公式对估算出的 Beta 值进行调整，其中 p 是对估计误差的度量，1 是市场的

Beta 值。

三、市场风险溢价（Equity Market Risk Premium）

从某种程度上说，用 CAPM 估算一家公司的权益资本成本，最重要的参数是市场风险溢价的估计。市场风险溢价实际上是对未来股票市场平均回报相对无风险利率的一个度量，通常用历史平均以及前瞻两种方法对这一指标进行估计。

用历史值估算市场风险溢价时，必须注意的两个问题是：

第一，历史值与期望值不一定有关联。市场风险溢价度量的是投资者投资于股市的期望回报率与无风险利率之差，但很显然这一值无法直接度量。只能通过对投资者过去投资于市场实际获得的回报进行度量。很显然，即使将历史期间拉长，已实现的回报与期望回报也不一定有任何关联。如果有的话，美国市场 20 世纪 90 年代实现的市场风险溢价高达 15%，而 21 世纪的最初几年的熊市却造成了很高的负风险溢价。没有任何迹象表明理性的投资者事先就期望有如此低的回报。几乎可以肯定的是投资者投资回报为负的真正原因是理性投资者先前的投资预期出现错误。要解决这一问题，只有假定如果选定的期间足够长，投资者对回报过于乐观的估计错误（如美国市场 20 世纪 90 年代），会被过于乐观地估计错误（如 21 世纪前几年）所抵消。而不幸的是，很可能历史上投资预期的错误不总正好能正负抵消。另外，更严重的问题是，市场风险溢价本身具有时变性（Time-Varying）。

第二，不同的研究会获得不同的历史平均回报率，历史期间的长短、无风险利率的选取、均值计算方法（算术平均还是几何平均）的选择都会直接影响估计出的结果。

阙紫康（2006）用三个不同的时间窗口估算了中国 A 股市场的风险溢价，如表 9 - 4 所示。

表 9 - 4　　　1992～2000 年深沪两市全部 A 股收益率和风险溢价率数据　　单位：%

年　份		名义溢价率	实际溢价率
1992～2000	算术平均	13.97	7.78
	几何平均	8.71	2.88
2001～2005	算术平均	- 11.31	- 12.13
	几何平均	- 11.89	- 12.73
1992～2005	算术平均	4.25	0.12
	几何平均	0.27	- 6.05

数据来源：阙紫康：《A 股市场股权风险溢价的历史及启示》，载于《证券市场导报》2006（1）：9～14。

前瞻性方法的估计，实际上借鉴了本章第一节的方法，求出市场指标股的隐含权益资本成本。

第四节　债务资本成本估算

债务融资通常包括银行贷款和发行债券等方式。由于贷款利率、债券的到期收益率在事先已知，因此与权益资本成本相比，债务资本成本更加透明，估算方法也相对直观。

一、银行贷款利率的估算

企业已经得到的贷款，其税前资本成本即这笔贷款的利率（如果是浮动利率，可以根据宏观经济的判断对利率变动做出假设）。

如果是企业希望从银行新增一笔贷款，如何对银行发放贷款的利率进行估计呢？在中国利率日益市场化的今天，我们可以从资金的提供者——银行的角度进行分析。

通常，国内银行对贷款业务进行定价主要考虑以下几个因素（黄剑峰，2006）：

（1）资金成本，即银行获得资金的成本，银行资金主要来自存款和拆借资金，银行的资金成本不仅包括资金的利息支出，还包括相应的人力、固定资产折旧等费用支出。

（2）风险因素，主要是资金需求方（企业）的风险，最重要的是违约风险。企业的信用等级直接决定了银行所提供贷款的利率高低。一般来讲，国内银行对 AA 级客户相对 AAA 级客户要求 0.25% 的风险补偿费率，随着客户信用等级的下降，风险补偿也相应提高。因此，企业可以根据自己在银行的评级水平大致估算出由于违约风险所得到的风险溢价。某银行省级分行 2005 年不同客户等级所获得的贷款利率，如图 9-2 所示。

（4）时间因素，通常贷款期限越长，商业银行的机会成本越高，贷款利率也越高。黄剑峰总结了国内一家银行的期限调整值，如表 9-5 所示。企业也可以根据自身项目的期限或其他影响贷款期限的因素对边际贷款利率的调整做出判断。

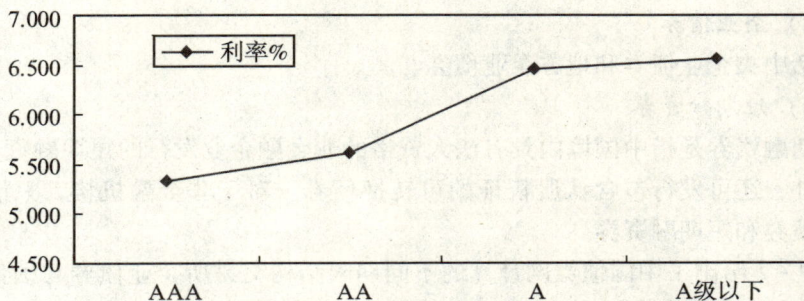

图 9 – 2 某银行省级分行 2005 年不同客户等级所获得的贷款利率

表 9 – 5　　　　　　　国内某商业银行利率期限调整值　　　　　　　单位：%

贷款期限	期限调整值
5 ~ 10 年	0.18
10 ~ 20 年	0.27
20 年以上	0.36

（5）规模因素，贷款额度越大，利率相对更低。国内某商业银行省级分行 2005 年末不同企业规模的加权平均利率，如表 9 – 6 所示。

表 9 – 6　　　　国内某商业银行省级分行 2005 年末不同企业规模的加权平均利率

企业规模	加权利率
大型企业	5.523
中型企业	5.878
小型企业	6.392

（6）担保因素，担保条件是贷款能否得到足够偿还和补偿的因素之一，因此，担保条件影响贷款价格。比如，信用担保贷款的价格要明显高于抵押担保贷款。

（7）选择性条款，如还款期限、方式等若想保留一定灵活性，则贷款的价格就相对更高。

二、债券到期收益率的估算

中国的企业债市场尚处于待开发阶段，目前国内企业可以发行以下几种债券。

（一）金融债券

包括政策性金融债券、商业银行债券、特种金融债券、非银行金融机构债券、证券公司债券、证券公司短期融资券。其中，商业银行债券包括商业银行次级债券 H 和商业银行普通债券。

（二）企业债券

包括中央企业债券和地方企业债券。

（三）短期融资券

短期融资券是指中国境内具有法人资格的非金融企业发行的短期融资券。

此外，还可发行包含认股权证的可转换债券。对于非金融机构，只能发行企业债券和短期融资券。

表 9－7 给出了中国债券网计算的不同期限结构交易所企业债券与国债收益率的比较值，我们据此算出了中国企业债券风险溢价的期限结构。

表 9－7　　　　　　　　　中国企业债券风险溢价的期限结构　　　　　　单位：%

标准期限（年）	无风险利率	交易所企业债券收益率	企业债券溢价
0	2.006	3.468	1.462
0.5	2.1334	3.5524	1.419
1	2.3361	3.9188	1.5827
2	2.597	4.4	1.803
3	2.8899	4.3843	1.4944
5	3.157	4.4155	1.2585
7	3.3922	4.4408	1.0486
10	3.5979	4.4347	0.8368
15	3.7055	4.4528	0.7473
20	3.785	4.474	0.689
30	3.9	4.4844	0.5844

注：选择固定利率国债收益率为无风险利率。

资料来源：2007 年 4 月 27 日中国债券网。

图 9－3 给出了不同评级及期限下短期融资券的到期收益率，可以看出，

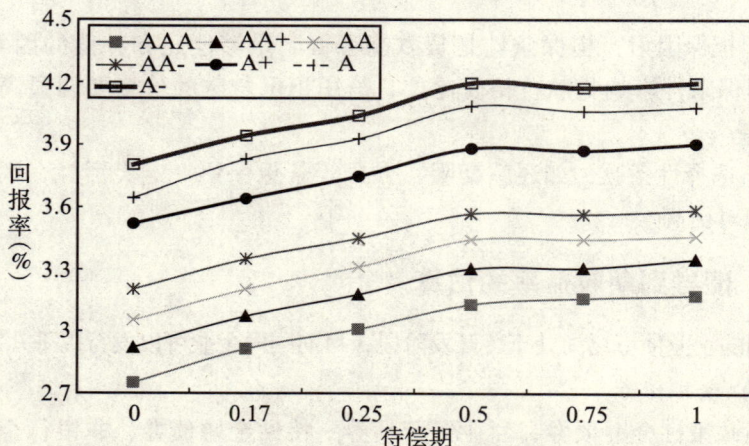

图 9－3　不同评级及期限下短期融资券的到期收益率

资料来源：根据 2007 年 4 月 27 日中国债券网数据绘制。

与贷款利率类似，评级最低的 A－级企业一年期短期融资券的到期收益率比 AAA 级企业高出将近 1% 。

企业在发行债券之前，可以首先咨询相应的国内评级机构及债券承销商，对发行债券的期限、种类和回报率（税前债券资本成本）进行估算。

三、估算债务资本成本的其他事项

（一）税收调整

因为债务利息可以冲减公司的应税所得，公司的税后债务成本会低于税前债务成本。

$$税后债务成本 ＝ 税前债务成本 × （1 － 公司边际税率）$$

必须明确，上式只有在以下情况下才成立：（1）公司经营利润为正值，公司能充分利用利息支出来冲减应税所得；（2）公司当前的盈利情况并不很好，但税务当局允许公司用当前的利息支出冲减公司过去或未来的盈利，即所谓的后转列支和前转列支。

（二）违约风险调整

严格意义上说，债务资本成本应估算企业负债的期望收益率（不可直接观测），因为存在违约风险，与可观测到的收益率并不相等，即：

$$r_d ＝ （1 － x）y$$

其中，x 是违约概率；y 是企业可以观测到的收益率。

在国外，违约概率可以直接从类似信贷评级债券的公开数据中获得，但我国尚未出现债券不能兑付的记录[①]，违约概率很难估算。

（三）边际债务成本估算

即使通过违约概率调整之后的数值也只是平均债务成本，而通常需要估算的是边际债务成本。理论认为边际债务成本一定比平均资本成本高，因为随着债务杠杆的上升，违约风险也随之加大，债权人要求的回报率会更高。

[①] 由于我国资本市场处于发展初期，各方面对企业债券风险认识还不足，兑付风险带来的问题不仅仅是经济方面的，还可能引发社会问题。为此，有关方面比较重视，在各级政府和有关部门的积极协调下，绝大多数都能依靠自身的能力偿还，个别有困难的通过担保人垫付等方式得到了解决。

第十章 综合资本成本

综合资本成本是指以各种资本占全部资本的比重为权数计算出的资本成本。本章主要探讨资本权重的确定和加权平均资本成本的计算。

第一节 资本权重的确定

在测算企业综合资本成本时，资本结构或各种资本在全部资本中所占的权重起着决定的作用。在计算个别资本占总资本的权重时，有以下三种资本价值的确定方法可供选择：

一、按账面价值确定权重

账面价值是历史成本价值，其数据可以通过公司的资产负债表获得。使用账面价值确定各种资本权重的优点是数据容易从资产负债表中取得，易于计算。但缺点是：资本的账面价值可能不符合市场价值，特别是公司的股票和债券价格发生较大波动时，账面价值和市场价值的差异可能会很大，若仍然以账面价值确定权重，容易造成融资等决策的失误。

以 ABC 公司为例，若以账面价值确定资本比重，则各项资本的权重，如表 10－1 所示。

表 10－1 　　　　　　　按资本账面价值确定的资本权重

资本类型	资本账面价值（万元）	资本权重（%）
长期借款	1500	15
长期债券	2500	25
普通股	4000	40
留存收益	2000	20
总计	10000	100

二、按市场价值确定权重

按市场价值确定资本权重是指债券和股票等以现行资本市场的价格为基础确定其资本比重。这种方法有利于客观反映企业各种资本融资的真实情况。同时,为了弥补股票、债券频繁波动而频繁调整带来的诸多不便,可采用股票、债券在一年或一段期间内的平均价格来调整计算。

以 ABC 公司为例,若以市场价值确定资本比重,则各项资本的权重,如表 10 - 2 所示。

10 - 2 　　　　　　　　　　按市场账面价值确定的资本权重

资本类型	资本市场价值（万元）	资本权重（%）
长期借款	1500	10
长期债券	4500	30
普通股	6000	40
留存收益	3000	20
总计	15000	100

比较表 10 - 1 和表 10 - 2,ABC 公司长期借款的市场价值与账面价值一致,而长期债券、普通股和留存收益的市场价值均高于账面价值。长期债券市场价值高于账面价值,可能因为 ABC 公司债券的票面利率较高,而长期利率水平有下降的趋势,而普通股和留存收益市场价值高于账面价值可能缘于公司的经营业绩良好。从表中看到,按市场价值和按账面价值确定的资本权重不同。

需要说明的是,账面价值反映的是历史成本,而市场价值反映现在的资本价格,两者均不适宜为未来的筹资决策提供依据。

三、按目标价值确定权重

按目标资本结构确定资本权重是指按证券和股票预计的未来目标市场价值来确定资本比例。

以 ABC 公司为例,若以目标价值确定资本比重,则各项资本的权重,如表 10 - 3 所示。

目标价值权重是根据公司股票、债券未来预计的市场价值计算的,能够反映期望的资本结构,而不是像账面价值权重和市场价值权重那样只能反映过去和现在资本结构。所以使用目标价值权重更适合公司筹措新的资金。但是在实务中,目标价值权重较难客观确定。

表 10 – 3 按目标账面价值确定的资本权重

资本类型	资本目标价值（万元）	资本权重（%）
长期借款	3000	17
长期债券	4000	22
普通股	5000	28
留存收益	6000	33
总计	18000	100

第二节　加权平均资本成本

在第九章我们介绍了成分资本成本的估算，估算出成分资本成本后，我们再按照本章第一节的方法确定资本权重，就可以按以下公式进一步计算加权平均资本成本：

$$WACC = K_l \times W_l + K_b \times W_b + K_c \times W_c + K_r \times W_r$$

式中，WACC——加权平均资本成本率；K_l——借款资本成本率；K_b——债券资本成本率；K_c——普通股资本成本率；K_r——留存收益资本成本率；W_l——借款资本权重；W_b——债券资本权重；W_c——普通股资本权重；W_r——留存受益资本权重。

上列公式可以简写为：

$$WACC = \sum_{j=1}^{n} K_j W_j$$

式中，K_j——第 j 种资本成本率；W_j——第 j 种资本权重；$\sum_{j=1}^{n} W_j = 1$。

按照前述确定资本权重的三种方法，若美国纽约 Stern Stewart 咨询公司计算了美国著名公司 2000 年的加权资本成本，连同公司对应的长期债务与资本的比率，如表 10 – 4 所示。

从表 10 – 4 中可知，美国大公司加权资本成本率基本上介于 7.5% ~ 12.5% 之间。各公司的加权资本成本有所差异原因在于：（1）公司的风险不同导致其股权（包括留存收益）资本成本不同；（2）债务融资比例不同。高风险的公司（如 Inter），有较高的股权资本成本。同时由于破产风险较大，这些公司不倾向于采用债务融资方式（Inter 公司长期债务与资本的比例仅为 2%），因此资本成本率相对较高的股权融资权重较大，导致加权资本成本率高于经营业务相对稳定的公司（如南方贝尔）。

表 10 - 4　　　　　　　2000 年美国公司加权资本成本率① 　　　　　　单位：%

公 司 名 称	加权资本成本率 （WACC）	长期债务与 资本的比率
GE（通用电器）	12.47	1
Coca-Cola（可口可乐公司）	12.31	8
Inter（英特尔公司）	12.19	2
Motorola（摩托罗拉公司）	11.65	19
Wal-Mart（沃尔玛公司）	10.99	36
Walt Disney（迪斯尼公司）	9.28	22
AT&T（美国电话电报公司）	9.22	20
Exxon Mobil（埃克森美孚化工）	8.16	10
H. J. Heinz（亨氏食品公司）	7.78	55
BellSouth（南方贝尔公司）	7.41	39

第三节　运用加权平均资本成本时应注意的问题

一、可能导致加权平均资本成本变动的因素

使用公式计算出来的公司加权平均资本成本并非是一成不变的，事实上，公司的综合资本成本受以下诸多因素的影响，可能随时发生变化。

（一）利息率

宏观经济走势决定利息率的高低。当经济复苏期利率上升时，公司的负债资本成本也将相应上升，因为公司只有支付给债权人更多的利息才能实现债权融资。而当经济衰退或政府采用货币政策抑制经济过度增长时，利息率会下降，公司的负债融资成本会相应地降低。因此，无论利息率上升还是下降，都会影响到公司负债资本成本率，进而影响综合资本成本。在过去的 10 年中，美国联邦储备委员会不断地调低利率，低利息率保证了美国公司较西欧和日本公司相比有更低的加权资本成本。而中国人民银行为抑制中国经济的过热增长，也进行了一系列加息举措。从 2007 年 3 月 18 日起央行上调金融机构人民币存贷款基准利率，开始了 2007 年度的首次加息。这样的货币政策

---

① 资料来源：http：//www. sternstewart. com/performance/ranking. shtml.

无疑会增加企业的综合资本成本。

（二）税率变动

税率变动同样对企业的综合资本成本产生影响。如第八章所述，企业所得税税率直接影响债务（包括长期借款和债券）资本成本率的大小。而其他税率的变动也可能影响企业综合资本成本。例如，如果相对于普通收入个人所得税而言，股利所得的税率变低，则更多的投资者可能愿意购买股票，从而降低股票融资成本，继而降低企业的综合资本成本率。

（三）公司资本结构的变动

在给定资本结构的前提下，我们可以通过计算资本权重继而确定加权资本成本。但是当公司的资本成本变动时，资本权重的变动就会改变公司的加权平均资本成本。因为在第八章中我们已经介绍，由于避税的因素，债务的资本成本要低于股权资本成本。这样，当公司增加债务融资比例，相应减少股权融资比例时，公司的加权平均资本成本就会降低。当然，公司不可能通过增加债务比例来持续降低加权资本成本，因为债务比例的持续增加将增大公司的破产风险，这将导致公司债务融资和股权融资的成本上升，从而抵消增加债权融资带来的避税收益。所以公司需要不断权衡、调整自己的资本结构。

（四）公司的股利政策

公司可以通过留存收益和发行新股票的方式取得股权融资。如第八章所述，由于发行费用的原因，留存收益的资本成本通常要低于发行新股。因此，考虑到资本成本因素，公司会首选留存收益用来进行投资，不足部分再通过发行新股方式筹集。而留存收益是净利润发放股利后的剩余额，这就意味着鼓励政策将影响留存收益的水平，进而影响公司加权平均资本成本。

（五）公司的投资政策

我们计算出的公司加权平均资本成本，实际上也是该公司投资的必要报酬率。加权平均资本成本反映了公司现存资产的风险水平，因此，我们通常认为公司新投资的风险水平与现有资产的风险水平相一致。这种假定一般而言是可以接受的，因为大多数公司会将新增资金投资于当前经营的行业。然而，当公司大幅调整其经营投资策略时，上述假定就不再成立了。举例来说，当一家公司投资于一个全新的行业，其投资的必要报酬率应该反映新行业的风险水平，而风险水平的改变也将对公司的加权平均资本成本产生影响。国内上市公司诸如此类的投资政策变动很多。例如，2001 年 12 月，海尔集团出资 6 亿元控股青岛市商业银行，被看成是海尔进军金融领域的第一步；2003 年 7 月主营业务为家电制造的上市公司春兰集团宣布投资生产重型卡车，进军汽车业。这种投资政策大幅调整的行为将改变公司的经营风险，也必然对公司的资本成本产生影响。

二、应用加权平均资本成本衡量项目可行性时应注意的事项

一家公司的加权平均资本成本，通常被认为是该家公司愿意进行投资所能接受的最低报酬率，即必要报酬率。也就是说，公司投资新项目，其收益率至少要达到加权平均资本成本，公司才愿意接受。而公司之所以愿意进行投资高风险的项目，是因为该项目能够给公司带来更高的收益率。如图 10－1 所示，L 公司的经营项目的风险较低，债务和股权的融资成本较低，因此，其加权平均资本也较低，为 8％。H 公司经营项目的风险较高，债务和股权的融资成本因此较高，导致其加权平均资本成本也较高，为 18％。在这种情况下，L 公司对其投资项目的必要报酬率应设定为 8％，而 H 公司对其投资项目的必要报酬率应设定为 18％。

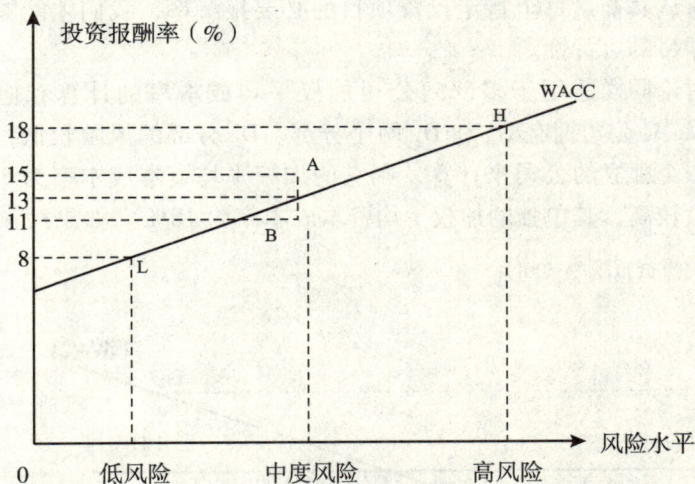

图 10－1　应用加权平均资本成本衡量项目可行性

需要注意的是，图 10－1 所示在 L 和 H 点的公司资本成本代表的是公司总体的加权平均资本成本，反映的是公司投资资金总体的成本水平，但是不同的投资项目有不同的风险水平。我们应该根据不同项目各自的风险水平来调整投资项目的必要报酬率，而不是一成不变地以计算出的加权平均资本成本率作为衡量全部项目的必要报酬率。举例来说，如果高风险的 H 公司和低风险的 L 公司同时考虑投资 A 项目。如图 10－1 所示，A 项目的投资报酬率为 15％。如果我们用计算出的 H 和 L 公司的加权平均资本成本率作为决策依

据，则 L 公司应该接受 A 项目。因为 A 项目的投资回报率（15%）超过了 L 公司的加权平均资本成本（8%）。而 H 公司应该拒绝 A 项目，因为 A 项目的投资回报率（15%）低于 H 公司的加权平均资本成本（18%）。但 A 项目自身的风险水平高于 L 公司的整体水平，低于 H 公司整体的风险水平。而对于这样一个中度风险水平的投资项目，加权平均资本成本率应为 13%。而 A 项目自身的投资回报率（15%）超过了其加权平均资本成本率，即投资报酬率超过了必要报酬率，所以 H 和 L 公司都应该接受 A 投资项目。

我们继续考察 B 项目。B 项目与 A 项目具有相同的风险水平，因此其加权平均资本成本与 A 项目一样为 13%，但是其投资报酬率却仅有 11%，所以 H 和 L 都应该拒绝接受 B 项目。如果我们按照 H 和 L 公司整体的加权平均资本成本率作为决策依据，则 L 公司应该接受 B 项目，因为 B 项目的投资报酬率超过了 L 公司的加权平均资本成本率 8%。但是如果 L 公司接受 B 项目，则公司的加值将下降。因为 L 公司从 B 项目中获得的收益不足以弥补其风险。所以，只有认真衡量每个特定投资项目的必要报酬率，我们才能够保证正确评估投资项目的可行性。

上述讨论同样适用于多部门公司加权平均成本率的计算和应用。如图 10 - 2 所示，C 公司拥有 D_1 和 D_2 两个分部。D_1 分部的风险较低，如果我们将其视为一个独立的公司来计算，则它的加权平均资本成本率为 8%。而 D_2 分部的风险较高，其单独的加权平均资本成本率为 18%。如果两家公司的规

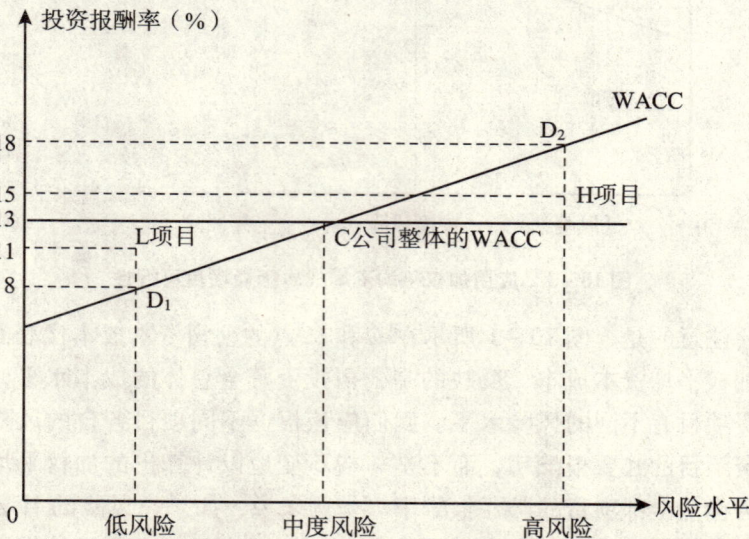

图 10 - 2　加权平均成本率的计算和应用

模相等，则 C 公司作为一个整体的加权平均资本成本率为 8% ×50% +18% × 50% =13% 。但是我们需要注意，不应该用这样一个公司整体风险水平来衡量两家分部投资项目的可行性。举例来说，若 D_1 分部衡量一个低风险的投资项目 L 的可行性，其投资报酬率为 11% 。而 D_2 分部也在考察高风险投资项目 H 的可行性，其对应的投资报酬率为 15% 。如图 10 - 2 所示，我们应该接受 L 项目，因为其投资收益率（11%）超过其对应的加权平均资本成本率（8%）。应该拒绝 H 项目，因为其投资收益率（15%）低于其对应的加权平均资本成本率（18%）。如果我们使用公司整体的加权平均资本成本率 13% 作为衡量项目可行性的标准，则将导致拒绝报酬率低于 13% 的 L 项目，接受报酬率高于 13% 的 H 项目。这样的决策方式将给公司带来损失。

参 考 文 献

中文参考文献：

［1］［奥］庞巴维克著，陈端译：《资本实证论》，商务印书馆 1964 年版。

［2］［法］莱昂·瓦尔拉斯著，蒋受百译：《纯粹经济学要义》，商务印书馆 1989 年版。

［3］［美］詹姆斯·C. 范霍恩著，刘志远主译：《财务管理与政策》，东北财经大学出版社 2003 年版。

［4］［美］J. 弗雷德·威斯通、［韩］S. 郑光、［美］胡安·A. 苏著，李秉祥等译：《接管、重组与公司治理》，东北财经大学出版社 2000 年版。

［5］［美］J. 费雷德·韦斯顿、托马·E. 科普兰：《管理财务学》，中国财政经济出版社 1992 年版。

［6］［美］奥利维尔·布兰查德、斯坦利·费希尔著：《宏观经济学》，经济科学出版社 1998 年版。

［7］［美］安德鲁·马斯·科莱尔等著，刘文忻、李绍荣译：《微观经济学》上册，中国社会科学出版社 2001 年版。

［8］［美］菲歇尔著，陈彪如译：《利息理论》，上海人民出版社 1999 年版。

［9］［美］赫伯特·A. 西蒙著，詹正茂译：《管理行为》，机械工业出版社 2004 年版。

［10］［英］乔治·拉姆赛著，李任初译：《论财富的分配》，商务印书馆 1984 年版。

［11］财政部注册会计师考试委员会办公室编：《财务成本管理——2002 年度注册会计师全国统一考试指定辅导教材》，经济科学出版社 2002 年版。

［12］蔡祥、李志文、张为国："中国证券市场中的财务问题"，载于《中国会计评论》，2003 年第 1 卷第 1 期。

［13］陈共荣、曾峻：《企业绩效评价主体的演进及其对绩效评价的影响》，载于《会计研究》，2005 年第 4 期。

［14］陈晓、单鑫："债务融资是否会增加上市企业的融资成本"，载于《经

济研究》，1999 年第 9 期。

[15] 陈燕、廖冠民："大股东行为、公司治理与财务危机"，载于《当代财经》，2006 年第 5 期。

[16] 成其谦编著：《投资项目评价》，中国人民大学出版社 2003 年版。

[17] 樊潇彦著：《经济增长与中国宏观投资效率研究》，上海人民出版社 2005 年版。

[18] 冯根福、吴林江："我国上市公司并购绩效的实证研究"，载于《经济研究》，2001 年第 1 期。

[19] 高晓文："对企业技术创新评价的思考"，载于《理论月刊》，2001 年第 6 期。

[20] 格兰特：《经济增加值基础》（第二版），东北财经出版社 2005 年版。

[21] 龚六堂、谢丹阳："我国省份之间的要素流动与边际生产率的差异分析"，载于《经济研究》，2004 年第 1 期。

[22] 谷祺、刘淑莲主编：《财务管理》，东北财经大学出版社 2000 年 11 月版。

[23] 国务院国有资产监督管理委员会业绩考核局、毕博管理咨询有限公司编著：《企业价值创造之路——经济增加值业绩考核操作实务》，经济科学出版社 2005 年版。

[24] 韩长晖："企业资本结构和综合资本成本问题探讨"，载于《当代财经》，1999 年第 5 期。

[25] 郝清民：《煤炭上市公司绩效评价理论与方法及其实证研究》，天津大学博士学位论文，2004 年。

[26] 胡宜朝和雷明：《技术经济效率、投资回报率与生产率增长——中国省区水平上的生产率变动成因实证分析》，http：//www. econ. shufe. edu. cn/ces/paper/ces pdf/2/2－1. pdf。

[27] 黄少安、张岗："中国上市公司股权融资偏好分析"，载于《经济研究》，2001 年第 11 期。

[28] 兰永：《EVA 在中国上市公司的应用价值研究》，电子科技大学博士论文，2005 年。

[29] 李帆：《基于战略管理背景下的企业绩效评价研究》，中国地质大学（北京）博士学位论文，2006 年。

[30] 李金海：《项目评价方法论及其模型研究》，南开大学博士论文，2005 年。

[31] 李京文、钟学义主编：《中国生产率分析前沿》，社会科学文献出版社

1998 年版。

[32] 李山："EVA 理论研究的进展探析"，载于《商业研究》，2005 年。

[33] 林毅夫、李志斌："政策性负担、道德风险与预算软约束"，北京大学中国经济研究中心讨论稿，2003 年。

[34] 林毅夫、刘明兴、章奇："政策性负担与企业的预算软约束来自中国的实证研究"，北京大学中国经济研究中心论文讨论稿，2003，C2003008。

[35] 刘超：《资本预算项目恶性增资研究：理论框架与预警模型》，南开大学博士论文，2004 年。

[36] 刘国靖编著：《现代项目管理教程》，中国人民大学出版社 2004 年版。

[37] 罗伯特·S. 卡普兰、安东尼·A. 阿特金森著，吕长江译：《高级管理会计》，东北财经大学出版社 1999 年版。

[38] 罗伯特·卡普兰、大卫·诺顿著：《平衡计分卡——化战略为行动》，广东省出版集团，2004 年版。

[39] 米勒（1986）："金融学：对其历史及未来的考察"，载于［美］莫顿·米勒著，王中华、杨林译：《金融创新与市场的波动性》，首都经济贸易大学出版社 2002 年版。

[40] 戚安邦、李金海：《项目论证与评估》，机械工业出版社 2004 年版。

[41] 戚安邦著：《项目管理学》，南开大学出版社 2003 年版。

[42] 阙紫康："A 股市场股权风险溢价的历史及启示"，载于《证券市场导报》，2006 年第 1 期。

[43] 沈艺峰、田静："我国上市公司资本成本定量研究"，载于《经济研究》，1999 年第 11 期。

[44] 沈艺峰著：《资本结构理论史》，经济科学出版社 1999 年版。

[45] 沈玉春："研究与开发效率指标体系刍议"，载于《科技进步与管理研究》，1999 年第 3 期。

[46] 石翠红：《平衡计分卡研究——一种新兴的综合业绩评价体系》，南京理工大学硕士学位论文，2003 年。

[47] 孙薇：《财务与非财务相结合的企业绩效评价研究》，南京理工大学硕士学位论文，2005 年。

[48] 孙巍著：《生产资源配置效率——生产前沿理论及其应用》，社会科学出版社 2000 年版。

[49] 覃家琦著：《企业投资与融资的互动机制理论研究》，经济科学出版社 2007 年版。

[50] 陶冶、许龙："工业企业技术创新评价的研究"，载于《技术经济》，

2001 年第 3 期。

［51］涂正革、肖耿："中国的工业生产力革命"，载于《经济研究》，2005 年第 3 期。

［52］王峰：《平衡计分卡在国有商业银行绩效测评体系中的应用研究》，西南财经大学硕士学位论文，2006 年版。

［53］王化成、刘俊勇："企业业绩评价模式研究"，载于《管理世界》，2004 年。

［54］王宁："我国上市公司资本成本比较"，载于《中国工业经济》，2000 年第 11 期。

［55］王世军：《基于 DEA-AHP-FCE 方法的民营企业上市公司绩效综合评价研究》，河海大学博士学位论文，2006 年。

［56］王泰昌和刘嘉雯："经济附加价值（EVAOR）的意义与价值"，载于《中华管理评论》，2000 年第 3 卷第 4 期。

［57］王晓欣：国资委印发《中央企业固定资产投资项目后评价工作指南》，载于《金融时报》，2005 年 6 月 4 日。

［58］王燕妮：《经济增加值（EVA）的理论方法与企业应用研究》，西北农林科技大学博士学位论文，2003 年。

［59］王争、郑京海、史晋川："中国地区工业生产绩效：结构差异、制度冲击及动态表现"，载于《经济研究》，2006 年第 11 期。

［60］温素彬：《基于可持续发展的企业绩效评价理论与方法研究》，南京理工大学博士学位论文，2005 年。

［61］温素彬、薛恒新："基于科学发展观的企业三重绩效评价模型"，载于《会计研究》，2005 年。

［62］吴世农："中国证券市场的效应分析"，载于《经济研究》，1996 年第 4 期。

［63］吴世农、卢贤义："我国上市公司财务困境的预测模型研究"，载于《经济研究》，2001 年第 6 期。

［64］徐静：《国有企业绩效评价指标体系研究》，河海大学硕士学位论文，2006 年。

［65］徐莉、王红岩主编：《项目评估与决策》，科学出版社 2006 年版。

［66］颜鹏飞、王兵："技术效率、技术进步与生产率增长：基于 DEA 的实证分析"，载于《经济研究》，2004 年第 12 期。

［67］杨列勋：《研究与开发项目评估及应用》，科学出版社 2002 年版。

［68］杨淑娥、魏明："企业财务危机成本形成机理及其间接成本的估量"，

载于《当代经济科学》，2005 年。

[69] 姚洋："非国有经济成本对我国工业企业技术效率的影响"，载于《经济研究》，1998 年第 12 期。

[70] 叶建芳、王庆芳、王松年："关系型企业绩效评价体系探析"，载于《财经研究》，2005 年。

[71] 叶康涛、陆正飞："中国上市公司股权融资成本影响因素分析"，载于《管理世界》，2004 年。

[72] 余颖、唐宗明、陈琦伟："能力性经济租金：国有企业绩效评价新体系"，载于《会计研究》，2004 年。

[73] 袁智慧、陈建峰："中外企业绩效评价历程及发展"，载于《中国农业会计》，2005 年。

[74] 詹姆斯·L. 格兰特：《经济增加值基础》（第二版），东北财经大学出版社 2005 年版。

[75] 张三力编著：《项目后评价》，清华大学出版社 1998 年版。

[76] 张晓云、谭静、张铀、李成标："指标设置与测度方法——工业 R&D 项目绩效评价综述"，载于《科技管理研究》，2004 年第 4 期。

[77] 张新、陈昌华和蒋殿春："中国经济的增长——增长数据的可信度以及增长模式的可持续性"，载于《经济学（季刊）》，2002 年第 2 卷第 1 期。

[78] 张悦枚：《基于价值增长的企业绩效评价体系研究》，大连理工大学博士学位论文，2004 年。

[79] 张峥："A 股上市公司的综合资本成本与投资回报——从内部报酬率的视角观察"，载于《经济研究》，2004 年第 8 期。

[80] 张志雄：《中国上市公司行》，中国财政经济出版社 1998 年版。

[81] 郑京海、刘小玄、Bigsten："1980 ~ 1994 年间中国国有企业的效率、技术进步和最佳实践"，载于《经济学（季刊）》，2002 年 4 月，1（3），第521 ~ 540 页。

英文参考文献：

[1] Aigner, D. J., C. A. K. Lovell and P. Schimidt. 1977. Formulation and Estimation of Stochastic Frontier Production Function Models. *Journal of Econometrics.* 6（1），pp. 21 – 37.

[2] Alfred Marshell. 1890. *Principles of Economics.* Vol. 1，New York：MocMillan & Co.

［3］ Amrain M，Kulatilakas N. Reo1. 1998. *Options*：*Managing Strategic Investment in an Uncertainty World*. Harward Business School Press.

［4］ Anderson，M. H.，and A. P. Prezas. 1998. The Interaction of Invesetment and Financing Decisions under Moral Hazard. *International Review of Economic and Finance*. 7（4），pp. 379 – 392.

［5］ Ang，J. S.，R. A. Cole and J. W. Lin，Agency Costs and Ownership structure. *Journal of Finance*. 55（1）：81 – 106.

［6］ Balk. B. M. 2001. Scale Efficiency and Productivity Change. *Journal of Productivity Anylysis*. 15（3），pp. 159 – 183.

［7］ Banker，R. D.，A. Chames，and W. W. Cooper. 1984. Some Models for Estimating Technical and Scale Inefficiencies in Data Envelopment Analysis. *Management Science*. 30（9），pp. 1078 – 1092.

［8］ Baror and Yaral Dan，2000：An Investigation of Expected Financial Distress Costs，Van Pelt Library，Number：HG 001. B264.

［9］ Baskin，J. B.，Miranti，P. J.，Jr. 1997. *A History of Corporate Finance*. Cambridge University Press.

［10］ Battese，G.，and T. J. Coelli. 1988. Prediction of Firm-Level Technical Efficiencies with a Generalized Frontier Production function and Panel Data. *Journal of Econometrics*. 38（3），pp. 153 – 169.

［11］ Battese，G. E.，and G. S. Corra. 1977. Estimation of a Production Frontier Model：With Application to the Pastoral Zone of Eastern Australia. *Australian Journal of Agricultural Economics*. 21（3），pp. 169 – 179.

［12］ Battese，G. E.，and T. J. Coelli. 1992. Frontier Production Functions，Technical Efficiency and Panel Data：With Application to Paddy Farms in India. *Journal of Productivity Analysis*. 3（1 – 2），pp. 153 – 169.

［13］ Battese，G. E.，and T. J. Coelli. 1995. A Model for Technical Inefficiency Effects in a Stochastic Frontier Production Function for Panel Data. *Empirical Ecnomics*. 20（2），pp. 325 – 332.

［14］ Brockner，J. The Escalation of Commitment to a Failing Course of Action：Toward Theoretical Progress. *Academy of Management Review*，1992，17（1），pp. 39 – 61.

［15］ Caves，D. W.，L. R. Christensen，and W. E. Diewert. 1982. The economic theory of index numbers and the measurement of input，output，and productivity" *Econometrica* 50，pp. 1393 – 1414.

[16] Charnes, A., W. W. Cooper, and E. Rhodes. 1978. Measuring the Efficiency of Decision Making Units. *European Journal of Operational Research*. 2, pp. 429 – 444.

[17] Copeland, T. E., J. F. Weston, and K. Shastri. 2005. *Financial Theory and Corporation Policy*. Fourth Edition. Pearson Addison Wesley

[18] Dronggelen, Inge C. Kerssens-van & Cook, Andrew. 1997. Design principles for the development of measurement for research and development processes. *R&D Management*. 27 (4), pp. 345 – 357.

[19] F. Black, M. Scholes. The Pricing of options and Corporate Liabilities. *Journal of Political Economy*, 1973: Vol. 81.

[20] Färe, R., S. Grsskopf, C. A. K. Lovell, and C. Pasurka. 1989. Multilateral Productivity Comparisons When Some Outputs are Undesirable: A Nonparametric Approach. *Review of Economics and Statistics*, 71, pp. 90 – 98.

[21] Färe, Rolf, Emili Grifell-Tatj, Shawna Grosskoff, C. A. Knox Lovell. 1997. Biased Technical Change and the Malmquist Productivity Index. *The Scandinavian Journal of Economics*. 99 (1), pp. 119 – 127.

[22] Farrell, M, J. 1957. The Measurement of Productive Efficiency. *Journal of the Royal Statistical Society*. 120 (3), pp. 253 – 281.

[23] Inge C. Kerssens-van Drongelen, Jan Bilderbeek. 1999. R&D Performance Measurement: More Than Choosing a Set of Metrics. *R&D Management*. 1, pp. 35 – 46.

[24] Jaana Sandstrom, Jouko Toivanen. The problem of managing product development engineers: Can the balanced scorecard he an answer? *Production Economic. August*, 2001.

[25] Jensen, M. and W. Meckling. 1976. Theory of the Firm: Managerial Behavior, Agency Costs, and Ownership Structure. *Journal of Financial Economics*. 3 (4), pp. 305 – 360.

[26] Jondrow, C. J., C. A. K. Lovell, I. S. Materov, and P. Schmidt. 1982. On the Estimation of Technical Inefficiency in the Stochastic Frontier Production Function Model. *Journal of Econometrics*. 19 (2 – 3), pp. 233 – 238.

[27] Jorgenson, D. W. 1963. Capital Theory and Investment Behavior. *American Economic Review*. 53 (2), pp. 247 – 259.

[28] Lehmann. 1992. Empirical Testing of Asset Pricing Models. NBER Working Papers 4043.

[29] Lovell, C. A. K. 2003. The Decomposition of Malmquist Productivity Indexes. *Journal of Productivity Analysis*. 20, pp. 437 – 458.

[30] McMann, P. and Nanni, A. J., IS your company really measuring R&D Performance. *Management Accounting*, 1994 (11): 55 – 59.

[31] Meeusen, W., and J. van den Broech. 1977. Efficiency Estimation from Cobb-Douglas Production Functions with Composed Error. *International Economic Review*. 18 (2), pp. 435 – 444.

[32] Michael C. Jensen, 1986: Agency Costs of Free Cash Flow, Corporate Finance, and Takeovers. *The American Economic Review*, Volume76, Issue2,1.

[33] Miller, M. H., and F. Modigliani. 1961. Dividend Policy, Growth, and the Valuation of Shares. *The Journal of Business*. 34 (4), pp. 411 – 423.

[34] Miller, M. H. 1988. The Modigliani-Miller Propositions after Thirty Years. *Journal of Economic Perspectives*. 2 (4), pp. 99 – 120.

[35] Miller, M. H., and F. Modigliani. 1961. Dividend Policy, Growth, and the Valuation of Shares. *The Journal of Business*. 34 (4), pp. 411 – 423.

[36] Modigliani, F., and M. H. Miller. 1958. The Cost of Capital, Corporate Finance and the Theory of Investment. *American Economic Review*. 48 (3), pp. 261 – 297.

[37] Myers, S. C. 1977. Determinants of Corporate Borrowing. *Journal of Financial Economics* 5: 147 – 176.

[38] Robert S. Kaplan David P. Norton: Translating the Balanced Scorecard from Performance Measurement to Strategic Management, Part II, *Accounting Horizons*, VOL. 15, NO. 2, June 2001.

[39] Robert S. Kaplan David P. Norton: Why Does Business Need A Balance D Scorecard?, *Management Accounting*, 1997 Chapter C1

[40] Robert S. Kaplan David P. Norton: Putting the Balanced Score-card to Work, *Harvard Business Review*. September-October 1993.

[41] Robert S. Kaplan David P. Norton: The Balance Scorecard—Measures that Drive Performance, *Harvard Business Review*. September-October 1992.

[42] Robert S. Kaplan David P. Norton: *The Balance Scorecard—Translating Strategy into Action*, Harvard Business School Press, Boston, Massachusetts, 2000.

[43] Robert S. Kaplan David P. Norton: Using the Balanced Scorecard as a Strategic Management System, *Harvard Business Review*. January-February 1996.

[44] Singh, M. , and W. N. Davidson III, 2003. Agency Costs, Ownership Structure and Corporate Governance Mechanisms. *Journal of Banking & Finance* 27: 793 – 816.

[45] Staw, B. M. and Fox, F. 1977. Escalation: Some Determinants of Commitment to a Previously Chosen Course of Action. *Human Relation*. 30, pp. 431 – 450.

[46] Stein, J. 2003. Agency, Information, and Corporate Investment. in G. Constantinids, M. Harris, and R. Stultz (eds.), *Hanbook of the Economics of Finance*, Elsevier, North Holland.

[47] Wurgler, J. 2000. Financial Markets and the Allocation of Capital. *Journal of Financial Economics*. 58, pp. 187 – 214.

[48] Zingales, Luigi. 2000. In Search of New Foundations. *The Journal of Finance*. 55 (4), pp. 1623 – 1653.

[49] Zofio, J. L. 1998. Yet Another Malmquist Productivity Index Decomposition. Mimeo.

[50] Zofio, J. L. 2006. Malmquist Producitivity Index Decompositions: A Unifying Framework. Working Paper.

后　记

　　本书是国家自然科学基金重点项目"我国企业投融资运作与管理研究"的专题四"企业投资绩效评价与融资成本估算体系研究"的研究成果之一。本专题在对企业投资绩效和融资成本估算相关重要问题进行个别深入研究的基础上，力图从整体上构建我国企业投资绩效评价与融资成本估算的理论体系和方法体系。本书就是在充分吸收课题组的其他研究成果和他人相关研究成果的基础上，为建立上述体系，尤其是建立能够指导我国企业投资绩效评价与融资成本估算的方法体系和指标体系方面所做的一个初步尝试。

　　在投资绩效评价体系方面，本书借鉴了经济学的分析方法，并从投资项目和整个企业两个维度阐述投资绩效评价体系。在投资项目绩效评价方面又分别从时间和投资内容两个角度进行分析：时间维度的评价体现为专注于投资过程的效率评价和专注于投资结果的效益评价，即体现为事前、事中、事后的评价；投资内容维度的评价则体现为对投资所形成的资产或资产组合的评价。最后，从整个企业的角度探讨相关的绩效评价体系问题。

　　在融资成本估算体系方面，本书将融资成本分解为直接融资成本、财务危机成本、代理成本和税务成本等，在此基础上分析了成分资本成本和综合资本成本估算的方法体系。

　　本书是团队合作和友谊的结晶。全书由刘志远教授构思并拟定提纲。各章的分工如下：第一章由刘志远教授、第二章至第四章由覃家琦博士、第五章由梅丹副教授、第六章由陆宇建副教授、第七章由李海英博士、第八章由花贵如博士、第九章由李翔博士、第十章由白默博士撰写。最后由刘志远教授审阅定稿。

　　在本书写作过程中，我们得到自然科学基金委领导的关心，得到学术界同仁的支持与帮助，在此深表感谢。我们在书稿写作过程中体会到企业投资绩效评价和融资成本估算在理论研究和实践应用上存在的诸多难题，加之我们水平有限，虽竭尽全力，本书内容仍难免存在各种缺陷，恳请读者提出宝贵意见，以便我们在后续研究中修改和完善！

教授、博士生导师　刘志远
2007 年 5 月于南开园

2/5 择购权凭证:《企业投资绩效评价和融资成本估算体系》

1/5、2/5、3/5、4/5、5/5 五个择购权凭证组成一份

中国企业投资融资数据库择购权

执行价格:8000 元

执行期限:2008 年 12 月前

联系人:徐洁媛博士

E-mail:hood586@126.com

责任编辑：纪晓津
责任校对：杨晓莹
版式设计：代小卫
技术编辑：董永亭

企业投资绩效评价与融资成本估算体系

刘志远　覃家琦　梅　丹　陆宇建　著

经济科学出版社出版、发行　新华书店经销

社址：北京市海淀区阜成路甲 28 号　邮编：100036

总编室电话：88191217　发行部电话：88191540

网址：www. esp. com. cn

电子邮件：esp@ esp. com. cn

北京欣舒印务有限公司印刷

河北三佳集团装订厂装订

787×1092　16 开　16.25 印张　280000 字

2007 年 8 月第一版　2007 年 8 月第一次印刷

印数：0001—3000 册

ISBN 978 - 7 - 5058 - 6476 - 4/F·5737　定价：29.00 元